KB120731

출생 트라우마 치유를 위한
매트릭스
리임프린팅3

HEAL YOUR BIRTH, HEAL YOUR LIFE
by Sharon King

Copyright ⓒ by Sharon King 2015
Korean translation copyright ⓒ by Gimm-Young Publishers, Inc. 2019
All rights reserved.

This Korean edition was published by arrangement with Sharon King
c/o SilverWood Books.

출생 트라우마 치유를 위한
매트릭스 리임프린팅 3

1판 1쇄 인쇄 2019. 4. 4.
1판 1쇄 발행 2019. 4. 12.

지은이 샤론 킹
옮긴이 박강휘

발행인 고세규
편집 고정용 | 디자인 정윤수
발행처 김영사
등록 1979년 5월 17일(제406-2003-036호)
주소 경기도 파주시 문발로 197(문발동) 우편번호 10881
전화 마케팅부 031)955-3100, 편집부 031)955-3200 | 팩스 031)955-3111

값은 뒤표지에 있습니다.
ISBN 978-89-349-9507-4 03180

홈페이지 www.gimmyoung.com   블로그 blog.naver.com/gybook
페이스북 facebook.com/gybooks 이메일 bestbook@gimmyoung.com

좋은 독자가 좋은 책을 만듭니다.
김영사는 독자 여러분의 의견에 항상 귀 기울이고 있습니다.

이 도서의 국립중앙도서관 출판시도서목록(CIP)은 서지정보유통지원시스템 홈페이지
(http://seoji.nl.go.kr)와 국가자료공동목록시스템(http://www.nl.go.kr/kolisnet)에서
이용하실 수 있습니다.(CIP제어번호 : CIP2019008352)

HEAL
YOUR BIRTH
HEAL
YOUR LIFE

출생 트라우마 치유를 위한

매트릭스 리임프린팅 3

샤론 킹 | 박강휘 옮김

김영사

이 책을 어머니와 아버지 그리고
세상의 모든 어머니와 아버지들께 바친다.
당신들이 없었다면, 현재의 우리는 없었을 것이다.

이 세상에 엉겁결에 태어나서, 어쩌면 그 덕분에,
우리는 지금처럼 매력적인 사람들이 되었다.
우리 한 사람 한 사람 모두가 출생과 삶 그리고
죽음에 대해 할 이야기들을 가지고 있다.

이제 그 이야기들을 꺼내서 뒤바꿀 때가 되었다.

샤론 킹

차례

서문

샤론 킹을 처음 만난 것은 거의 10년 전이다. 이제는 국제적으로 인정받는 트라우마 치유법인 '매트릭스 리임프린팅Matrix Reimprinting'을 창안했을 때였다. 나는 매트릭스 리임프린팅을 다룬 두 권의 책을 공동 집필했고, 헤이하우스 출판사에서 출간했다. 첫 번째 책은 현재 10개 언어로 번역되어 있다.

나는 매트릭스 리임프린팅 기법이 세계적으로 널리 알려지기 전에 샤론을 만났다. 당시 그 기법은 개발 초창기 상태였다. 기법의 주요 개발 단계에서 내 주변에는 많은 사람들이 있었다. 우리는 매트릭스 리임프린팅 기법을 사용하며 얻게 된 임상 경험을 공유했고, 계속 아이디어를 추가하고 새로운 개념들을 만들어냈다. 샤론도 그중 한 사람이었다.

매트릭스 리임프린팅 기법이 점점 자리를 잡아가면서, 내 서클의 일부 사람들은 자신만의 독자적인 기법을 개발하기 시작했다. 샤론이 그랬다. 그녀는 우리가 어머니의 자궁 안에 있을 때, 또 이 세상에 태어날 때 벌어지는 일들과 그것이 훗날 우리의 삶에 미치는 영향에 관심이 많았다. 그녀는 출생(출산) 트라우마에 대해 제대로 이해하고 그 치유 방법을 찾아내기 위해 그야말로 광범위한 분야를 조사하고 연구했다.

매트릭스 리임프린팅 기법의 주요 원칙들 중 하나는, 우리의 '믿음belief'이 생후 6년, 그러니까 우리가 프로그래밍될 가능성이 높은 상태에 있을 때 형성된다는 것이다. 그런 믿음이야말로 매트릭스 리임프린팅 기법의 기본 틀이다. 이는 또한 나의 두 번째 책《매트릭스 리임프린팅 2》의 주제이기도 하다. 그동안 우리의 믿음을 치유하는 것이 육체적·정서적·정신적 행복을 어떻게 변화시킬 수 있고 또 세상 속에서의 우리 모습을 어떻게 새롭게 할 수 있는지를 봐왔다.

샤론은 얼마나 많은 우리의 믿음들이 어머니의 자궁 안에 있을 때 또 이 세상에 태어날 때 형성되는지에 초점을 맞춤으로써, 자신의 방대한 지식을 삶의 중요한 영역에 쏟아부었다. 그녀는 믿음을 변화시키는 데 필요한 시스템을 개발했고, 우리는 그걸 활용해 어머니의 자궁 안에 있던 때, 또 이 세상에 태어난 순간으로 되돌아갈 수 있다. 우리가 어떻게 이 세상에 왔는가 하는 것이 중요하다. 태아에게는 의식이 없다거나 육체적 고통을 느끼지 않는다는 옛날의 믿음은 사실이 아니라는 게 밝혀졌다. 오늘날의 분만 시스템은 트라우마라는 측면에서 책임져야 할 것이 많다. 사람이 세상에 태어나는 순간 이런저런 트라우마를 겪으면서 이 세상이 안전한 곳이 아니라는 것을 알게 될 때, 그것이 그날 이후 세상을 보는 방식에 영향을 줄 수 있다.

게다가 서구의 분만 시스템에는 우리가 가족들로부터 배우는 믿음들이 있다. 그리고 우리가 정서적인 문제들을 안고 있는 가족의 일원으로 태어나는 경우도 많다. 그런 정서적 문제들은 자궁 속에 있는 우리에게까지 영향을 줄 수 있다. 샤론의 기법은 이런 문제들을 정확히 짚어내 치유해줄 수 있다. 이는 다시 현재의 인식 필터들에 영향을 주게 된다.

이런 기법은 매트릭스 리임프린팅에 토대를 두고 있으나, '매트릭스 출생(출산) 리임프린팅Matrix Birth Reimprinting' 특유의 독특한 면들도 갖고 있다. 그런 것들 중 하나가 출생(출산) 자체를 리임프린팅reimprinting 즉, 재각인시키는 과정이다. 당신이 출생 당시 트라우마를 겪었거나 엄마와 밀접한 유대 관계를 맺고 있지 못하다면(이는 훗날 당신의 삶에서 온갖 애착 문제들을 야기할 수 있다), 당신은 그 출생 트라우마를 몰아낸 뒤 출생의 장면을 원하는 방향으로 고쳐 쓸 수 있다. 이는 아주 엄청난 경험이어서, 많은 사람들의 경우 삶 자체가 바뀌게 된다.

나는 그동안 매트릭스 출산 리임프린팅 기법의 놀라운 효과를 보아왔다. 분만 당시 심한 트라우마를 겪은 적이 있는 엄마들은 다시 분만을 하게 될 때 과거의 트라우마를 제거함으로써 분만 방법 자체를 바꾸게 된다. 나는 엄마들이 분만 당시 경험한 트라우마를 제거하면서 아이의 건강까지 변하는 것을 보기도 했다.

매트릭스 출생(출산) 리임프린팅 기법은 세계 여러 나라에서 시도되고 입증된 놀라운 기법이다. 이 책《매트릭스 리임프린팅 3》은 자신의 출생(출산) 트라우마를 다시 고쳐 쓰고 싶어 하는 사람들, 그리고 다시 분만을 하게 될 때 과거와 같은 트라우마를 되풀이하고 싶지 않은 어머니들을 위한 책이다. 물론 더 높은 수준에서 고객들을 돕고 싶어 하는 전문가들이 봐도 좋은 책이다. 많은 연구 끝에 멋지게 써진 이 책은 매트릭스 리임프린팅 분야의 고전이라 할 만하다. 매트릭스 리임프린팅 분야에 이렇게 좋은 책이 추가되어 너무 기쁘고 자랑스럽다.

칼 도슨
매트릭스 리임프린팅 창시자

들어가며

　새로운 변화의 도구나 기법은 보통 우연한 기회에 만들어진다고 말하는 경우가 많다. 그러나 '매트릭스 출생(출산) 리임프린팅 Matrix Birth Reimprinting' 기법이 생겨난 데에는 우연한 요소보다 계획에 따라 만들어진 측면이 훨씬 더 많다는 얘기를 하고 싶다. 이 기법은 어느 날 갑자기 생겨난 것이 아니라, 많은 연구와 노력에서 비롯된 것이다.

　이 기법을 고안해낼 무렵, 나는 이미 전문가로서 아주 오랜 기간 감정자유기법 EFT과 관련된 일을 하고 있었다. EFT, 즉 감정자유기법 Emotinal Freedom Technique은 당신이 직면한 어떤 문제나 도전 과제와 관련해 특정한 말을 입 밖에 내면서 각종 경혈점을 태핑 tapping(가볍게 두드리기)하는 경락에너지 기법이다. 여러분도 앞으로 직접 사용하게 되겠지만, 현재 전 세계적으로 수백 만 명이 육체적·정신적 문제를 해결하기 위해 이 기법을 사용하고 있다. 나는 매트릭스 리임프린팅 Matrix Reimprinting 기법 개발에도 아주 깊이 관여했다. 이는 칼 도슨 Karl Dawson이 EFT 기법을 한층 더 발전시킨 것으로 세계적인 선풍을 불러일으켰다. 진일보된 EFT 기법인 매트릭스 리임프린팅 기법은 우리의 자존감과 각종 믿음들과 정체성을 형성하는 데 큰 영향을 준 과거의 트라우마로 되돌아가 문자 그대로 그것을 다시 고쳐 쓰는 기법이다. 매트릭스 리임프린팅은 양자물리학의 원칙에 기초하고 있다. 그러니까 우리는 모두 매트릭스Matrix라고 알려진 통합된 에너지 장에 의해 연결되어 있다는 것이다. 우리에게 시련을 주는 대부분의 인생 경험들은 매트릭스 내에 ECHO, 즉 '에너지 의식 홀로그램Energetic Consciousness Hologram'이라는 이름의 영상들로 저장된다. 매트릭스 리임프린팅 기법을 통해 우리는 우리의 에너지 장(또는 매트릭스)에 갇혀 있는 그 '에코ECHO'들과 의사소통을 할 수 있으며, 그 과정에서 과거의 영상들을 바꿀 수가 있다. 출산 초기 경험들 중 상당수는 훗날 우리가 잠재의식 차원에서 계속 초점을 맞추게 되는 임프린트imprint(각인)들을 만들어낸다. 이런 경험들이 우리가 자신을 보는 방식에 영향을 주고 세상 사람들에게 보이는 우리 모습을 결정한다. 그리고 그 경험들을 고쳐 씀으로써, 경험들이 만들어진 순간들에 생겨난 믿음은 물론 우리 자신과 세계에 대한 인식도 변화된다.

　나는 그동안 전 세계의 고객 수천 명과 함께 과거에 생긴 트라우마(성性적 트라우마, 전쟁 트라우마, 가족 트라우마, 자연 재해 트라우마 등)를 치유하기 위해 이 기법들을 사용했고, 그러면서 매일매일 기적을 보았다. 평생 잊히지 않을 상처를 입었다고 믿고 있어 '정상적인' 삶을 살 희망을 버렸던 고객들은 트라우마를 준 기억들을 다시 고쳐 쓰고 트라우마를 내몰아 육체적·정신적으로 치유가 됐다.

　매트릭스 리임프린팅의 개발에 참여하고 또 그 기법이 전 세계적인 선풍을 불러일으킬 만큼 성공하는 것을 지켜보는 것은 정말 영광스런 일이었다. 이 획기적인 기법이 수만 명의 트라우마를 해결하는 데 사용되기 시작하면서, 내 자신의 내면의 소리가 들려오기 시작했다. 매트릭스 리임프린팅의 핵심 요소 중 하나는 믿음과 생물학적 작용 간의 연관성을 주장한 세포생물학자 브루스 립턴Bruce Lipton 박사가 만들어낸 것이다. 립턴 박사의 저서와 연구는 문자 그대로 믿음이 어떻게 생물학적 작용에 영향을 주는지, 또 그 결과 어떻게 특정 유전자들의 발현을 촉발 또는 중단시키는지를 잘 보여준다. 이는 우리 건강과 행복은 물론 질병에 대한 민감성에도 영향을 준다. 립턴 박사는 아기가 엄마의 자궁 속에 있는 동안, 그리고 태어나서 최초 6년 동안 이런 믿음들이 형성되어 가는 과정을 잘 보여주고 있다(이에 대해서는 이 책에서 앞으로 훨씬 더 자세히 살펴보게 될 것이다). 매트릭스 리임프린팅에 대한 칼 도슨Carl Dawson의 노력 덕에 우리는 각종 믿음들이 형성된 출산 후 최초의 6년으로 되돌아갈 수 있게 되었다. 그러나 이 단계에서 우리는 자궁 안에서 일어나는 일에는 그리 큰 관심을 쏟지 않았다.

동시에 나는 서구 세계에서 아기들이 태어나는 방식에 큰 관심을 쏟기 시작했다. 만일 각종 믿음이 아기가 아직 자궁 안에 있을 때 그리고 출산 후 첫 6년 동안 형성되는 것이라면, 아기와 세상의 첫 만남이 냉혹한 현실로 드러날 경우 정확히 어떤 일이 일어나는 것일까? 나는 그 당시에 공부하고 있던 또 다른 기법인 '바디 토크Body Talk'를 통해 출산 당시에 아기의 각종 감각들이 퇴보될 수도 있고 발전될 수도 있다는 것을 알게 됐다. 예를 들어 미국에서는 엄마가 성 접촉에 의한 감염병에 걸린 경우 아기의 눈에 질산은(窒酸銀) 방울을 떨어뜨린다. 어려서부터 안경을 쓰는 아이들 간의 상관관계는 차치하고라도, 특히 질산은이 거칠게 톡 쏘는 느낌을 주는데다, 시야를 흐릿하게 만들고 유대감 형성을 방해한다[1]는 점을 감안할 때, 나는 이런 관행이 아기들에게 얼마나 큰 충격을 주게 될까 하는 의문을 내 자신에게 던지기 시작했다.

이런 과정을 거치는 아이들 입장에서는 바로 그 순간 세상을 쳐다보는 일은 안전하지 못하다는 믿음이 형성될 가능성이 높다. 이런 믿음들이 대체 어떻게 형성되며 또 우리 삶에 어떤 영향을 주는지에 대해서는 앞으로 좀 더 자세히 살펴보도록 하겠다. 지금 단계에서는 혈액 검사와 흡인 suction 그리고 다른 거친 의료 절차들을 사용하는 서구의 일반적인 출산 과정이 세상에 나오는 아기들의 믿음 형성에 큰 영향을 준다는 사실을 상기시키는 걸로 시작하겠다.

이 책에서 나는 앞으로도 계속 이런 의료 절차들이 우리의 믿음과 육체적 존재, 그리고 우리의 자아 인식에 어떤 영향을 미치는지에 대해 설명할 것이다. 그러나 가장 중요한 건 바로 이것이지만, 나는 이 책에서 내가 창안한 완전히 새로운 기법, 그러니까 당신과 당신의 출생(출산) 간의 관계를 근본적으로 변화시켜줄 기법을 소개할 것이다.

먼저 1장에서는 매트릭스 출생(출산) 리임프린팅 기법에 대해, 또 그 기법이 생겨난 과정에 대해 설명할 것이다. 그리고 최초의 매트릭스 출생(출산) 리임프린팅 이후 5년간 내가 알아낸 사실들을 독자 여러분과 공유할 것이다. 나 스스로 출산 경험은 없지만 세계 곳곳에서 수천 명의 여성들(그리고 많은 남성들)에게 매트릭스 출생(출산) 리임프린팅을 해주면서 '맘마 킹 Mamma King'이란 별명까지 얻게 된 사연을 들려줄 것이다.

당신은 이 세상에 태어날 때 어떤 트라우마를 겪었을 수도, 또는 과거에 아이를 출산하면서 트라우마를 갖게 됐을 수도, 아니면 앞으로 아이를 출산할 예정인데 가능한 순탄하게 출산하길 원할 수도 있다. 이 책을 읽어나가면서 당신은 자유롭고 편안한 출산을 하거나 과거와 미래를 리임프린팅(재각인)하는 데 걸림돌이 되는 잠재의식들을 제거할 수 있게 될 것이다.

　그러면 먼저 매트릭스 출생(출산) 리임프린팅이 어떻게 생겨나게 됐는지 이야기해보도록 하자.

HEAL YOUR BIRTH
HEAL YOUR LIFE

1부

여러 가지 기법들

1장

매트릭스 출생 리임프린팅은
어떻게 생겨났나?

언제, 어떻게 출생을 하든, 그때 갖게 된 당신의 경험은 남은 평생 당신의 감정들과 마음과 몸과 영혼에 영향을 주게 된다. – 이나 메이 가스킨

캐롤라인은 셋째 아이를 임신한 지 5개월쯤 되었을 때 나와 만났다. 그녀는 출산에 대한 두려움 때문에 잔뜩 위축되어 있었다. 그녀가 이미 아들 둘을 출산한 것을 알게 되어 대체 어떤 두려움을 느끼고 있는지 설명해보도록 했다. 그녀는 앞선 출산 경험들이 자신에게 얼마나 큰 트라우마를 안겨주었는지 설명했다. 그녀는 세 번째 출산 역시 마찬가지일 거라고 굳게 믿고 있었다. 그러면서 두 아들의 경우 출산 시 과도한 의학적 개입으로 진통을 아주 오래 심하게 겪었고, 출산 후 모유 수유에도 아주 많이 애를 먹었다고 했다.

알고 보니 캐롤라인이 둘째 아이를 임신했을 때, 의사들이 그녀에게 두 번째 출산은 첫 출산과 전혀 다를 거라며 걱정 말라고 했다고 한다.

그러나 결과는 그렇지 못했고, 캐롤라인은 두 가지 믿음을 갖게 됐다. 첫 번째 믿음은 '의사들이 하는 말은 믿을 수 없다'는 것이었고, 두 번째 믿음은 '다음 출산도 마찬가지로 큰 트라우마를 안겨주리라'는 것이었다. 그녀가 느끼는 두려움은 혼을 쏙 빼놓을 정도로 컸다.

EFT 태핑 기법과 매트릭스 리임프린팅 기법(두 기법에 대해서는 다음 장들에서 소개한다)을 함께 사용해, 우리는 그녀의 첫 출산 당시를 살펴봤다. 매트릭스 리임프린팅 기법을 사용할 경우, 당신은 과거의 특정 시점으로 돌아가 그 당시 겪고 느낀 일을 기억해내고 또 그 기억을 바꿀 수 있다. 첫 출산 당시로 돌아갔을 때, 캐롤라인은 심장박동 모니터에 연결된 채 병원 침대에 누워 있는 자신을 보았다. 그녀는 모니터에서 아기의 심장박동 소리가 들려온다고 했다. 소리가 커졌다 작아졌다 해서, 마치 그녀가 받는 스트레스가 커지면 아기가 받는 스트레스 역시 더 커지는 것 같았다고 기억했다.

우리는 매트릭스 리임프린팅 기법을 사용해 그녀와 태아 모두에게서 스트레스를 제거했다. 이 기법의 흥미로운 점은 일단 기억에서 스트레스를 제거하면 기억 자체가 변하는 경우가 많다는 것이다. 두려움이 제거되자, 캐롤라인은 모니터에서 들리는 아기의 심장박동 소리 역시 안정적으로 변하는 걸 느낄 수 있었다.

"오, 정말 놀라운 일이에요!" 두 눈에 눈물을 글썽거리며 캐롤라인이 말했다. 우리는 새로운 '기억'을 더 만들어냈고, 이제 그녀는 자신과 태아가 부드럽게 찰랑이는 해변의 파도 소리를 들으며 편히 쉬고 있는 장면을 볼 수 있었다.

이처럼 기억 속의 장면들을 새로 그리면 잠재의식에 영향을 주게 된다는 것을 알아야 한다. 이는 실제로 일어난 과거의 일들을 부정한다는 의미가 아니다. 그보다는 세상이 안전하지 않다고 우리를 향해 외치는 잠재의식 속 정보를 고쳐 쓴다는 의미이다. 잠재의식은 미래의 순간들에 대비해 트라우마를 안겨준 기억들을 저장한다. 물론 뭔가 비슷한 일이 다시 일어나는 것을 방지하기 위해서이다. 이것이 우리에게 해롭지는 않지만, 종종 저장된 기억이 우리에게 도움이 되지 않을 수 있다. 캐롤라인의 경우, 첫 출산 당시의 심장박동 모니터라는 옛 기억을 잠재의식에 저장하고 있다가 이후 출산에서도 비슷한 스트레스를 받은 것이다. 그 기억을 고쳐 씀으로써 우리는 캐롤라인의 잠재의식으로 하여금 이제 두려움 없이 안전하게 출산할 수 있다는 것을 알게 해준 것이다.

이 출산 경험에는 아직도 고쳐 쓸 필요가 있는 요소들이 더 있다. 캐롤라인이 첫 출산 당시 트라우마를 갖게 된 또 다른 원인은, 캐롤라인 자신은 원치 않았는데 조산사가 무통분만을 위한 경막외 마취를 강권했다는 것이다. 캐롤라인은 처음엔 반대했지만 끈질긴 조산사의 설득에 동의하지 않을 수 없었다. 그러나 정작 경막외 마취를 한 것은 그녀가 동의한 뒤 두 시간이 지나서였다. 그동안 조산사는 캐롤라인의 몸 상태를 체크하지 않았는데, 그 무렵 자궁은 거의 완전히 확장된 상태였다. 결국 그녀는 경막외 마취가 이루어진 직후에야 자신이 자연분만을 충분히 할 수 있었다는 걸 알게 된 것이다. 자연분만을 하겠다는 의지가 워낙 강했던 캐롤라인은 조산사의 경솔함 탓에 그 기회가 날아간 것에 몹시 큰 충격을 받았다.

우선 나는 태핑과 매트릭스 리임프린팅 기법을 사용해 조산사에 대한 그녀의 분노를 누그러뜨렸다. 그러고 나서야 캐롤라인은 비로소 조산사가 그저 자기 지식과 경험을 최대한 발휘하려 한 것뿐이라는 사실을 인정했다. 또한 그녀는 기억을 고쳐 스스로 애니Annie라고 이름 붙인 상상 속의 천사 같은 인물에게 조산사 역할을 맡겼다. 새로운 기억에서 그녀는 약물을 쓰지 않고 집에서 자연분만을 했고, 자신의 첫 아기 루크Luke와 깊은 유대감을 느꼈으며 집 거실에서 아이에게 모유 수유를 했다.

놀라운 일은 바로 다음에 일어났다. (적어도 당시에는 놀라운 일이었다. 그러나 그 이후 수천 명을 상대로 매트릭스 리임프린팅 기법을 사용하면서 이제 그건 평범한 일이 되었다.) 캐롤라인에게 이제 어디로 가야 할지 묻자, 그녀는 자기 자신이 태어나던 때로 돌아가보고 싶다고 했다.

자신이 태어나던 때로 되돌아갔을 때, 캐롤라인은 자신의 어머니 역시 자신이 루크를 낳을 때 겪은 두려움과 비슷한 두려움을 경험했다는 사실을 알고 놀랐다. 매트릭스 리임프린팅 기법을 사용하다 보면, 의식이 있을 때는 모르던 과거의 사건들이 잠재의식에서 튀어나오는 경우가 있다. 바로 그런 일이 캐롤라인에게 일어난 것이다. 앞으로 계속 살펴보게 되겠지만, 어떤 사건들은 '에너지 장'을 형성해서 세대에 걸쳐 계속 되풀이될 수 있다. 나는 캐롤라인을 상대로 EFT 태핑 기법과 매트릭스 리임프린팅 기법을 사용해 이처럼 반복되는 에너지 장과 그에 따라오는 스트레스를 제거했다. (여러분이 직접 이 방법을 사용하는 것에 대해서는 나중에 자세히 설명할 것이다.)

가야 할 길은 아직 멀었다. 캐롤라인은 자신이 태어났을 때 황달에 걸려 2주 동안 병원에 있어야 했다고 털어놨다. 그 무렵 그녀는 잠시 병원에 홀로 남겨졌는데, 그게 '방치 문제abandonment issues'들을 야기한 것이다. 이후 우리는 캐롤라인의 어린 에코ECHO를 위해 그 문제들을 제거해주었고, 매트릭스 리임프린팅 기법을 통해 그 아이에게 안전하고 행복하다는 느낌을 안겨주었다. 여기서도 천사 같은 인물 애니가 영상 속에 등장해 그 아이에게 안전감을 심어주었다.

흥미로운 사실이지만, 우리가 캐롤라인의 둘째 아들 제이미Jamie의 출생을 리임프린팅하자, 캐롤라인이 전에 갖고 있던 두려움이 상당 부분 사라졌다. 이는 출생 당시의 에너지 장을 제거할 경우 흔히 일어나는 일로, 가끔은 이후 일어나는 사건들에서 감정 에너지가 사라지기도 한다.

그런데 제이미의 출산 과정에는 주목해야 할 일이 한 가지 있었다. 아이가 태어날 때 조산사가 아이의 머리를 비트는 바람에 아이의 목에 문제가 생기게 된 것이다. 우리는 그 기억을 리임프린팅해, 제이미가 빠져나오기 조금 더 쉽게 캐롤라인의 자궁을 넓혔다. 그런 뒤 다시 앞서 언급한 천사 같은 인물 애니가 영상 속에 들어와 조산사의 역할을 맡았고, 결국 우리는 캐롤라인이 제이미에게 모유를 주며 유대감을 높이는 영상으로 매트릭스 리임프린팅 과정을 마무리했다.

이 단계에서 캐롤라인과 나는 방금 함께한 경험에 경외감을 느꼈다. 이런 종류의 작업을 할 때는 시간이 왜곡되기 때문에, 우리는 함께 작업을 하면서도 시간이 얼마나 지났는지 전혀 알지 못했다. 시계를 보면 두 시간 정도가 지났지만, 여러 면에서 5분밖에 지나지 않은 것처럼 느껴졌다. 임신 5개월에 접어들어 불쑥 솟아오른 그녀의 배를 보면서 내겐 또 한 가지 직감이 떠올랐다.

"당신 아기에게 이 출산이 앞으로 어찌 진행될지 보여주는 걸로 마무리하면 어떨까요?" 내가 물었다.

"오, 좋아요! 멋지겠어요!" 그녀가 대답했다.

캐롤라인은 두 손을 배에 올려놓은 채 태아와 연결했고, 그 상태에서 자신이 느끼던 불안감은 이제 사라졌다는 걸 아기에게 알려주었다. 그녀는 이렇게 말했다. "넌 안전해. 그리고 널 사랑해."

그러면서 그녀는 자신이 어디서 출산을 할지, 현장에 누구를 있게 할지 이미 마음을 정했다고 말했다. 우리는 그녀의 상상 속에 방을 하나 만들었고 그녀의 남편 말고도 애니도 참석시켰다. 그녀는 기억 속 영상 안에 두 아들 제이미와 루크도 함께 들여보냈다. 그런 다음 자신의 뱃속 아기에게 다음 출산은 어떻게 진행될지 미래의 출산 과정을 설명해주었다. 우리는 캐롤라인이 모유 수유를 통해 아기와 깊은 유대감을 갖게 하면서 이런 영상을 각인시켰다.

매트릭스 리임프린팅이 끝난 뒤 캐롤라인과 나는 완전히 들뜬 기분이었다. 우리는 무언가 믿을 수 없을 만큼 특별한 일이 일어났다는 걸 잘 알았다. 캐롤라인의 단순한 개인적 경험을 넘어서는 무언가의 탄생이라고 느꼈다.

결과는 거의 바로 나타났다. 그녀의 남편이 바로 그녀의 변화를 알아볼 정도였다. 마음이 편해졌고 출산에 대한 두려움도 사라졌으며 전반적으로 더 행복해졌다. 그녀의 아들들을 잘 아는 사람들 역시 그 아이들이 얼마나 더 밝아 보이는지, 또 그녀의 가족 모두가 얼마나 서로 더 가깝고 행복해 보이는지 말하기 시작했다. 미세한 변화였지만 분명 눈에 띄었다. 남편이 출장을 갈 때 캐롤라인이 느끼는 것도 달라졌다. 예전에는 남편이 곁에 없으면 갓난아기 시절 병원에 홀로 남겨진 때부터 생겨난 방치 문제들이 튀어나오곤 했었다. 세상과의 분리감과 함께 이런 문제들도 해결됐다.

그러나 이 경험에서 가장 믿기 어려운 측면은 새 아이 아치Archie의 출산이었다. 실제로 아치의 출산은 비교적 빨리 그리고 통증 없이 이루어졌다. 캐롤라인은 이렇게 말했다. "우리가 상상했던 대로, 아치가 정말 쉽게 나왔고, 바로 저와 연결되면서 깊은 유대감을 느꼈어요. 출산하고 거의 바로 모유 수유를 했는데, 사실 이 모든 건 우리가 만들어낸 영상에 있던 그대로였어요. 아치는 그렇게 태어났어요."

그녀는 산후 두 시간 뒤 또 다른 사실을 알게 됐다고 했다. 병실을 나와 화장실에 가면서 자기보다 며칠 먼저 출산한 다른 여성들이 복도를 걷는 걸 봤는데, 마치 일주일 내내 말을 탄 사람들처럼 다들 손으로 벽을 짚은 채 엉거주춤 걷고 있었던 것이었다. 바로 그때 그녀는 자기 아이가 얼마나 기분이 좋을까 하는 생각이 들었다고 한다. 그녀는 자기가 방금 막 아이를 낳은 산부인 것 같지 않았다. 아래쪽이 조금 쓰리긴 했지만, 그뿐이었다.

나는 내가 중요한 일을 해냈다는 걸 깨달았다. 내가 우연히 찾아낸 이 방법이 그 자체로 하나의 기법이었던 것이다. 게다가 그 기법은 삶 자체를 뒤바꿔놓을 만한 잠재력을 갖고 있었다.

우리는 이제 다음 2장에서, 일반적인 믿음과는 달리 아기들이 '의식이 있는 존재'라는 걸 살펴보게 될 것이다.

2장

아기의
의식

사실, 우리가 아기들에 대해 갖고 있는 전통적인 믿음은 대개 잘못됐다. 아기들의 능력을 제대로 이해하지 못하고 있을 뿐 아니라 과소평가하고 있는 것이다. 아기들은 단순한 존재가 아니라 복잡하며 늙지 않는 작은 존재들로, 예상 외로 많은 생각들을 하고 있다. - 데이비드 체임벌린 박사

최근 몇 년 사이 소셜 미디어에는 임산부의 출산을 돕는 동안 아기들에게 노래를 불러주는 어떤 의사의 동영상이 올라왔다. 그동안 8,000명 넘게 아기를 받아낸 캐리 앤드류-자자Carey Andrew-Jaja 박사는 거의 모든 아이들에게 노래를 불러줬다고 한다. 그의 동영상은 유튜브에서 100만 이상의 조회수를 올리며 인기를 끌었다.

아기에게 노래를 불러주는 것이 특별하게 느껴지는 것은 일반적인 분만실 풍경과는 너무 다르기 때문이다. 이 노래하는 의사는 아기들이 세상에 태어난다는 것이 얼마나 중요한 일인지를 제대로 이해하고 있는 게 분명하다. 하지만 대부분의 의사들은 기본적으로 아기들은 인식 능력이 없고 고통도 느끼지 못한다는, 또는 설사 고통을 느낀다 해도 그걸 기억해내지 못할 거라는 믿음을 공유하고 있다.

과학자들이 동물들은 아무것도 느끼지 못한다는 믿음을 전제로 각종 동물 실험을 했던 것과 마찬가지로, 대부분의 의사들은 지금도 아무 거리낌 없이 아기에게 주사를 놓거나 아기의 발에 뾰족한 물체들을 꽂거나(뒤꿈치 혈액 검사) 아기의 눈에 화학물질을 뿌리거나 심지어 아기를 거꾸로 들어 올리거나 엉덩이를 찰싹 때려 울리기도 한다. 이는 비단 서구에서만 볼 수 있는 현상은 아니다. 어떤 나라들에서는 사내아이들을 상대로 마취도 하지 않은 채 포경 수술을 하기도 한다.

이 장에서 자세히 살펴볼 것이고, 또 앞으로 다루게 될 내용이지만, 아기들은 고통을 경험할 뿐 아니라(실제로 아기들은 성인보다 4배나 더 심한 통증을 느낀다[2]) 자궁 속에 있을 때는 물론 출생 순간에도 인식 능력이 있다.

아기들에게는 의식 안에 있지 않은 암묵 기억implicit memory이라는 기억이 있다. 암묵 기억은 잠재 기억이라 할 수도 있다. 성인이 되어 자궁 속에 있을 때와 이 세상에 태어날 때 일어난 일들을 일련의 의식적인 기억 형태로 되살리진 못하더라도, 우리에겐 몸으로 느끼는 '체감'이라는 것이 있다. 몸의 감각은 한 인간으로서의 우리 존재 조건이나 프로그래밍의 일부가 된다. 신생아들이 마치 고통을 느끼지 못하는 존재처럼 다뤄질 때 자신들이 태어난 세상이 안전하지 못하다는 근원적인 느낌, 즉 각인imprint이 생겨난다. 그 각인이 평생에 걸쳐 두려움이 밑에 깔린 믿음들을 만들어낸다.

우리의 몸과 마음은 컴퓨터와 아주 유사하다. 외부 현실로부터 정보를 다운로드받으며 우리의 인식과 세계를 형성한다. 당신은 많은 프로그램들을 다운로드받을 수도 있다. 당신의 프로그램들 중 일부는 유용하지만, 일부는 전혀 쓸모가 없어 여기저기 흩어져 공간만 차지할 뿐이다. 어떤 프로그램들은 시스템에 손상을 입히기도 한다.

우리가 인간으로 태어날 때에도 이와 아주 유사한 과정을 거친다. 모든 건 정자와 난자가 만나 수정되는 순간 시작된다. 수정되는 순간의 일들을 구체적으로 기억하진 못하지만, 그런 시기에도 각인은 형성된다. 자궁 안에 있는 동안에도 형성되며, 분만실로 옮겨진 이후에도 계속 형성된다.

이 부분에서 이런 생각을 할 수도 있다. 즉 당신이 현재 임신 중이거나 아니면 이제 막 부모가 되어 아기에게도 비슷한 각인을 만들어준 게 아닌가 하고 말이다. 그렇다면 이 책에서 그런 임프린트를 어떻게 고쳐 쓰는지를 알아보고 또 당신의 아기를 위해 실제 어떻게 그 방법을 쓸 건지도 살펴보도록 하자. 예를 들어 당신은 임신했다는 사실을 알고 충격을 받았을 수도 있다. 심하게는 아이를 유산할까 하는 생각까지 했을 수도 있다. 이런 경우 우리는 매트릭스 리임프린팅 기법을 사용해 임신을 알게 된 순간으로 돌아가 당신이 느낀 충격을 제거할 수 있다. 또는 아기에게 당시에 개인적인 악감정은 전혀 없었고 단지 그런 느낌을 받았을 뿐이라는 사실을 알려줄 수도 있다. 아기는 그것이 자기에 대한 개인적인 악감정에서 비롯된 일이라고 느낄 수 있지만(이에 대해 뒤에서 더 자세히 설명한다), 우리는 아기가 그런 느낌에서 벗어나고 그것이 자기에 대한 개인적인 악감정에서 비롯된 일이 아니라는 것을 알게 해줄 수 있다.

앞서 말한 바와 같이 매트릭스 리임프린팅 기법을 사용할 때, 특히 그것이 다 자란 성인이 태어날 당시의 비슷한 경험으로 되돌아가 그것을 '기억하는' 상황이라면(앞으로 보게 되겠지만 이런 일은 생각보다 더 자주 일어난다), 거기에는 많은 분노와 두려움이 있을 수 있다. 그것은 아기들 스스로 찾아낸 생존 기제이며, 아기들의 반응은 두려움에 토대를 둔 감정적 반응이다. 이 책에서 제안하는 매트릭스 리임프린팅 기법들은 아기들을 그런 두려움에서 벗어나도록 도와줄 수 있다.

흥미롭게도, 나는 그동안 여러분이 상상할 수 있는 거의 모든 종류의 임신 및 출산 관련 문제를 다뤄봤지만, 체외수정 또는 시험관 아기 시술 관련 문제는 아직 다뤄보지 못했다. 나는 그렇게 임신된 아이들의 경우도 치유해야 할 나름대로의 믿음과 각인들이 있을 것이라 믿기 때문에, 그 문제에 아주 관심이 많다. 만일 당신이나 당신 아기가 시험관 시술을 통해 임신됐다면, 매트릭스 기법들을 사용해 그런 경우 생겨날 믿음의 본질에 다가가볼 수 있을 것이다.

임신에 대한 엄마의 반응은 태아가 느낄 수 있는 많은 것들 중 하나에 지나지 않는다. 아직 태어나지도 않은 그 아기에게 영향을 줄 수 있는 각인은 그 외에도 아주 많다. 아빠의 반응, 임신 중에 엄마가 겪은 육체적·정신적 트라우마, 가족의 죽음이나 다른 여러 가지 형태의 손실, 엄마가 관련된 말다툼이나 반목 등이 모두 해당된다. 이에 대해서 이 장에서 좀 더 자세히 살펴보게 될 것이다.

삶의 교훈들

다시 한 번 강조하지만, 우리가 아기의 경험에 원인을 제공했을 수 있는 삶의 변화들에 대해 얘기하는 것은 절대 누군가를 비판하기 위해서가 아니다. 나는 우리 인간이 뭔가 교훈을 얻기 위해 이 세상에 온다는 넓은 믿음을 갖고 있다. 그리고 우리가 살아가면서 뭔가를 배우고 성장하기 위해 이런저런 경험을 선택한다고 믿는다. 설사 이런 믿음에 동의하지 않는다 해도, 여전히 여러분이 무비판적인 관점에서 모든 것을 나와 함께해주기 바란다. 세상 사람들 중에 의식적으로 다른 사람에게 트라우마를 안겨주려 하는 사람은 거의 없다. 의사와 조산사, 부모 그리고 우리 자신 등 모두가 주어진 순간에 갖고 있는 지식과 지혜 안에서 할 수 있는 최선을 다한다. 다른 사람에게 의식적으로 고통을 주는 사람들은 그 자신이 고통을 겪는 사람들이다. 그리고 우리 모두에겐 과거의 경험과 믿음들을 끌어 모아 만든 우리 자신의 이야기가 있다. 나와 함께 이 여정을 함께하며, 우리 자신이 과거의 각인들을 찾아내 제거하려 애쓰는 과학자라고 생각하자. 우리는 어떤 프로그래밍된 것을 찾아내 그걸 각종 도구를 이용해 다시 고쳐 쓰는 것뿐이다. 그러나 근본적으로 우리가 하는 일은 과거에 일어난 일을 찾아내 고쳐 쓰는 것이며, 그로써 현재에 평화를 가져오는 것이다.

의식이란 대체 무엇일까

우리는 계속 아기의 의식에 대해 얘기하고 있다. 이제 여기서 말하는 '의식consciousness'이 어떤 것인지 명확히 하고자 한다. 이 책을 읽고 있는 여러분의 경우, 아마 우리 인간이 물질적인 육신 안에 들어 있는 영적인 존재라는 얘기를 처음 듣는 건 아닐 것이다. 이것이 당신에게 생소한 개념이든 아니면 익숙한 개념이든, 잠시 당신의 의식과 당신의 필터 간의 차이를 설명하기로 하겠다.

우리 대부분은 스스로 만든 필터들을 통해 삶을 경험하도록 되어 있다. 그러니까 마치 두 가지 버전의 일이 동시에 일어나는 것과 같은 것이다. 한 가지는 실제 일어나는 일로, 우리는 거기에 이런저런 이야기를 덧씌운다. 그리고 외부 세계에 대한 우리의 조건 반응들이 우리가 현실을 어떻게 받아들이느냐 하는 것에 영향을 준다.

당신이 어떤 사람인지 또 살면서 당신에게 어떤 일들이 일어났는지 하는 이야기 너머에 당신의 '의식적 인식conscious awareness'이 있다. 이는 따로 떨어져 당신의 모든 생각과 느낌들을 관찰할 수 있는 당신의 일부이다. 당신은 당신의 생각과 느낌들이 바로 당신 자신이라 믿고 싶고, 또 당신 자신이 그런 생각과 느낌들에 따라 반응한다고 배웠겠지만, 의식적 인식은 당신에게 일어나는 일이나 그에 대한 당신의 느낌과 별개로 존재한다.

만일 이런 개념이 너무 생소하다면, 간단한 연습을 해보자. 타이머를 1분에 맞춰보라. 두 눈을 감아보라. 그런 뒤 당신의 생각들을 세기 시작하라. 1분 안에 얼마나 많은 생각을 할 수 있는지 보라. 그리고 이렇게 스스로 물어보라. "이 생각들을 세고 있는 건 누구인가?" 생각들을 세고 있는 게 바로 당신의 의식적 인식이다. 의식적 인식은 아무 생각이 없을 때는 물론 뭔가 생각을 하고 있을 때도 존재한다.

마찬가지로 의식적 인식은 당신의 감정 상태와는 별개로 존재한다. 당신이 어떤 감정을 느끼는 거의 모든 순간, 당신 자신이 아예 그 감정이 되어버리고, 아니면 적어도 그렇게 된 것처럼 느껴진다. 하지만 예를 들어 '내가 지금 정말 분노하고 있는가?' 하는 스스로의 생각을 알아챈 적이 있지 않은가? 분노에 휩싸일 때 겉으로 내색은 하지 않지만 속에서 분노가 치밀어 오르는 걸 보지 않는가? 그게 바로 분노에 대한 의식적 인식이다.

일부 영적인 지도자들은 이런 차이를 당신의 'me(대상으로서의 나)'와 'I(주체로서의 나)'의 차이라고 설명한다. 당신의 me는 살면서 당신에게 일어나는 모든 것들의 총합이다. 당신 자신에 대한 인식을 형성하는 일련의 계기들과 프로그램들인 것이다. 그에 반해 당신의 I는 그 모든 계기들과 프로그램들을 초월해 존재하는 영원한 자아이다.

대개 당신의 me는 중심 무대를 차지한다. 영적 자각이 찾아올 때 우리는 영적인 스승 아디야샨티adyashanti가 말하는 이른바 '점유의 변화'를 겪게 된다. 그러니까 더 이상 me가 모든 것의 중심이 아니며, 삶 자체가 의식적 인식의 주체인 I를 중심으로 돌아가게 되는 것이다.

아이들의 경우 약간 다른 형태의 의식적 인식을 보여준다. 아이들은 삶을 눈에 보이는 그대로 경험하지만, 자신이 그렇게 하고 있다는 걸 인식하지 못하는 것이다.

12장에서 우리는 아이들이 마치 스펀지처럼 자신을 둘러싼 모든 것을 진실인 양 그대로 흡수하는 방식을 살펴볼 것이다. 아이들은 위협적인 상황에 더 많이 노출되면 될수록, 그만큼 더 자신의 필터들을 통해 삶을 경험하기 시작한다.

혹 아직 어린 나이인데도 마치 산전수전 다 겪은 사람처럼 보이는 아이를 본 적이 있다면, 내가 무슨 말을 하려는 건지 이해할 것이다. 우리는 다른 장에서, 생존을 위해 투쟁해야 하는 엄마 밑에서 자란 아이들의 뇌 속에 어떤 화학 반응이 일어나는지에 대해 살펴볼 것이다. 하지만 지금 여기서 알고 넘어가야 할 중요한 사실은 아기들도 의식을 경험한다는 것이다. 이는 영적 자각이 찾아올 때 어른들이 경험하는 것과는 조금 다르다. 영적 자각이 찾아올 때 어른들은 이런저런 조건을 부여하는 필터들을 다 제거하게 되며, 그래서 세상 모든 게 다 비슷한 가치를 지니는 것처럼 느낀다. (예를 들어 많은 사람들이 영적 자각이 찾아올 때 주변 모든 것에 대해 마치 아이들처럼 호기심 또는 경이를 느낀다.)

나는 아기의 의식을 이해할 수 있는 가장 간단한 방법은 그 의식을 '인식awareness'으로 인지하는 것이라고 생각한다. 대개 아기들에게는 인식 능력이 없다고 가정해왔지만, 사실 아기들은 모든 걸 인식할 수 있다. 우리가 이런 사실을 제대로 이해한다면, 어린 시절의 경험에 대한 우리의 모든 인식에 큰 변화가 일게 된다. 그러나 당신은 어느 정도는 어린 시절에 인식 능력이 있었던 사실을 기억할 수 있다. 우리가 이 책에서 앞으로 함께 일해 나갈 것이 바로 아기 시절의 그 인식 능력이다.

자궁

우리는 앞서 아기들도 자신을 둘러싼 주변 환경을 인식할 수 있고 그것을 기억해낼 수도 있다는 것을 살펴봤다.

1995년에 샌프란시스코에서 열린 APPPAH Association for Prenatal and Perinatal Psychology and Health(출생 전후 심리 및 건강 위원회) 회의에서, 데이비드 체임벌린David Chamberlain 박사는 태아의 의식 상태를 보여주는 전형적인 예라 할 만한 사례를 발표했다. 어떤 엄마가 양수 검사를 받고 있었다. 검사 당시 찍은 동영상들을 보면, 바늘이 몸을 찌르면 태아가 바늘 쪽으로 몸을 돌려 그걸 내치려 한다. 태아의 그런 동작을 우연한 것으로 본 의료진이 바늘을 다시 찌르자, 역시 같은 일이 일어났다. 이 외에도 바늘을 찌를 때 태아가 바늘을 피하려 한다는 걸 보여주는 보고서는 얼마든지 있다. 이런 관찰을 통해 우리는 태아들도 자신을 둘러싸고 일어나는 일들에 대해, 특히 자신에게 직접 영향을 주는 일들에 대해 제대로 인식하고 있다는 결론을 내려도 문제가 없을 것이다.[3]

여기서 상기해야 할 또 다른 중요한 사실은, 자궁 안에 있는 동안 아기들은 아직 진정한 자아감이 없고 엄마의 경험에서 완전히 분리되어 있지도 않다는 것이다. 엄마가 느끼는 모든 것을 아기는 자기 자신의 느낌으로 기록한다. 엄마가 느끼면 아기도 그대로 느낀다는 뜻이다. 엄마가 섭취하는 것을 아기가 받아들이는 것이다.

엄마와 아기의 관계에는 여러 양상이 있다. 먼저 육체적인 측면에서, 아기는 엄마 몸에서 분비되는 호르몬들을 태반을 통해 그대로 받아들인다. 예를 들어 스트레스를 받거나 두려움을 느끼는 상황에서는 우리의 코르티솔 수치가 올라가고 아드레날린 같은 호르몬이 분비되면서, 도피를 하든 투쟁하든 그 상황에 맞는 행동을 취할 수 있게 된다. 그리고 만일 엄마가 사랑을 받고 있다거나 편안하고 안전하며 도움을 받고 있다는 느낌을 받는다면, 그 몸 안에서 '사랑 호르몬'이라고 알려진 화학물질인 옥시토신과 기분을 북돋아주는 화학물질인 세로토닌과 도파민이 분비된다. 엄마의 기분 상태 역시 에너지 형태로 아기에게 그대로 전달된다. 이런 일을 가능하게 해주는 한 가지 방법이 태아를 둘러싼 물을 통해서이다. 과학자이자 《물은 답을 알고 있다Messages from Water》의 저자인 에모토 마사루江本勝 박사는 자신의 실험에서, 물은 긍정적이거나 부정적인 말, 그림 그리고 소리에 반응한다는 것을 보여주었다. 물이 긍정적인 환경에 놓여 있을 때는 아름다운 얼음 결정들이 생겼고, 물이 부정적인 환경에 놓여 있을 때는 얼음 결정이 아예 생기지 않거나 왜곡되었다. 에모토 박사는 식물들의 경우 사랑스런 말들을 해주면 잘 자라고 증오어린 말들을 해주면 죽는다는 사실도 입증해 보였다.[4]

그런데 아기의 몸은 78퍼센트가 물이며 자궁 안에서는 물로 둘러싸여 있다. 에너지 형태의 메시지들이 엄마뿐 아니라 아빠와 주변 환경으로부터 아기에게 전달될 수 있는 것이다.

아기는 자신의 육체적 시스템과 에너지 시스템을 경유해서 물을 통해 소통을 한다. 우리 모두는 스스로 알고 있든 알지 못하고 있든 공감할 수 있고 직관력이 있는 존재이다. 베키 월시Becky Walsh는 자신의 저서《즉

각 직관력을 발휘하는 법 배우기 You Do Know: Learning to Act on Intuition Instantly》에서 우리가 다음과 같은 네 가지 형태로 직관적인 정보를 받아들인다고 설명하고 있다.[5]

1. 정신적 직관 – 직관적인 정보를 우리의 창의적인 마음 부분으로 다운로드한다.
2. 육체적 직관 – 육체적으로 직관을 느낀다. 즉 우리의 몸 자체가 정보 수신기이다.
3. 감정적 직관 – 가끔 다른 사람들의 감정을 받아들여 마치 우리 자신의 감정처럼 느끼기도 한다.
4. 영적 직관 – 우리를 둘러싼 다른 에너지 시스템들을 예민하게 인식한다.

위의 네 가지 형태로 정보를 받아들일 수 있는 능력을 우리 모두가 갖고 있다. 그런데 나는 자궁 안에 있을 때나 태어날 때 또는 어린 시절에 있었던 경험들을 통해, 정보를 받아들이는 네 가지 형태 중 한두 가지의 감각이 더 강하게 발달된다고 믿는다.

브루스 립턴 박사에 따르면, 엄마가 임신 기간 대부분을 평화롭고 편안한 상태로 보낼 경우 아기는 좀 더 발달된 지적 능력을 갖게 된다. 이는 엄마가 생존 모드 survival mode가 아닌 번영 모드 thriving mode에 있게 될 경우, 아기 뇌의 피질이 더 많이 발달되기 때문이다. 그러나 엄마가 큰 두려움 속에 빠져 있거나 생존 모드에 있을 경우, 그 반대의 발달 조건이 생겨나게 되며 더 많은 에너지가 '파충류의 뇌'('후뇌'라고도 함)를 만드는 데 쓰이게 된다. 예를 들어 엄마가 전쟁 지역에 살고 있거나 폭력과 학대로 얼룩진 인간관계를 맺고 있다면 태아는 바깥세상은 안전한 장소가 아니라는 것을 알게 될 것이고, 그런 세상에 적응해 살아남기 위해 뇌의 다른 요소들을 발달시키게 된다. 태아는 자신이 세상에 나갈 경우 살아남기 위해 싸워야 한다는 걸 알게 되며, 그래서 자기 자신을 보호할 수 있는 쪽으로 생존 기제를 발달시키게 되는 것이다. 태아의 몸 역시 예외가 아니다. 일단 세상에 나가게 되면 도피 또는 투쟁을 하게 되므로 근육 발달이 더 잘 이루어지는 것이다.

엄마의 감정적인 경험으로 인해 태아에게 육체적 변화가 일어나는 다른 예들도 있다.

예를 들어 엄마가 아기를 원한다는 확신이 서 있지 않을 경우(임신 중에 경험한 어떤 일로 인해 분리감 또는 외로움을 느끼게 됐거나 출산 시 아기로부터 분리됐을 경우), 그 아기는 습진에 걸릴 가능성이 높다. 내 경험으로는 습진은 분리와 관계가 있는 경우가 많다. (분리에 대해서는 9장에서 더 자세히 다룰 것이다.)

만일 엄마가 걱정 많은 삶을 살고 있다면, 아기 역시 걱정 많은 사람이 될 가능성이 높다. 대개 걱정 많은 아이는 자라서도 걱정 많은 어른이 된다. 이는 순전히 아기가 걱정은 세상에서 살아남기 위해 필요한 상태라고 배우게 되고, 걱정 많은 것이 감정 상태의 기본 설정이 되어버리는 것이다. 또한 걱정 많은 엄마한테서 태어난 아이들은 과민성대장증후군이나 크론병 같은 위장 문제가 있을 가능성이 높고, 음식 과민증을 보이는 경우도 많다.

우리는 앞서 방치 문제를 잠시 언급한 적 있는데, 간단히 반복하자면 엄마가 자신을 원치 않는다고 느낄 경우 그 아기는 평생 방치 문제들을 겪을 가능성이 높다. 그런 아기들은 자라면서 계속 자신이 자궁 안에서 겪은 것과 유사한 에너지를 만들어내, 성인이 되어서도 이런저런 방치 문제를 만들어내게 된다.

자궁 속에서 겪은 모든 충격은 아기에게 각인된다. 엄마가 자동차 사고를 겪었다든지 뉴스에서 어떤 충격적인 사건을 본 것까지 모두 각인된다. 일반적으로 일회성 사건은 아주 큰 트라우마를 안겨주는 사건이 아닌 한 그리 큰 각인을 남기지 않는다. 사실 소소한 트라우마를 안겨주는 사건들은 오히려 아기의 자아 회복력 강화에 도움이 되며, 그래서 엄마는 임신 기간 중 굳이 과잉보호 상태로 살 필요도 없다. 아기의 의식과 자아감에 영향을 주는 것은 어떤 사건이 계속 반복해서 일어나거나 심각한 트라우마를 안겨주는 사건이 일어난 경우이다.

출산 당시에 의식이 있을까

다음 사례 연구는 데이비드 체임벌린의 저서 《신생아의 마음The Mind of Your Newborn Baby》에서 발췌한 것이다. 그 책은 어떤 고객이 최면을 통해 자궁 안에 있던 시기와 출생 시기로 되돌아간 상황을 생생히 기록하고 있다.

> **스튜어트**
>
> 진퇴양난이다. 어깨를 움직일 수가 없다. 의사는 내 머리를 잡아당기고 있다. 턱이 아프다. 의사가 턱을 움켜쥔 채 잡아당기고 있다. 오, 내 입! 그는 점점 더 세게 당기고 있고, 그래서 점점 더 아파온다….
>
> 아, 아프다, 아파…. 어깨 부분이 꼭 낀 거 같아, 의사가 아무리 잡아당겨

도 나갈 수가 없다. 의사가 나를 잡아당기며 소리 질러댄다. "밀어!" 계속 소리 지른다…. "밀어! 밀어!"

모든 감각이 둔해져간다.

의사는 내 오른쪽 어깨를 잡아당겨 팔을 빼내려 한다. 그는 두 손을 다 동원해 나를 끌어내려 안간힘을 다하고 있다. 온몸이 다 무감각해진 거 같다. 이러다 뼈가 다 부러질 거 같다. 너무 꽉 껴있다.

구멍은 빠져나갈 수 있을 만큼 넓어졌고 엄마는 울부짖으며 밀어내고 있다. 엄마는 여유가 전혀 없다. 엄마도 죽을 맛이고 나도 죽을 맛이다. 의사는 내가 나와야 하는데 나오지 않는다며 막 화를 내고 있다.

그러면서 내 오른쪽 어깨를 점점 더 세게 잡아당긴다. 덫에 걸린 느낌이다. 이제 의사는 내 머리를 잡아당긴다. 턱과 목 뒷부분을 움켜쥔 채 앞으로 당겼다 뒤로 밀었다 한다. 꼼지락꼼지락 한쪽을 끌어당기다가는 다시 한쪽 어깨를 먼저 끌어내려 난리를 치고….

의사는 이제 서두르고 있다. 내가 곧 숨을 쉬어야 한단다. 내 머리와 오른팔을 그리 세게 잡아당기는 것도 다 그 때문인 것 같다. 그는 거칠다.

의사는 말도 전혀 부드럽지 않고 거칠다. 그는 내가 내려와 주질 않는다고, 내가 반응을 보이질 않는다고, 내가 보통 아이 같지 않다고, 또 마땅히 해야 할 일을 하지 않는다고 불만이다.

난 대체 뭘 어찌 해야 할지 모르겠다.

의사는 말한다. "○○씨, 참 고집 센 아이를 가지셨네요. 여느 애들 같지 않아요. 보통은 두 팔을 떨어뜨려주는데, 얘는 안 그래요. 계속 버티고 있어요. 아래로 잡아당기려 애쓰는데, 계속 거부하고 있어요. 정말 이유를 모르겠군요….”

의사는 나에 대해 입에 발린 말도 해주지 않는다. 내가 참 애를 먹인다며 힘든 아이라고 말한다. 엄마한테 내가 아주 까다로운 아이가 될 거라고 말한다. 난 그렇지 않은데. 난 까다로운 아이가 되지 않을 건데, 의사는 그렇게 될 거란다.

의사가 나에 대해 말하는 건 안 좋은 얘기뿐인데, 모두들 그 말에 동의한다. 내 편을 들어주는 사람은 아무도 없다. 난 이렇게 말하고 싶다. “아니에요. 난 그런 애가 아니에요.” 하지만 그들은 내 말엔 관심도 없을 것 같다.

의사는 나를 어린 고집불통이라 부른다. 그러면서 이렇게 말한다. “아마 이 어린 고집불통은 앞으로도 매사에 더디겠군.” 그러면서 마치 농담이라는 듯 소리 내서 웃는다. 모두가 웃는다….

대체 뭐가 어떻게 돌아가는 건지 모르겠는데, 의사는 모든 게 다 내 잘못이란다. 그 말이 너무도 또렷이 들린다.

아, 정말 뭔가 말하고 싶지만 그럴 수가 없다. 아무 말도 못하겠다. 어떻게 말해야 하는지도 모른다. 하지만 말하고 싶다. 모두 소리 내 웃고 있고, 그래서 더 괴롭다.[6]

앞으로 이 책에서 우리는 의사의 말들이, 아니 실은 어른들이 하는 모든 말들이 외부의 영향에 민감한 아이들의 잠재의식에 영향을 줄 수 있다는 것을 읽게 될 것이다. 위의 이야기에서 스튜어트는 자신이 보통 아이들과 다르며, 자신이 마땅히 해야 할 일을 하지 않고 있으며, 또 다른 사람들을 애 먹이고 있다는 말을 듣는다. 게다가 모든 사람이 자신을 향해 큰소리로 웃어댐으로써, 자신이 사람들에게 받아들여지고 있지 않다는 감정을 느끼며 부정적인 믿음 체계를 형성하고 있다. 스튜어트가 뭔가 말하고 싶지만 그걸 표현할 길이 없다고 말하는 것에도 주목해야 한다. 12장에서 여러분은 매트릭스 리임프린팅 기법을 배우게 되겠지만, 장담컨대 내가 만일 스튜어트를 상대로 그 기법을 사용한다면 십중팔구 자신의 마음을 표현 못 하는 그의 목에 어떤 감정이 걸려 있는 것을 찾아낼 것이다. 또한 감히 추측컨대, 스튜어트는 아마 자라면서 계속 많은 목 문제가 있었을 것이다. 우리가 뭔가를 표현할 수 없다거나 남들이 내 말에 귀 기울여주지 않는다고 느낄 때 흔히 목에 문제가 생기기 때문이다.

〈아기들이 원하는 것 What Babies Want〉라는 제목의 DVD에서 메리 잭슨Mary Jackson은 어린 소녀 하나를 초대해 작은 플라스틱 인형들을 이용해 자신의 출산 이야기를 하게 한다. 소녀의 엄마는 딸이 침대를 만들어 엄마를 그 침대에 눕히고 옆에 이동형 수액 걸이대까지 세워놓고 아빠를 불러 엄마 오른쪽에 있게 하고 심지어 침대 밑에 슬리퍼까지 놔두는 걸 보면서 놀라지 않을 수 없었다. 소녀는 엄마로부터 아무 설명도 듣지 않은 상태에서 출산 당시의 분만실 풍경을 정확히 재현했다.

그런 다음 소녀는 아기 인형을 엄마의 배 위에 올려놓고는 엄마의 품 안에 뛰어들어 꼭 안아주었다(소녀는 출산 당시 엄마와 떨어져 있어 현실에서는 그렇게 하지 못했다). 소녀는 자신의 출생 스토리를 들려줬을 뿐 아니라, 자신이 마음속으로 바랐던 일까지 재연함으로써 직접 출생 당시의 트라우마까지 치유한 것이다. 아기들은 이처럼 출생 당시에도 의식이 있다.

우리는 이제부터 이 책에서 아기의 잠재의식 속에 만들어진 모든 문제를 치유해줄 역동적인 방법들을 배울 것이다.

　다음 장에서 우리는 출생(출산) 스토리 치유를 향해 오를 사다리의 첫 단계인 EFT, 즉 '감정자유기법 Emotional Freedom Technique'을 소개할 것이다.

있는 그대로 자신을 받아들인다는 것은 문제를 그대로 두고 넘어간다는 의미가 아니
다. 우리 자신에 대해, 우리 감정과 우리 상황과 우리 역사에 대해 사랑과 공감을 표한
다는 의미이다. - 닉 오트너

이 장에서 우리는 감정자유기법EFT을 소개하고 자세히 살펴볼 것이
다. 이 기법은 개리 크레이그Gary Craig가 창안해낸 것으로, 그동안 전 세
계의 사람들을 상대로 정신적·육체적 문제들을 치유하는 데 경이로운
효과를 보여 왔다. 이는 이 책의 주제인 매트릭스 출생(출산) 리임프린팅
기법의 토대가 된 양대 기법 중 하나이기도 하다.

EFT를 제대로 이해하게 해줄 핵심적인 사실은 이 기법이 당신이 경
험한 삶의 문제와 관련된 '감정 에너지'를 제거해준다는 것이다. 당신이
트라우마를 경험할 때, 부정적인 에너지가 만들어져 당신의 시스템 안
에 저장된다. 이 에너지는 미래에 유사한 문제가 발생할 때 당신을 보
호해주는 역할을 한다. 예를 들어 당신이 어린 시절에 개한테 물린 적

이 있다고 하자. 이후 개를 볼 때마다 당신은 처음 개한테 물렸을 때 만들어진 것과 똑같은 에너지를 느끼게 된다. 당신의 시스템이 감각 정보를 잘 저장하고 있다가 뭔가 유사한 위험이 나타날 때 상기시켜주는 것이다. 이때 문제는 유사한 에너지를 유발하는 경험을 자주 하게 될 경우, 당신의 시스템 여기저기에서 오작동이 나타나, 몸에서 아드레날린과 스트레스가 증가하게 되고 코르티솔 수치가 높아지게 되며 DHEA와 같은 몸에 좋은 호르몬이 감소하게 된다.

태핑 기법의 작동 방식은 다음 둘 중 하나에 초점을 맞추게 된다.

a) 감정 에너지가 포함된 기억
b) 당신이 외부 현실에 자극을 받은 상황에서 현재 당신 몸 안에서 느끼는 것

그런 다음 손가락들로 몸의 경혈점들을 태핑해 기억이 만들어낸 에너지를 제거한다. 개에게 물린 경우를 다시 예로 들자면, 개에게 물리면서 떠안게 된 스트레스와 트라우마를 모두 제거할 수 있다. 당시 당신이 본 것, 냄새 맡은 것, 들은 것, 느낀 것, 맛본 것들 외에 다른 모든 양상들(개의 이빨이 얼마나 위협적으로 보였는지, 또 이빨이 당신 살을 파고들 때의 느낌은 어땠는지 등등)에도 초점을 맞춰, 그 각각의 양상들에 대해 태핑을 하는 것이다. 그러면서 각 양상과 관련해 떠오르는 감정이나 생각을 소리 내어 말하면서, 당신의 마음이 일어난 일에 초점을 맞추도록 하라.

그러면 몸과 마음에서 동시에 에너지(이는 또 두려움 같은 감정을 촉발함)가 빠져나가게 된다. 이는 곧 당신이 더 이상 과거에 일어난 일과 관련해 몸 안에 불쾌한 느낌을 갖지 않게 된다는 뜻이다. 그 후에는 어떤 일

이 일어나든 당신에게 같은 영향을 주지 않을 것이다. 예를 들어 개에게 물려서 생긴 원래의 트라우마와 함께 그와 유사한 성격의 기억들을 모두 태핑한다면, 이후로는 스트레스나 트라우마 없이 개를 마주할 수 있게 될 것이다.

EFT의 원리에 대한 추가 설명

건강한 상태에 있을 때는 에너지가 몸속 경락을 따라 자유롭게 흐른다. 이는 인류가 수천 년 전부터 알고 있는 사실로, 침술과 지압, 태극권, 경락 마사지, 기공 같은 기법들이 바로 에너지의 흐름을 자유롭게 해주기 위해 만들어진 기법들이다. 트라우마와 스트레스는 여러 가지 형태로 에너지 시스템 안에 장애물들을 만들어낸다. 에너지가 제대로 흐르지 않게 되면, 에너지가 생명 유지에 필요한 기관들에 도움을 줄 수 없게 되면서 질병이 생기게 된다.

여기서 알고 넘어가야 할 게 하나 더 있다. 트라우마를 경험할 때 우리의 잠재의식은 그것이 현재의 일인지 아니면 과거의 일인지 제대로 구분하지 못한다는 것이다. 이는 양쪽 경우에서 똑같은 화학 반응이 일어나기 때문이다. 이런 일은 사소한 방식으로 자주 일어난다. 마음에 어떤 당혹스런 기억을 떠올린다면, 몸에서는 어떤 일이 일어나겠는가? 현재 일어나고 있는 일인 듯한 당혹스러움을 느끼게 될 것이다.

흥미로운 점은 트라우마가 현재까지도 계속 영향을 미치기 때문에 굳이 의식적으로 그 일을 기억하려 할 필요도 없다는 것이다. 대부분의 사람들은 세상에 태어날 무렵의 일들을 기억 못하지만, 우리의 경험은 잉태되자마자, 그리고 엄마 자궁 안에 있을 때와 태어날 때부터 기록된다. (어떻게 하면 이런 잠재의식 속 기억들에 쉽게 접근할 수 있는가 하는 것에 대해서는 뒤에서 더 자세히 살펴본다.)

EFT 태핑 기법

EFT 태핑 기법은 감정 강도가 높은 그 어떤 상황에서도 쉽게 적용할수 있는 기법이다. 먼저 일반적인 EFT 태핑 기법에 대해 살펴보고 그 다음에 변형된 버전에 대해 살펴보아, 직접 체험해볼 수 있게 하겠다.

1단계 - 무엇보다 먼저 느낌을 확인하라. 어떤 걸 느끼고 있으며 또 어디에서 느끼고 있는가?

느낌 feeling 또는 감정 emotion 을 잘 느껴본다. 신체 감각이라 할 수도 있다.

2단계 - 1부터 10까지의 점수 중 어느 정도로 당신에게 영향을 주고있는가?

이제 10점 만점으로 점수를 매겨보라. 이 점수를 흔히 SUD, 즉 주관적 고통 지수 Subjective Unit of Distress scale 라고 한다. 이 지수를 보고 어떤 문제가 당신에게 얼마나 심각한 문제인지를 판단하게 된다. 1점은 별 문제가 아니고, 10점은 정말 심각한 문제이다. 이 주관적 고통 지수는 대개 EFT 태핑을 시작하면 낮아지기 때문에, 이 지수를 통해 EFT 태핑의효과를 알 수 있다.

3단계 - 수용확언을 정하기

위의 두 단계를 거치면서 '수용확언 set-up phrase'을 설정하라.

'나의 _____(인체 부위)에 이런 _____(감정 또는 느낌)이 있지

만, 이런 나를 마음속 깊이 사랑하고 받아들인다.'

> 예: '나의 뱃속에 기운이 하나도 없다고 느껴지지만, 이런 나 자신을 마음속 깊이 사랑하고
> 받아들인다.'

4단계 - 연상어구를 만들기

이제 수용확언을 요약해서 '연상어구reminder phrase'를 만든다. 연상어구를 만들 때는 다음과 같은 등식을 이용하도록 하라.

당신이 느끼는 것 + 그걸 느끼는 부위 = 연상어구

> 예: 기운이 없다 + 뱃속 = '뱃속에 기운이 없다'

5단계 - 포인트 태핑하기

한 번에 한 군데씩 다음 포인트를 태핑하라(몸의 양쪽 가운데 한쪽을 양손의 첫 번째와 두 번째 손가락을 사용해서). 처음에는 손날을 태핑하면서 수용확언을 세 번 말하라. 그리고 나서 각 포인트를 부드럽게 7~8차례씩 태핑하며 한 번에 한 가지 연상어구를 말하라.

1. 손날KC - 새끼손가락 바깥쪽 아래의 살이 도톰한 손 부분. 이 부위는 가라데에서 가격을 할 때 쓰는 부위이기도 하다.
2. 정수리TH - 정수리(손가락 안쪽 부위로 태핑)
3. 눈썹EB - 눈썹 시작 부위
4. 눈 옆SE - 눈 옆쪽 눈썹 끝나는 곳의 움푹 파인 부위
5. 눈 밑UE - 눈동자에서 약 2.5센티미터 아래쪽의 뼈 있는 부위

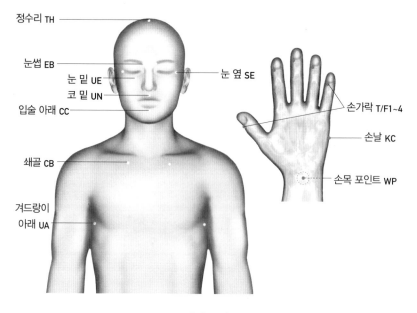

정수리 TH

눈썹 EB

눈 밑 UE

코 밑 UN

입술 아래 CC

쇄골 CB

겨드랑이
아래 UA

눈 옆 SE

손가락 T/F1~4

손날 KC

손목 포인트 WP

EFT 태핑 포인트들

6. 코밑UN – 코 아래 윗입술 위의 움푹 파인 부위

7. 입술 아래CC – 아랫입술과 턱의 중간 부위

8. 쇄골CB – 넥타이를 맬 때 매듭 위치에서 사선 방향 양쪽에 움푹 들어간 부위

9. 겨드랑이 아래UA – 남자의 경우 젖꼭지에서 가로로 그은 선, 여성의 경우 브래지어 끈에서 가로로 그은 선이 겨드랑이 측면의 세로 중심선과 만나는 부위

10. 손목 포인트WP – 손목의 안쪽 가운데 부위

11. 엄지손가락T과 손가락 포인트들F1~4 – 손바닥을 얼굴 쪽으로 향하게 한 뒤 엄지손톱 위쪽 모서리와 각 손톱의 위쪽 모서리를 태핑하라.

12. 손날KC – 처음으로 되돌아와 도톰한 손의 측면을 태핑하며 마무

리한다.

<u>6단계 – 주관적 고통 지수 SUDs가 0이 될 때까지 반복하라</u>

치유하려는 문제의 고통 지수가 전혀 느껴지지 않을 때까지 여러 차례 EFT 태핑을 반복하라.

직접 태핑 기법을 배우자

태핑 기법을 경험해볼 수 있는 가장 좋은 방법은 부정적인 감정을 촉발하는 어떤 일에 직접 적용해보는 것이다. 스스로 실제 그런 일을 만들고 싶지는 않을 것이므로, 내가 당신을 도와 현재의 어떤 일에 대해 직접 이 기법을 사용해볼 수 있게 해줄 것이다. 우선 여러분에게 이런 질문을 던지고 싶다. 앞에서 서구의 출산 방법들과 관련된 문제들을 살펴본 뒤 당신 안에서 촉발된 감정 같은 게 없었는가? 아마 있었다면 의사들이 아기를 다루는 방법에 대한 것이었을 것이다. 당신이 이미 아이를 가진 부모라면, 그런 사실을 알기 전에 당신 아기가 경험했을지도 모를 일에 대한 두려움 또는 우려를 느꼈을 수 있다. 만일 이미 출산을 했는데 뭔가가 계획대로 되지 않았다면, 슬픔이나 죄책감 또는 분노를 느낄 수도 있을 것이다. 아니면 당신이 이 세상에 태어날 때 의식적으로든 무의식적으로든 엄마로부터 분리됐다는 사실을 알고 두려움이나 외로움 같은 걸 느꼈을 수도 있다. 그런 경우 당신은 굳이 과거에 일어난 그런 이야기가 아니라 그저 에너지에 초점을 맞추면 된다. 태핑 과정을 간단히 요약하자면 다음과 같다.

속성 태핑 기법

EFT 태핑의 6단계

1단계 – 느낌 확인
어떤 걸 느끼며 또 그게 어느 부위에서 느껴지는가?

2단계 – 그 느낌이 1~10점 중 몇 점 정도 영향을 주고 있는가?

3단계 – 수용확언을 정하라
'나의 _____(인체 부위)에 이런 _____(감정 또는 느낌)이 있지만, 이런 나를 마음속 깊이 사랑하고 받아들인다.' 손날을 태핑하면서 이 말을 세 번 반복하라.

4단계 – 연상어구를 만들어라
당신이 느끼는 것 + 그걸 느끼는 부위 = 연상어구
예: '내 가슴 속의 이 모든 분노'

5단계 – 포인트들 태핑하기
연상어구를 되풀이하면서 머리 꼭대기부터 시작해 포인트들을 따라 내려오며 태핑을 하라. (각 태핑 포인트들의 위치에 대해서는 50쪽을 참고하라.)

6단계 – 주관적 고통 지수SUDs가 0이 될 때까지 반복하라

주의: 한 차례의 태핑 과정이 끝날 때마다 심호흡을 하면 훨씬 더 긴장이 풀려 감정 처리에 도움이 된다.

유용한 지압 포인트들

지압 포인트 네 곳은 임신 초기에는 사용해서 안 되지만, 임신 40주가 넘은 임신부의 분만을 촉진시키려 하거나 거꾸로 된 아기를 바로 세우려 할 경우 아주 유용하다. 우리는 발목 위의 태핑 포인트를 제외하고는 EFT에서 태핑 포인트로 잘 사용하지 않는다.

① 엄지손가락과 집게손가락 사이의 부위. 이 부위를 두 손가락으로 꼭 집되 30초에서 60초 사이에 한 손에서 다른 손으로 바꾸고 진통이 있을 때는 멈춰라. 이 포인트를 지압하면 분만이 촉진되며 출산이 쉬워진다. 두통 등 각종 통증에 효과가 있는 포인트이다.[7]

② 발목에서 손가락 4개 너비(약 3.8센티미터) 정도 위의 발목 안쪽 위

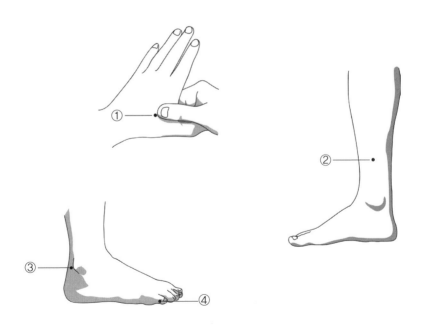

에 있는 부위. 부드러우면서 아주 민감한 부위이다. 이 포인트는 분
만을 촉진하려 할 때 지압한다. 손가락으로 이 포인트를 눌렀다 뗐
다 하라. 또한 생리통 완화에도 좋은 지압 포인트이다.

③ 복사뼈와 아킬레스건 사이의 부위(다리 뒤쪽). 이 지압 포인트는 아
기를 골반 안으로 내려오게 하는 데 도움이 된다. 이 포인트를 눌렀
다 뗐다 하라.

④ 새끼발가락 끝 쪽 부위로, 거꾸로 된 아기를 바로 세우고 분만을 촉
진하려 할 때 지압한다. 손가락들로 이 포인트를 꼭 집은 채 가만있
어라.

EFT 태핑 보충 대본(어떤 기억이나 경험이 촉발될 때 유용)

이 책을 읽어나가다 보면 가끔 당신 자신이 태어나던 때의 경험이나
당신이 아기를 출산하던 때의 기억이 촉발되는 경우가 있을 수 있다. 그
럴 때마다 되돌아와 참고할 수 있는 태핑 대본을 만들었다. 찾아보기 쉽
게 해당 페이지에 테두리를 표시해두었으니 참고하기 바란다.

여기서 우리는 공식적이며 완전한 태핑 기법을 사용하지는 않겠지만,
그보다는 오히려 또 다른 에너지 작업을 경험하게 될 것이다.

• 한쪽 손의 손날을 다른 쪽 손의 엄지손가락과 집게손가락을 이용해
  태핑을 하라. 그리고 생겨나는 느낌에 집중해 그 느낌이 당신 몸의
  어디에서 느껴지는지를 확인하라.

• 그 느낌은 정확히 어떤 느낌인가?

• 0~10점 중에 그 느낌의 점수를 매겨보라. (0은 아무 느낌이 없는 것이
  고 10은 그 느낌이 최고로 강한 것이다.)

- 그 느낌에 색이 있다면 무슨 색이겠는가?
- 그 느낌은 어떤 형태를 하고 있는가?
- 그 느낌은 어떤 말들을 연상케 하는가?
- 그 느낌은 움직이고 있나 정지돼 있는가?

당신 몸에서 에너지 흐름이 막힌 곳을 확인한 뒤, 각 태핑 포인트를 부드럽게 7~8회씩 태핑하면서 다음 단계를 밟아보라.

손날을 태핑한 뒤 다음 말들을 소리 내 반복하면서 태핑 포인트들을 따라 내려오라.

- 손날: 내겐 완벽한 부모님들은 안 계셨는지 몰라도, 그분들은 당시 갖고 있던 지식과 지혜로 할 수 있는 최선을 다하셨고, 그래서 나는 내 스스로 이 문제에 대해 평화를 유지하려 한다.
- 정수리: 내겐 완벽한 부모님들은 안 계셨는지 모른다.
- 눈썹: 내겐 완벽한 부모님들은 안 계셨는지 모른다.
- 눈 옆: 그분들은 할 수 있는 최선을 다하셨다.
- 눈 밑: 그분들은 당시 갖고 계시던 지식과 지혜로 할 수 있는 최선을 다하셨다.
- 코 밑: 그분들은 완벽하게 불완전했다.
- 입술 아래: 그분들은 불완전하게 완벽했다.
- 쇄골: 나는 내 스스로 이 문제에 대해 평화를 유지하려 한다.
- 겨드랑이: 나는 내 스스로 이 문제에 대해 평화를 유지하려 한다.
- 손목: 나는 내 스스로 평화를 유지하려 한다.

심호흡을 하라.

다시 손날 두드리기로 돌아가라.

(당신이 이미 아이의 부모라면 처음부터 다시 태핑을 반복하라.)

- 손날: 나는 완벽한 부모가 아니었는지 몰라도, 당시 내가 갖고 있던 지식과 지혜로 할 수 있는 최선을 다했고, 그래서 나는 내 스스로 이 문제에 대해 평화를 유지하려 한다.
- 정수리: 나는 완벽한 부모가 아니었는지 모른다.
- 눈썹: 나는 완벽한 부모가 아니었는지 모른다.
- 눈 옆: 나는 할 수 있는 최선을 다했다.
- 눈 밑: 나는 당시 내가 갖고 있던 지식과 지혜로는 할 수 있는 최선을 다했다.
- 코 밑: 나 역시 내 부모님들과 마찬가지로 불완전하게 완벽했다.
- 입술 아래: 나 역시 불완전하게 완벽했다.
- 쇄골: 나는 내 스스로 이 문제에 대해 평화를 유지하려 한다.
- 겨드랑이: 나는 내 스스로 이 문제에 대해 평화를 유지하려 한다.
- 손목: 나는 내 스스로 평화를 유지하려 한다.

심호흡을 하라.

다시 손날로 돌아가 세 번째 태핑을 시작하라.

- 손날: 나는 완벽한 출산 경험은 없었는지 몰라도, 내 부모님(내 아이) 과 다시 연결되고 또 완벽한 출산 및 유대 경험을 가질 마음의 준비 가 되어 있다.

- 정수리: 나는 완벽한 출산 경험은 없었는지 모른다.
- 눈썹: 그러나 나는 마음의 준비가 되어 있다.
- 눈 옆: 내 부모님(내 아이)과 다시 연결될 수 있다.
- 눈 밑: 나는 다시 연결될 수 있다.
- 코 밑: 그건 완벽히 불안전했다.
- 입술 아래: 그건 불완전하게 완벽했다.
- 쇄골: 나는 내 스스로 이 문제에 대해 평화를 유지하려 한다.
- 겨드랑이: 나는 내 스스로 평화를 유지하려 한다.
- 손목: 나는 내 스스로 평화를 유지하려 한다.

다시 심호흡을 하라.

잠시 가만히 있으면서 에너지가 자리를 잡게 하라. 이제 당신 몸으로 되돌아가 특정 기억이나 경험을 촉발한 애초의 느낌을 떠올려보도록 하라.

- 지금은 어떤 느낌인가?
- 지금은 그 느낌이 0~10점 중 몇 점인가?
- 그 느낌의 색은 아직 그대로인가 다른가?
- 에너지의 모양은 아직 그대로인가 다른가?

만일 느낌의 강도가 여전히 높다면, 처음부터 다시 태핑을 몇 차례 더 하되, 태핑을 하면서 각 태핑 포인트마다 어떤 느낌, 어떤 색깔, 어떤 모양인지를 구체적으로 말하라. 태핑 과정을 한 차례 완료할 때마다 잊지 말고 심호흡을 하라.

만일 상기 연습으로 태핑해야 할 태핑 포인트가 있다면, 모든 게 완전하게 불완전하다는 것을 잊지 말라. 당신과 당신 부모들은 그 당시에 갖고 있던 지식과 지혜 내에서 할 수 있는 최선을 다했다. 만일 당신이 당신 자신이나 부모님들을 비판하고 싶어지거나 태어날 때 있었던 어떤 일이 후회된다면, 그때 되돌아와 이 태핑 대본을 이용하라.

앞의 장에서 언급했듯, 나는 우리가 겪는 모든 일들이 우리 자신의 성장과 발전에 도움을 주기 위해 일어난다고 믿는다. 태어날 때 겪는 일들은 물론 부모들까지도 우리 스스로 선택한 것이라는 것이 내 믿음이다. 그리고 이 책 앞부분에서 이미 말했지만, 태어날 때의 우리 경험이 세상 사람들이 보는 우리 자신의 모습과 실제의 모습(물론 이것도 당신이 필요로 하거나 원한다면 얼마든지 변화될 수 있다는 걸 살펴보게 되겠지만)을 결정한다.

아이들의 경우도 마찬가지이다. 당신이 만일 아이의 영혼이 스스로 겪는 모든 경험을 선택한다는 것을 사실로 받아들일 수 있다면, 마음 편하게 모든 것을 보다 평화롭게 경험할 수 있을 것이다.

지금까지 EFT 태핑 기법을 소개했고 또 직접 그 기법을 사용해보는 연습까지 했다. 다음 장에서는 보다 발전된 EFT 태핑 기법인 매트릭스 리임프린팅 기법에 대해 살펴볼 것이다. 이 기법을 통해 여러분은 우리의 믿음들이 어떻게 형성되는지 이해하고 또 그 믿음들을 변화시킬 수 있게 될 것이다.

4장

매트릭스 리임프린팅과
우리의 믿음 체계들

당신이 사물을 보는 방식을 바꾸면, 당신이 보는 사물들이 바뀐다. – 막스 플랑크

제한하는 믿음들의 형성과 수정

지금까지 우리의 경험들이 삶의 특정 상황에서의 우리 대응 방식에 어떤 영향을 주는지를 살펴보았다. 이 장에서는 우리의 경험들이 왜 또는 어떻게 이런 식으로 삶에 각인을 남기는지를 살펴볼 것이다. 그러기 위해 우리는 매트릭스 리임프린팅이라는 보다 발전된 EFT 기법을 창안해낸 칼 도슨의 소중한 저서와 연구의 힘을 빌릴 것이다. 매트릭스 리임프린팅은 매트릭스 출생(출산) 리임프린팅의 토대를 이루고 있는 기법이기도 하다.

기본적으로, 경험 그 자체가 우리들이 직면하는 문제의 가장 큰 부분을 이루는 건 아니다. 문제의 가장 큰 부분을 이루는 것은 트라우마의 경험이 아니라, 스트레스나 트라우마를 겪는 순간에 형성되는 믿음이다. 이 장에서 우리는 믿음이란 무엇인지, 믿음은 어떻게 형성되는지, 또 어떻게 하면 그 믿음이 더 이상 당신을 지배하지 않게 리임프린팅, 즉 재각인할 수 있는지 등을 살펴볼 것이다. 먼저, 의식과 잠재의식 그리고 무의식의 차이에 대해 알아보자.

의식은 현재 이 순간의 인식이다. 당신은 이 책을 들고 있거나 의자에 앉아 있다는 것을 인식하고 있으며, 이 책을 읽으면서 생겨나는 느낌과 감정들을 인식한다. 당신은 저녁에 어떤 것을 먹을까 또는 몇 시에 아이들을 학교에서 데려와야 하나 하는 것들을 생각하고 있을 수도 있다. 브루스 립턴 박사에 따르면, 의식은 우리에게 주어진 전체 시간의 단 5퍼센트 동안만 세상에 대한 우리의 인식에 영향을 준다고 한다. 나머지 95퍼센트의 시간에는 잠재의식과 무의식의 지배를 받는다는 것이다.

잠재의식subconscious mind 또는 전前의식preconscious mind은 접근 가능한 정보를 담고 있다. 관심을 집중하면 그 정보를 인식할 수 있는 것이다. 기억을 불러낸다고 생각해보라. 예를 들어 우리는 정신 바짝 차리고 의식적으로 주변을 살피지 않고도 길을 따라 쉽게 집을 찾아간다. 집으로 가는 길에 대한 잠재의식적 정보를 의식으로 쉽게 불러올 수 있기 때문이다. 같은 방식으로, 자주 사용하는 전화번호들을 쉽게 기억해내기도 한다.

무의식적인 것이라 여겨지는 것들이 잠재의식적인 것이 되고 다시 의식적인 것도 될 수 있다. 예를 들어 오래전에 잊었던 어린 시절의 어떤 기억이 몇 십 년이 지나서 갑자기 떠오르기도 하고, 상담 중에 잠재의식으로 하여금 무의식 속에서 어린 시절의 그 기억을 찾아보라 한 뒤 의식적인 것이 되기도 하는 것이다. 대체로 무의식적인 기억이 의식적인 것이 되려면 뭔가 강력한 계기가 필요하지만, 잠재의식적인 기억은 보다 쉽게 의식적인 것이 되는 듯하다.

무의식unconscious mind은 매트릭스 리임프린팅 같은 기법들을 사용해 우리 상태를 바꾸지 않는 한 접근 불가능한 정보는 물론 원시적이며 본능적인 바람들도 담고 있다. 어린 시절에 우리는 수없이 많은 기억과 경험들을 쌓으며, 그것들을 통해 현재의 우리가 된다. 그러나 우리는 그 기억들을 거의 다 되살리진 못한다. 우리로 하여금 이런저런 행동을 하게 만드는 것은 무의식적인 힘들, 즉 믿음, 패턴, 현실에 관한 주관적 지도들subjective map of reality인 것이다.[8]

당신이 뭔가 심오한 학습 경험을 쌓을 경우 그 경험은 당신의 잠재의식과 무의식 속에 저장되며 매트릭스를 통해 접근할 수 있다. 일부 학습 경험들은 다른 학습 경험들에 비해 더 쉽게 접근할 수 있지만 이 모든 학습과 과거의 일, 기억, 믿음 등은 무의식에서 잠재의식으로 거기서 다시 의식으로 옮겨가며 변화되면서, 우리의 경험들 속에 새로운 신경 연결과 길들을 만들어낸다. 이 책에서 앞으로 우리는 무의식과 잠재의식을 같은 것으로 보아 잠재의식이라 부를 것이다. 무의식보다는 잠재의식이 더 널리 받아들여지는 용어이기 때문이다.

믿음은 어떻게 형성되는가

믿음은 우리가 배워 얻는 것이지만, 곧 진리처럼 여겨진다. 어떤 경험을 하면 우리는 평가를 하고 결론을 내리게 되며, 그것이 믿음이 된다. 그런 뒤 그걸 잠재의식 속에 잘 저장해, 그 믿음이 우리에게 도움이 되든 그렇지 않든 죽어라 그 믿음에 따라 살고 그 믿음을 지키려 한다.

2장에서 했던 말을 기억해보라. 세상에는 실제 일어나는 일이 있고, 또 우리가 그 일에 투영하는 스토리가 있다. 열 사람이 똑같은 일을 목격해도 그 일에 대한 각자의 이야기는 다 다르다. 모두 자신만의 생각과 믿음을 통해 그 일을 필터링하기 때문이다.

부정적인 믿음은 우리에게 악영향을 끼쳐, 성공을 가로막고 행복을 파괴한다. 그러나 사실 우리의 믿음은 우리 자신을 안전하게 지키기 위한 방어기제이다.

당신이 어떤 생존 위협을 받게 될 경우, 미래에 비슷한 일이 일어나는 것을 막기 위해 어떤 믿음이 형성된다. 생존에 대한 위협이라고 하면 마치 자동차 충돌 사고나 자연 재해 또는 거리에서 누군가 총을 꺼내 당신에게 겨누는 상황처럼 아주 드라마틱한 일로 생각하기 쉽다. 물론 '큰 트라우마Big-T trauma'라고도 부르는 그런 중대한 트라우마들은 다 생존에 대한 위협의 예이지만, 생존에 대한 위협은 우리가 잉태되는 순간부터 수도 없이 생겨난다.

어린 시절에 우리는 자신의 생존을 전적으로 부모에게 의존하며, 그래서 부모가 없으면 죽게 될 거라는 믿음을 가진다. 우리 자신이 부모나 다른 중요한 어른들에게 버림받는다고 느끼는 순간 우리 속에서는 잠재의식적인 생존 반응이 촉발될 수 있는데, 특히 태어날 때에 적절한 유대감이 형성되지 않아 안전감이나 소속감이 각인될 수 없을 때 더 그렇다(이에 대해서는 8장에서 자세히 다룰 것이다).

무슨 일인가가 일어나 갑자기 당신 자신이 버림받은 것 같은 느낌을 받은 적이 있는가? 마치 당신 자신이 뿌리째 뽑혀버린 느낌이었을 것이다. 그런 느낌과 함께 지독하게 강한 분리감 및 고독감이 찾아온다. 그리고 바로 그런 순간에 생존기제가 작동된다. 자궁 속에 있을 때나 태어나 처음 6년 사이에 그런 느낌이 자주 생길 경우 우리의 안전감이 크게 흔들리게 되며, 그런 상태는 어른이 되어서도 지속된다.

생존기제가 어떤 기억이나 경험에 의해 촉발되는 순간 잠재의식은 그 기억이나 경험을 토대로 '세상은 위험한 곳이다' '나는 사랑 받을 자격이 없다' '세상은 내게 안전한 곳이 아니다'라는 식으로 세상에 대한 나름대로의 결론을 내린다. 그 순간 어떤 결론이 내려지든, 그 결론은 우리 삶의 설계도처럼 되어버린다. 반복해 말하지만, 우리 믿음들은 큰일들 또는 일련의 사소한 일들을 통해 각인될 수 있으며, 우리는 살아가면서 계속 그걸 토대로 이런저런 결론들을 내리게 된다.

일단 이런 믿음들이 형성되면, 우리는 살아가면서 계속 그 믿음들이 옳다는 걸 입증하기 위해 애를 쓰게 된다. 우리가 자신에 대해 알게 된 사실들이 맞다는 것을 확인해줄 증거와 상황들을 수집하기 시작하는 것이다. 또한 우리의 생각과 잘 맞고 또 우리의 생각에 공감하는 사람들을 우리 삶 속에 끌어들이게 된다.

리처드 플룩Richard Flook은 자신의 저서 《나는 왜 아픈가? Why Am I Sick?》[9] 에서 육체적 질병과 감정적 트라우마 간의 관련성을 집중 조명하고 있다. 그는 우리에게 특히 큰 영향을 주는 특정한 형태의 트라우마가 있다고 말하고 있는데, 그게 바로 'UDIN'이라는 것이다. UDIN은 리처드 플룩이 만들어낸 두문자어로, 다음과 같은 뜻들이 모인 것이다.

- Unexpected(예기치 못한)
- Dramatic(드라마틱한)
- Isolating(고립된)
- No strategy to deal with what is happening(일어나는 일에 대처할 아무 전략도 없는)

UDIN은 우리 삶에서 내내 드라마틱한 영향력을 행사할 수 있다.

이제껏 큰 트라우마에 대해 알아봤는데, 이제 소소한 트라우마라는 뜻으로 쓰이는 '작은 트라우마small-t trauma'에 대해서도 알아보자. 작은 트라우마는 우리 삶에서 훨씬 더 흔히 일어나는 일들로, 스트레스와 트라우마를 안겨주긴 하지만 생존을 위협할 정도로 여겨지진 않는다. 그러나 여전히 분리감과 고독감을 촉발할 만한 요소는 갖고 있다. 작은 트라우마의 예로는 학교에서 놀림을 당한다거나 늘 운동팀에 가장 마지막으로 선발되는 일 등을 꼽을 수 있는데, 이런 일들은 '나는 그리 좋은 아이가 아냐'라는 믿음을 만들어낼 수 있다. 출산 과정에서 얼굴이 짓눌려 태어났을 때 의사나 엄마로부터 못생긴 아기라는 말을 들을 수도 있다. 그 결과 당신 자신이 추하다거나 사랑스럽지 않다는 믿음이 형성될 수 있다. 두 사람이 똑같은 출산 경험이나 인생 트라우마를 겪는다 해도, 한 사람은 평생 스스로를 옭아매는 믿음을 갖게 되고, 또 한 사람은 그런 경험이나 트라우마에 전혀 영향을 받지 않거나 오히려 더 강해지는 믿음을 갖게 될 수도 있다.

부정적인 믿음들은 어떻게 형성되는가

부정적인 믿음들은 단 한 번의 트라우마로 생겨나는 것이 아니며, 가족의 믿음 체계나 종교 또는 태어난 곳의 문화에 의해 영향을 받기도 한다. 부모의 믿음은 그들의 인생 경험과 환경에 의해 형성된 것이며, 또한 그 자신들의 부모, 그 부모의 부모, 그 부모의 부모의 부모 등등, 여러 세대를 거쳐 다운로드된 것이다.

흥미로운 생각

잉태되기 이전에 우리는 엄마의 난소 속 한 난자로 존재한다. 한 여성의 몸속에 있게 될 모든 난자는 그녀가 4개월 된 태아일 때 그녀의 난소 속에서 형성된다. 다시 말해, 자기 엄마의 자궁 안에서 형성되는 것이다. 이는 곧 난자로서의 우리 세포의 삶은 우리 외할머니의 자궁 안에서 시작된다는 의미이다. 우리 모두 외할머니의 자궁 안에서 5개월을 보낸 것이고, 외할머니는 또 자신의 외할머니의 자궁 안에서 형성된 것이다. 살아 숨 쉬는 아주 조그만 난자의 상태로, 우리는 어머니의 출산, 그녀 몸의 성장, 그녀의 기쁨과 두려움과 승리감 등을 경험하는 것이다.

이는 곧 우리의 믿음이 형성되는 과정에서 우리가 엄마는 물론 외할머니와도 밀접한 관련을 맺는 경우가 있다는 이야기다.

우리의 초창기 시절

세포생물학자이자 베스트셀러 《당신의 주인은 DNA가 아니다The Biology of Belief》(두레, 2014)의 저자인 브루스 립턴 박사에 따르면, 아이들은 6살이 될 때까지 이른바 '선잠' 또는 '최면' 상태에 있고, 그래서 엄청난 양의 정보를 잠재의식 속으로 다운로드받을 수 있다고 한다. 자의식적인 정보를 처리하기 위해서는 적절한 작업 데이터베이스가 필요하다. 그 결과 어떤 사람이 자의식을 표현할 수 있게 되려면, 그에 앞서 뇌가 먼저 각종 경험과 관측들을 잠재의식 속에 직접 다운로드함으로써 세상을 제대로 인식하는 임무를 완수해야 한다. 그리고 이 자의식은 아이가 알파alpha파처럼 보다 폭넓은 뇌 상태에 도달하게 되는 7살부터 형성되기 시작한다. 태어나서부터 2살까지 가장 지배적인 뇌파 활동은 세타 범위theta range 내에서 이루어진다.

2살부터 6살까지 아이의 뇌 상태는 델타delta와 세타 범위 내에 있다. 이것들은 일종의 최면 상태로 알려져 있으며, 최면 요법사들이 어떤 새로운 행동들을 직접 고객들의 잠재의식 속으로 새겨넣을 때 사용하는 최면 상태와 같다. 세상에 대한 아이의 인식은 이 시기에 곧장 잠재의식 속으로 다운로드되는데, 이때는 7살이나 되어야 완전히 발달하는 분석적인 자의식 필터들을 거치지 않는다. 결국 우리는 그 모든 인식과 믿음을 선택 또는 거부할 수도 없는 시기에, 삶과 그 삶 속에서의 우리 역할에 대한 기본적인 인식들을 배우는 것이다. 우리는 단순히 보고 듣는 것들에 의해서만 프로그래밍되진 않는다. 중요한 사고 능력을 획득하기에 몇 년 앞서 이미 삶에 대한 우리의 인식과 믿음들을 다운로드하는 것이다. 만일 어린 시절에 제한적이고 파괴적인 믿음들을 다운로드받게 된다면, 그런 잘못된 인식들이 우리의 진실들이 된다. 만일 우리의 플랫폼이 잘못된 인식 중 하나라면, 우리의 잠재의식은 착실하게도 이미 프로그램된 어린 시절의 그 진실들과 일맥상통하는 행동들을 만들어내게 된다. 브루스 립턴 박사에 따르면, 예수회 신도들은 이렇게 프로그래밍 가능한 상태에 대해 잘 알고 있었기 때문에 이런 말들을 했다고 한다. "어떤 아이든지 내게 7살 때까지만 맡겨 달라. 어른으로 만들어 돌려보내겠다." 그들은 아이들의 정신 상태가 최면 상태와 같아 교회 교리를 그 잠재의식 속에 직접 집어넣을 수 있다는 걸 잘 알고 있었던 것이다. 그리고 일단 그렇게 프로그래밍된 정보들은 남은 평생 동안 행동의 95퍼센트에 영향을 주게 된다.[10]

우리가 부모들로부터 이어받았을 가능성이 높은 아주 강한 믿음들 중 하나인, 돈과 관련된 믿음에 대해 고찰해보자. 돈을 예로 드는 것은 우리 대부분이 돈과 물질적 풍요로움에 대해 아주 강한 믿음들을 갖고 있기 때문이다.

제 1, 2차 세계대전 때 식량 배급을 받은 경험이 있던 할머니는 우리에겐 늘 먹고살 만큼의 돈은 있을지 몰라도 절대 남아돌 만큼의 돈은 없는 법이라는 걸 가르쳐주셨다. 아버지 역시 늘 집안에서의 지출을 아주 엄격히 통제해 돈에 대한 자신의 믿음을 보여주셨다. 그래서 그런 것들이 돈에 대한 내 믿음이 되었다. 그래서 내가 그런 믿음들을 바꾸기 전까지는 남는 돈을 따로 저축한다거나 남아돌 만큼 풍부한 돈을 갖는다는 건 어려웠다. 나는 심지어 돈에 대한 그런 믿음들이 내 믿음이 아니라는 것도 알게 됐다. 그 믿음들은 가족들에 의해 내게 프로그래밍됐던 것이다.

믿음들과 우리의 믿음 이야기

현재 서구인들이 가진 믿음의 패러다임에는, 임신이 되면서부터 이런 저런 믿음들이 형성된다는 개념이 아직 없다. 그러나 우리 스스로는 의식하지 못할지 몰라도, 출생 스토리는 우리에게 영향을 준다. 아기를 갖고 싶어 애쓰다가 임신했다는 걸 처음 알게 될 경우, 엄마의 몸 안에는 더없이 큰 행복과 기쁨의 화학물질들이 차고 넘친다. 아직 태어나지 않은 아기도 부모의 행복과 사랑을 느끼며, 자신이 환영받으며 세상에 나가게 된다는 메시지를 받게 된다. 반면에 임신된 걸 알았을 때 부모의 첫 반응이 충격과 두려움일 경우, 태아는 잠재의식적으로 그 반응을 이렇게 해석할 가능성이 높다. '내게 뭔가 문제가 있구나.' 이는 자신이 세상에 속하지도 못하고 환영받지도 못한다는 믿음으로 이어질 수 있다. (잊지 말라. 당신이 만일 이미 아기를 임신했거나 처음에 아기를 원치 않았다면, 그로 인해 생기는 감정들을 앞에서 배운 대로 태핑을 통해 처리할 수 있다. 당신 자신은 물론 당신의 아기를 위해서 말이다.)

자궁 안에서 형성되는 믿음들

우리의 가장 강한 믿음들은 임신됐을 때부터 생겨난 것일 수도 있다. 임신에 대한 부모의 첫 반응으로부터 생겨난 그 믿음들은 우리 삶의 모든 유사한 경험들에서 불쑥불쑥 튀어나온다. 당신의 부모가 임신 사실을 알고 기쁨과 설렘을 느꼈다면, 유치원이나 초등학교에 처음 갈 때 또는 새로운 직장이나 프로젝트를 시작할 때 또는 새로운 집으로 이사를 갈 때 등등, 모든 경우에 당신도 기쁨과 설렘을 느낄 가능성이 많다. 그러나 부모가 임신 사실에 두려움을 느꼈다면, 모든 경우에 당신도 두려움을 느낄 가능성이 많다.

흔히 알려진 것과는 달리, 아기는 원치 않게 잉태되었을 때 어느 정도 그 사실을 안다고 한다. 그동안 나와 함께 일해 온 사람들 중에도 그런 경우가 정말 많다. 아마 수천 명은 될 것이다. 매트릭스 출생 리임프린 팅을 하다 보면 내 입에서 이런 질문이 나오는 걸 자주 듣게 될 것이다. "그 감정은 누구의 감정인가요?" "그 충격, 두려움, 걱정, 분노는 누구의 것인가요?" 그런데 십중팔구 그 감정은 엄마 또는 아빠의 것이다.

2장에서도 언급했듯, 아기는 부모로부터 자신을 분리해서 생각할 능력이 없기 때문에, 부모의 충격을 자신의 충격인 것처럼 받아들인다.

나는 엄마가 강간에 가까운 끔찍한 일을 당하면서 잉태된 한 여성 고객과 상담한 적이 있다. 그녀의 엄마는 임신 사실을 알고 큰 충격에 빠졌으며, 아이를 원치도 않았다. 정신적으로 그녀의 엄마는 어린 아이나 다름없었다. 엄마가 된다는 게 어떤 건지에 대한 생각 자체가 없었다. 내 고객은 자신이 아예 존재하지도 않는다는 느낌에서 비롯된 믿음을 갖고 있었다. 그녀는 자신이 세상에 초대받은 적이 없다고 느꼈다. 엄마가 임신하면, 아기의 영혼은 난자의 물질적인 면과 연결되기 시작한다. 이 세상에 초대받은 적이 없다고 하는 내 고객의 느낌은 그녀의 의식 속에 그대로 기록되었다. 이런 경우, 대개 '나는 여기 있어선 안 돼' 또는 '나는 존재해선 안 돼' 등의 믿음이 형성된다.

이런 식으로 삶을 시작한 사람은 위험을 즐기든가 자살 생각을 하거나 성인이 되어 여러 가지 중독자가 되기 쉽다. 그중 일부는 자신이 정말 살 자격이 없다고 믿기 때문에 스스로 목숨을 끊으려 하기도 한다. 또 과도한 불안감과 함께 분노와 두려움을 갖고 살기도 한다.

설사 엄마가 아기를 사랑하기로 마음을 고쳐먹었다 해도, 아이에겐 엄마가 처음에 자신을 원하지 않은 것에 대한 분노와 원망이 여전히 남아 있을 수 있다. 엄마의 사랑을 받으면서도 엄마가 한때 자신을 원하지 않았다는 잠재의식적 믿음이 남게 되는 것이다.

믿음 고쳐 쓰기

전통적인 대화 요법은 우리의 믿음들이 어디서 오는지 더 잘 알게 해주지만, 그 믿음들을 실제로 고쳐 쓰는 데는 도움이 되지 않는다. 어떤 트라우마를 겪는 순간 모든 감각 정보는 잠재의식 속에 저장되며, 그렇게 저장된 감각 정보는 의식에 의해 바뀌지 않기 때문이다. 잠재의식에서 이런 감각 정보에 접근해 지우는 데는 앞서 살펴본 태핑 기법이 아주 효과적이다.

감각 정보를 전통적인 EFT 기법으로 삭제하는 것과 매트릭스 리임프린팅 기법으로 내모는 것에는 몇 가지 중요한 차이들이 있다. 전통적인 EFT 기법의 경우, 당신이 겪은 트라우마를 기억해내 그 트라우마와 관련된 모든 감각 정보를 몸에 불러온 뒤 삭제하게 된다. 그러나 매트릭스 리임프린팅 기법의 경우, 모든 감각 정보를 삭제하기 위해 몸에 불러오는 방식을 취하진 않는다. 매트릭스 리임프린팅 기법의 경우 그게 아니라 어떤 트라우마와 관련된 모든 감각 정보가 에너지 장(몸 주변의)에 들어 있는 것을 본다. 매트릭스 리임프린팅 기법의 창시자인 칼 도슨에 따르면, 우리가 어떤 트라우마를 겪을 때 일어나는 일들은 엄청난 영향력을 갖고 있다. 잠재의식은 그와 관련된 모든 감각 정보를 압축시킨 에너지를 우리의 에너지 장 안에 보관한다. 그러다가 유사한 일이 일어나면 압축시켜 두었던 에너지 속에서 모든 생각(믿음)과 느낌과 감정들이 물밀듯이 쏟아져 나오고, 우리 몸은 자신을 지키기 위해 투쟁-도피 반응을 보이게 된다. 그런데 잠재의식은 환경의 위협으로부터 늘 우리를 지키려 하기 때문에, 안타깝게도 이런 현상은 유사한 일이 일어날 때마다 반복해서 일어나게 된다. 칼 도슨은 이렇게 압축시킨 에너지(어떤 트라우마를 겪을 때 우리 자신을 지키기 위해 갈라지게 되는 우리 의식의 일부)를 에코ECHO 즉, 에너지 의식 홀로그램 Energetic Consciousness Hologram이라 부른다.

매트릭스 리임프린팅의 경우, 우리는 문자 그대로 믿음들이 형성된 순간으로 되돌아가 그 믿음들을 고쳐 쓸 수 있다. 그러나 EFT 기법과는 달리, 어떤 믿음을 고쳐 쓰기 위해 그에 수반된 감정을 또 다시 겪을 필요는 없다. 그보다는 신체의 바깥쪽 에너지 장, 그러니까 우리 '몸의 장body field' 안에 있는 에코를 활용한다. EFT 기법의 경우처럼 어떤 스트레스나 트라우마를 잠재우기 위해 그걸 다시 겪을 필요는 없다는 이야기다. 여전히 EFT 태핑 기법을 이용하되, 단순히 기억 속으로 들어가 우리 자신과 에코를 동시에 태핑하는 것이다. 에코를 도와 자신이 겪은 트라우마를 제거하려 할 때, 우리는 그 에코에게 이런 질문을 던진다. "그날 삶에 대해 무엇을 배웠니?" 그러면 에코는 대개 다음과 같이 핵심 믿음을 드러내 보여주는 답을 한다. "뭔가 변하지 않고선 안 될 거 같아요." "사람들이 나를 원치 않아요." "이곳은 내가 있을 데가 아니에요."

과거 어떤 순간에 어떤 믿음이 형성되었는지를 알고 나면, 그 다음에는 에코에게 그 믿음을 변화시키려면 어떤 게 필요한지를 묻는다. 그러면 에코는 기억을 고쳐 쓰거나 마음의 평화를 되찾는 데 필요한 자원들을 선택하기도 한다. 그런 다음 기억 안에 있는 다른 사람들을 태핑하고, 에코 자신이 느끼고 있는 감정을 제거할 수 있게 해주고, 에코를 도와줄 수 있는 다른 사람들을 불러들인다. 에코가 원한다면 영적인 인물이나 종교적인 인물들을 불러들일 수도 있다. 또는 반려동물이나 다른 동물들 아니면 물체를 불러들일 수도 있다. 에코는 기억 속에서 자신이 안전하다고 느끼게 해줄 만한 것이라면 무엇이든 불러들일 수 있으며, 그 도움으로 기억을 고쳐 써서, 자신에게 부정적인 영향보다는 도움을 주게 하고 자신을 무력하게 만들기보다는 힘이 나게 만들 수 있다.

큰 트라우마를 다룰 때, 우리는 매트릭스 안으로 들어가 그 트라우마가 생겨난 어떤 시점에서의 에코와 함께 작업을 시작할 수 있다. 이때 반드시 트라우마가 생겨난 어떤 사건의 처음부터 시작해 끝까지 작업해야 하는 것은 아니다. 때론 곧바로 사건 직후로 가서 에코와 함께 일을 하는 게 더 좋다. 에코에게 지금까지 무사히 살아남았으며 이제 안전하다는 걸 알려주고, 충격을 받아 얼어붙은 상태에 있는 에코를 그 상태에서 풀려나게 해주는 것이다. 그런 다음 자유롭게 기억의 다른 부분들로 옮겨가 필요하다면 트라우마를 제거하고 이런저런 믿음들을 찾아낼 수도 있다. 혹 에코가 생겨난 'UDIN'을 기억하는가? 매트릭스 리임프린팅 기법은 다음과 같은 일명 UDIN의 각 요소를 아주 효과적으로 다룰 수 있다.

- Unexpected(예상 밖의) – 우리는 에코로 하여금 곧 일어나게 될 어떤 사건에 대비시킬 수 있다.
- Dramatic(드라마틱한) – 우리는 곧 어떤 사건이 일어날 것이며 그렇더라도 우리가 도와줄 수 있다는 걸 알려줄 수 있다.
- Isolating(고립된) – 당신이 함께 있기 때문에 또는 도움을 줄 다른 사람들을 끌어들였기 때문에, 에코는 더 이상 혼자가 아니다.
- No strategy to deal with what is happening(일어나는 일에 대처할 전략이 없는) – 우리는 에코를 도와 전략을 짜게 해줄 수 있다.

그러나 이 과정에서 당신이 큰 트라우마를 안겨준 사건이 일어난 것 자체를 부정하려는 게 아니라는 걸 이해할 필요가 있다. 그건 회피일 뿐이다. 그렇게 회피할 경우, 기억 속의 감정 에너지와 믿음은 그 상태로 그대로 남게 되고 당신 삶에는 아무 변화도 없게 된다. 당신이 하려는 일은 에코의 상상력을 이용해 평화를 가져옴으로써 갇힌 감정을 풀어주고 보다 긍정적인 기억을 만들려는 것이다. 예를 들어 당신이 목에 탯줄을 감고 태어나 당신의 에코가 극심한 공포 상태에 빠져 있을 수 있다. 그 에코는 아마 '난 덫에 걸렸어' '난 속수무책이야' '난 이 세상에서 안전하지 못해' 같은 믿음을 갖게 될 것이다. 그런 경우 당신은 당신의 에코(유아 시절의 당신)를 태평해 그 공포심을 풀어주고, 그러면서 동시에 당신의 에코에게 "걱정 마. 넌 살아남았어. 여기 있는 내가 그 증거잖아" 하며 안심을 시켜주게 된다. 당신의 에코에게 자유로우면서도 안전하다고 느끼고 용기를 내려면, 그러니까 현재 갖고 있는 것과 정반대되는 느낌들을 가지려면 무엇이 필요한지를 물어보라. 어떤 에코들은 스스로 탯줄을 풀려 할 것이고, 또 어떤 에코들은 자신을 도와줄 천사나 의사 또는 도우미를 불러달라고 할 것이다. 에코가 무엇을 선택하든, 자유와 안전이라는 이름의 새로운 영상이 만들어질 것이고, 그 영상이 새로운 믿음으로 리임프린팅, 즉 재각인될 것이다.

당신이 현재 어떤 부정적인 믿음들을 갖고 있는지를 자세히 알아보고 싶다면, 다음에 소개하는 '당신의 믿음을 브레인스토밍하라'라는 제목의 연습 문제를 풀어보라. 이 연습 문제는 칼 도슨과 케이트 마릴랫^{Kate Marillat}의 공저《매트릭스 리임프린팅 2》[11]에서 가져와 조금 수정한 것이다.

당신의 믿음을 브레인스토밍하라

당신의 믿음을 브레인스토밍하면, 당신의 믿음들이 무언지 또 그 믿음들이 당신의 삶에 얼마나 큰 영향을 주고 있는지를 제대로 이해할 수 있게 될 것이다.

1. 다음 쪽에 있는 체크리스트에 나온 믿음들을 하나하나 보고 이렇게 자문하라. '이건 내 경우 100퍼센트 중 몇 퍼센트나 해당되나?'(이것을 '인식의 타당성 VoC' 점수라고 함) 각 믿음 옆에 당신의 VoC 점수를 써라. 0퍼센트는 '내 경우 전혀 맞지 않음'이고, 100퍼센트는 '내 경우 완전히 맞음'이다. 당신에게 딱 들어맞는 믿음이 나올 경우 당신의 감정 센터(심장, 위, 명치) 중 하나에 어떤 신체 반응이 느껴질 것이다.

2. 각 믿음에 대한 당신의 반응을 주시하고 각 믿음이 당신의 삶의 어떤 순간들에 나오는지 브레인스토밍을 한 뒤, 그걸 적어두어라. 나중에 그 믿음들을 바꾸기 위해 당신 혼자 또는 자격 있는 전문가의 도움을 받아 매트릭스 리임프린팅 기법을 적용할 기억들에 대한 정보가 될 것이다.

3. 일단 어떤 기억이나 믿음을 변화시킨 다음에는 다시 돌아와 그 믿음의 VoC 점수를 매겨 뭔가 변화된 것이 있나 확인해보라.

주어진 체크리스트에 나오지 않는 당신의 부정적인 믿음들이 있다면, 그런 믿음들도 적고 브레인스토밍을 해보라.

13장에서는 당신이 엄마 자궁 속에 생겨나고 태어날 때에 가진 잠재의식적인 기억들에 도달하는 방법을 살펴볼 것이다. 이 믿음들 중 상당수는 임신되고 태어날 때 만들어졌을 수도 있지만, 여기서는 일단 의식적으로 되살릴 수 있는 기억들에 대해 살펴보기로 한다.

믿음	0~100% VoC
나는 뭔가 부족하다	
나는 사랑스럽지 않다	
세상은 위험한 곳이다	
나는 쓸모없다	
나는 무능력하다	
나는 오해받고 있다	
나는 배신당했다	
나는 못났다	
나는 비생산적이다	
나는 실패작이다	
나는 희생양이다	
나는 짐이다	
나는 멍청이다	
나는 늘 이용당한다	
나는 혼자이다	
나는 못됐다	
나는 죄책감을 느낀다	
나는 사악하다	
나는 혼란스럽다	
나는 덫에 걸렸다	
나는 무력하다	
나는 열등하다	
나는 신으로부터 분리되었다	
나는 여기 있고 싶지 않다	
사람들 눈에 띄는 건 안전하지 않다	

다섯 개의 F: Fight, Flight, Freeze, Fainting, Fooling Around

당신은 아마 'Fight'와 'Flight' 즉, '투쟁'과 '도피'라는 말에는 익숙할 것이다. 어떤 트라우마를 겪을 때 가장 흔히 나타나는 두 가지 반응은 투쟁 또는 도피이다. 또 다른 반응인 동결Freeze 즉, '얼어붙음'은 매트릭스 리임프린팅에서 핵심적인 부분이기도 하다.

당신이 만일 도피를 하거나, 아니면 그대로 있으면서 싸움 형태로 반응한다면, 대개 에코는 생겨나지 않는다. 그러나 어떤 상황에 벗어나기 위해 도피할 수도 없고 투쟁할 수도 없다면, 그때 당신은 동결 모드를 취하게 된다. 야생 동물들은 동결 모드를 취하는 경우가 아주 많은데, 그런 경우 동결 반응을 떨치기 위해 늘 몸을 떤다. 그러나 인간이나 가축들은 그렇게 몸을 떠는 행동은 하지 않으며, 그런 트라우마를 에코의 형태로 저장한다.

나는 투쟁과 도피, 동결 반응 외에 두 가지 반응을 더 보태고 싶다. 그 중 하나는 'Fainting' 즉, '기절'이다. 만일 동결 반응이 효과가 없어 여전히 큰 위험을 느낀다면, 그럴 때 쓸 수 있는 대안이 기절이다. 말 애호가인 나는 말들이 그런 기절 반응을 보이는 것을 몇 차례 본 적 있다. 사람들이 말을 큰 박스 안에 실으려 할 경우, 말이 보이는 첫 번째 반응은 투쟁이다. 그런 다음에는 도피를 하려 한다. 그러나 꼼짝없이 걸려들어 더 이상 싸우거나 도주할 수 없다고 생각되면, 트럭으로 오르는 경사로 바닥에 네 발을 굳건히 박고 동결 반응을 취한다. 나는 실제로 어떤 사람이 말을 박스 안으로 몰아넣으려고 채찍질을 해대는 걸 본 적이 있는데, 그 말은 위에서 이야기한 전략을 다 쓴 뒤에 결국 모든 걸 포기한 채 기절해버렸다. 자신에게 일어나고 있는 일에 대해 스스로 어쩔 도리가 없는 상황에서 그 말이 보일 수 있는 마지막 반응은 기절이었던 것이다.

나는 예전에 한 고객이 엄마가 자신을 임신하고 출산할 때 가졌던 잠재의식적 기억을 떠올리기만 하면 기절을 하던 걸 본 적이 있다. 그녀의 이야기는 15장에서 볼 수 있을 것이다.

다섯 번째 F는 'Fooling Around' 즉, '장난'이다. 기절의 경우와 마찬가지로, 장난 반응 역시 전통적인 매트릭스 리임프린팅 기법의 일부는 아니나, 내가 사람들을 상대로 매트릭스 리임프린팅 기법을 쓰다가 발견하게 된 반응이다.

혹 트라우마를 안겨줄 만한 일이 일어나는 순간에 당신 자신이나 다른 누군가가 전혀 어울리지도 않는 농담을 하는 걸 본 적이 있는가? 공감 능력이 결여된 것처럼 보일 수도 있지만, 농담은 사실 트라우마를 안겨줄 사건으로부터 자신을 분리시키는 한 방법이다.

매트릭스 리임프린팅과 동결 반응

전통적인 매트릭스 리임프린팅 기법은 동결 반응들을 풀어주기 위해 만들어졌다. 어떤 순간이든 동결 반응을 겪는다면, 그때 에코가 생겨날 가능성이 아주 높다. 그래서 매트릭스 리임프린팅 기법을 활용해 당신의 에코에게 트라우마는 이미 지나갔고 이제 모든 게 잘 처리돼 안전하다는 걸 알려주는 것이다.

우리가 엄마 뱃속에서 동결 반응을 겪어 에코가 만들어질 때, 그 순간 우리가 느낀 감정과 믿음들만 기억의 캡슐 속에 넣어지는 게 아니라, 그 순간 우리가 몸 안에서 육체적으로 겪은 모든 것들, 그러니까 마취제나 약물, 음식물 그리고 기타 다른 독소들도 기억의 캡슐 속에 넣어진다. 동결 반응이 일어나는 순간에 우리의 몸이 그 모든 것을 꽉 움켜쥐는 것이다. 마사지 치료사인 나는 마사지가 끝난 뒤 사람들이 종종 어떤 감정만

배출하는 게 아니라 독소도 배출하는 것을 본다. 또한 고객들에게 매트릭스 출생 리임프린팅 기법을 쓸 때, 그들의 숨결에서 마취제 냄새가 나는 경우들이 있다. 마사지의 경우에서와 마찬가지로, 오랜 기간 묶여 있던 물질이 마침내 빠져나오는 것이다.

흥미로운 사실은 우리가 트라우마를 겪는 순간에 뭔가를 먹으면, 나중에 그 음식의 냄새에까지 민감하게 반응하게 된다는 것이다. 칼 도슨과 사샤 알렌비Shash Allenby가 함께 쓴《매트릭스 리임프린팅 : EFT의 새로운 진화》에는 커피 냄새만 맡아도 과민성 쇼크 상태에 빠지는 한 여성에 대한 사례 연구가 나온다. 한 매트릭스 리임프린팅 전문가가 그녀와 함께 매트릭스 리임프린팅 기법을 썼을 때, 두 사람은 커피와 관련된 그녀의 잠재의식이 위험과 연결되어 있다는 사실을 알게 됐다. 그녀는 거의 죽기 직전 상태까지 자신에게 매질을 해댄 동거인으로부터 도망쳤다. 그녀는 한 여성의 은신처에 몸을 숨겼고, 거기에서 그 여성과 함께 앉아 커피를 마시며 트라우마를 안겨준 경험들에 대해 얘기를 나누었다. 그래서 그녀의 잠재의식 속에서 커피는 당시의 트라우마와 연결되기 시작한 것이다. 매트릭스 리임프린팅 세션이 끝난 뒤 그녀는 더 이상 커피 냄새에 과민성 쇼크 상태에 빠지지 않게 됐다.

당신 자신에게 매트릭스 리임프린팅 기법을 쓰기

다음 7가지 단계는 전통적인 매트릭스 리임프린팅 기법을 요약한 것으로, 칼 도슨과 케이트 마릴랫의 공저《매트릭스 리임프린팅 2: 믿음을 두드려 인생을 바꾼다》에서 가져온 것이다.

1. 에코를 찾아라

2. 안전 전략을 짜라

3. 태핑으로 동결 및 다른 감정들을 풀어줘라

4. 제약하는 믿음을 찾아라

5. 새로운 믿음을 만들어내라

6. 리임프린팅 과정을 실행하라

7. 성공 여부를 측정하라

1단계: 에코를 찾아라

두 눈을 감고 바꾸고 싶은 의식적인 기억에 초점을 맞춰라. 혼자 바꾸기에 너무 벅찬 트라우마는 아예 건드리지 마라. 작은 트라우마로 시작되었다가 졸지에 많은 감정이 뒤얽힌 큰 트라우마로 연결되는 경우가 많은 데다가, 그런 경우 그걸 방지하는 게 어렵기 때문이다. 혹 당신이 실제 그런 경우를 당한다면, 자격이 입증된 매트릭스 리임프린팅 전문가를 찾아가는 것이 좋다.

2단계: 안전 전략을 짜라

바꾸기로 마음먹은 기억에 접근하라. 어른이 된 지금의 당신이 그 영상 안으로 들어가는 걸 상상해도 안전할 것 같은가? 그렇지 않다면, 그 기억과 관련된 당신의 에코 주변에 있는 다른 사람들을 다 얼어붙게 만들어 안전하게 만들거나, 아니면 아예 당신의 에코를 다른 데로 옮겨갈 수도 있다.

그리고 늘 당신의 에코와 떨어져 있도록 하라. 그래야 당신도 안전하고 에코가 느끼고 있는 온갖 부정적인 감정이나 에너지를 자극하지 않을 수도 있다. 다시 말해 당신은 밖에서 당신의 에코를 쳐다보기만 해야 하지, 절대 스스로 에코가 되려고 해선 안 된다.

3단계: 태핑으로 동결 및 다른 감정들을 풀어줘라

영상 안으로 들어가 에코에게 기분이 어떤지 물어보라.

그리고 상상 속에서 에코를 상대로 태핑을 해 에코가 직면하고 있는 두려움이나 감정을 제거함으로써 동결 반응을 풀어줘라.

예들 들면 태핑을 하면서 에코에게 이런 말을 하는 것이다. "지금 너무나 두렵지만, 넌 너 자신을 깊이 사랑하고 받아들일 수 있어."

에코에게 이제 안전하다는 걸 알려주고 공동체 의식을 심어주기 위해 이런 말들을 덧붙일 수도 있다.

"이제 다 끝났어."

"넌 안전해."

"난 널 도와주러 온 거야."

"넌 혼자가 아냐."

4단계: 제약하는 믿음을 찾아라

에코에게 이런 질문을 해보라. "그날 대체 네 자신과 네 삶에 대해 어떤 부정적인 믿음을 가진 거니?" 예를 들면 이런 답을 들을 것이다. "사랑받으려면 완벽해져야 해요."

5단계: 새로운 믿음을 만들어내라

해결책을 만들어내기 위해 에코가 필요로 하는 자원들은 무엇인가? 일단 어떤 부정적인 믿음이 제거되면, 당신의 에코는 실제 일어난 일이 자기 생각과 뭐가 다른지 살펴보기 시작할 것이며, 실제 일어난 일을 새롭게 이해함으로써 전혀 새롭고 자연스럽고 긍정적인 느낌이나 믿음을 갖게 된다. 예를 들어, 어린 당신이 실수로 스스로를 다치게 할까 두려워 아빠가 화를 내며 소리를 질렀다면, 아빠는 절대 당신을 사랑하지 않아서 그랬던 건 아니다. 이제 당신의 어린 에코를 도와 동결 반응을 풀어 준다면, 그 에코는 전혀 새로운 사실을 알게 될 것이다. 당신은 그 모든 걸 당신의 에코에게 설명해줄 수도 있다. 당신의 에코는 새로운 믿음을 만드는 과정에서 다른 가족을 끌어들이려 할 수도 있고 아니면 좋아하는 장난감이나 반려동물을 끌어들이려 할 수도 있다. 당신의 에코로 하여금 직접 새로운 믿음을 각인하는 경험을 하게 해주어라.

6단계: 리임프린팅 과정을 실행하라

만일 믿음을 나타내는 어떤 새로운 영상을 갖고 있다면, 그 영상을 머리끝까지 가져 올라간 뒤 몸의 이곳저곳을 다 거쳐 심장 안으로 가져가라. 그리고 당신의 심장으로부터 그 영상을 확대시켜 당신을 둘러싼 매트릭스 안으로 보내라.

7단계: 당신의 성공 여부를 측정하라

리임프린팅 과정이 끝났다면, 이제 원래의 기억으로 되돌아가 체크해야 할 시간이다.

두 눈을 감고 집중을 해 원래의 기억으로 되돌아가보라. 무엇이 변했는가? 그리고 아직 어떤 일이 남았는가?

적어도 두 차례 이상 그리고 가끔은 훨씬 더 여러 차례씩 각 기억으로 되돌아가, 그 기억 안에 더 깊숙이 감추어진 교훈들을 찾아보라.

나는 큰 트라우마를 준 사건들의 경우 자격이 있는 매트릭스 리임프린팅 전문가의 도움을 받으라고 권하고 싶다. (만일 당신 자신이 전문가가 되고 싶다면, 전 세계 거의 모든 국가에서 EFT 및 매트릭스 리임프린팅 트레이닝을 받을 수 있다. 이 책 뒤에 있는 출처 부분을 참고해 EFT나 매트릭스 리임프린팅 또는 매트릭스 출생 리임프린팅과 관련된 전문가 트레이닝 웹사이트를 찾아보라.)

지금까지 EFT와 매트릭스 리임프린팅 기법의 기초를 배웠다. 이제는 당신 자신의 출산 스토리들을 살펴보고 그것들이 당신에게 어떤 영향을 주고 있는지를 살펴보겠다. 이 책 후반부에서는 출산 스토리를 변화시키기 위해 매트릭스 리임프린팅 기법을 사용하는 법도 배울 것이다.

HEAL YOUR BIRTH
HEAL YOUR LIFE

HEAL YOUR BIRTH
HEAL YOUR LIFE

2부

매트릭스 출생 리임프린팅의 과학적 근거

5장

우리의 출산
스토리들

엄마들은 과학자들도 최근에야 알게 된 사실을 직감적으로 알고 있다. 아직 엄마 자궁 안에 있는 태아도 자기 부모 및 외부 세계와 밀접한 관계를 형성하고 있는 아주 섬세한 개체라는 사실을 말이다. - 의학박사 토마스 버니,《태어나지 않은 아이를 양육하기 Nurturing the Unborn Child》

우리는 어떻게 세상 속으로 들어오나

앞선 장들에서는 엄마 뱃속에서 잉태되자마자 믿음과 감정들이 어떤 식으로 형성되기 시작하는지 살펴보았다. 가장 중요한 또 다른 요소는 우리가 실제 어떻게 이 세상에 들어오는가 하는 것이다. 우리의 출산 스토리, 그러니까 태어날 때 겪는 경험들은 세상을 경험하는 방식에 지대한 영향을 미친다. 그러나 순전히 감정적인 차원에서만 영향을 받는 것은 아니다. 출산 과정에서 세상에 대한 경험들을 필터링하는 방식과 관련된 우리의 핵심 믿음들이 형성될 뿐 아니라, 여러 가지 중요한 육체적 과정들도 시작된다. 우리는 출산 과정에서 육체적으로, 정신적으로 또 감정적으로 이제 곧 시작하게 될 삶에 대비하게 되는 것이다.

심리요법사이자 워크숍 리더이며 작가와 강사이면서 출산 전후 심리학 분야의 선구자이기도 한 윌리엄 에머슨William Emerson 박사는, 이를테면 45세인 당신이 자신의 상담실로 들어오면, 당신의 육체적 문제들을 보고 당신의 출생 과정이 어땠는지를 정확히 알 수 있다고 주장한다. 당신이 소화기나 내분비, 아니면 호흡기 문제를 갖고 있든, 자신은 그런 육체적 문제를 가지고 당신이 태어날 때 어떤 일이 있었는지를 짐작할 수 있다는 것이다. 그는 현대의 출산 과정이 우리의 건강에 평생 어떤 영향을 미치는지 너무 잘 알고 있다. 이 장에서 우리는 그의 말처럼 현대의 기계적인 출산 과정이 우리에게 미치는 영향에 대해, 그리고 그렇게 해서 생겨나는 문제들을 어떻게 해결할 것인지 살펴볼 것이다.

내가 보기에는 일손 부족, 정해진 기간 내에 처리해야 한다는 심적 부담, 출산의 사업화, 각종 소송에 대한 병원들의 두려움 등으로 인해 많은 출산 전문가들이 출산을 보는 관점 자체가 변한 게 아닌가 싶다.

자연분만을 다룬 다큐멘터리 영화 〈탄생 비즈니스The Business of Being Born〉[12]에서는 미국 내의 많은 출산 전문가들과 인터뷰를 하는 장면이 나오는데, 약물을 사용하지 않는 자연분만은 그야말로 눈을 씻고 찾아도 찾을 수가 없었다. 출산 전문가들은 더 이상 자연적인 골반위 출산(아이가 발부터 거꾸로 나오는 것 – 역자 주) 방법에 대해 배우지 못하고 있다. 연구 결과에 따르면, 출산도우미doula(출산 당시와 출산 전후에 임산부 또는 부부에게 정신적·실질적 도움을 제공하는 숙련된 여성)를 고용해 지속적인 도움을 받는 여성들은 질을 통한 자연분만을 할 수 있는 가능성이 높아지고, 출산과 관련해 통증 치료나 경막 외 마취, 부정적인 느낌 등을 겪을 가능성이 줄어들며, 이른바 겸자 분만forceps delivery(큰 집게로 태아 머리를 집어서 잡아당기는 분만 방법)이나 제왕절개 같은 다른 의학적 조치를 취해야 할 필요성도 줄어든다. 출산 시 출산도우미의 도움을 받는 여성들은 제왕절개를 해야 할 위험이 28퍼센트까지 줄고 분만 시간도 40분 정도 줄어들 수 있으며, 그렇게 낳은 아기들은 출산 시 아프가 점수Apgar score(출산 시 신생아의 건강 상태를 나타내는 점수 – 역자 주)[13]가 낮게 나올 위험이 줄어든다.

최근에 출산과 관련해 트라우마를 겪은 한 고객은 자신은 진통이 시작돼 병원에 가기도 전에 자신의 당연한 권리가 무시당하는 듯한 느낌을 받았다고 했다. 그녀는 출산 때 도와주기로 예약된 출산도우미가 너무 바빠 집에 올 수 없다고 하더라며 분통을 터뜨렸다. 그 출산도우미는 심지어 그녀가 병원에 입원해 분만을 시작할 때까지도 나타나지 않았다고 했다. 출산도우미는 진통이 시작될 때부터 곁에 와 있어 주어야 하기 때문에, 이는 그녀가 기대한 것과는 전혀 다른 상황이었다.

출산이 자연스럽고 안전하든, 혹은 트라우마를 안겨주는 경우이든 출산도우미의 존재는 큰 영향을 준다. 물론 성공적인 출산에 도움을 줄 환경을 조성하려면 어떻게 해야 하는지를 잘 알고 또 임산부와 공감 능력까지 가진 훌륭한 출산도우미도 많다.

그러나 불행히도 이곳 영국의 많은 출산도우미들은 너무 많은 스트레스에 시달리고 있다. 일손도 모자라고 국민건강서비스NHS로부터 받는 자금 지원도 부족한 상태에서 업무 스트레스는 계속 늘어가고 있는 것이다. 그들은 지금 임산부들이 자신을 필요로 할 때 곁에 있어줄 시간을 내기 위해 그야말로 안간힘을 다하고 있다. 또한 일부 출산도우미들은 출산과 관련된 트라우마를 갖고 있어 임산부 곁을 제대로 지킬 수 없을 수도 있다. 임산부는 그들이 자신에게 어떻게 반응하거나 반응하지 않는지를 보고 자신이나 아기에게 뭔가 문제가 있다고 느낄 수도 있으며, 자신이나 아기의 안전이 자신의 통제권을 벗어났다는 두려움을 느낄 수도 있다. 임산부들이 출산 중에 거친 말을 듣거나 심한 경우 폭언을 듣는 경우도 많다는 보고서를 본 적도 있다. 자신이 뭔가를 잘못하고 있다거나 아니면 아무 쓸모없는 사람이라는 느낌을 받게 되기도 한다는 것이다. 이런 경우 임산부들은 두려움 반응을 보일 수 있으며, 아드레날린 등의 스트레스 호르몬들이 분비되면서 통증이 커지게 된다. 아드레날린은 이완시켜 확장되어야 할 자궁경부 입구 같은 자궁 내 환상근들을 수축시킨다. 그리고 자궁 내 환상근이 수축되면 통증 및 혈액순환 부진으로 이어지며, 때론 태아의 고통을 유발할 수도 있다.[14] 그 결과 분만이 멈추거나 늦춰지며 의학적 개입이 필요해질 수 있다.

현재 서구에서 임산부들을 도와 자연분만을 할 수 있게 하려면 많은 변화가 있어야 한다. 무엇보다 먼저 임산부들에게 자연분만이 가능하다는 것을 상기시켜야 하며, 의료진에게 자연분만법을 가르치고 적절한 시간과 시설을 제공해 제대로 임산부들을 도울 수 있게 해야 한다. 미래의 아기들이 정신적·육체적 트라우마 없이 세상에 태어나려면 반드시 그렇게 되어야 한다.

출산 과정이 육체에 미치는 영향

출산 과정은 대단히 복잡하다. 그런데 서구 의료 체계에서는 출산 과정이 얼마나 복잡한가 하는 것에 둔감해졌다. 서구 의료 체계에서는 출산을 그저 아기를 밖으로 끄집어내는 기계적인 과정으로 보려 한다. 그러나 출산은 그런 기계적인 과정이 아니다. 출산은 면역 시스템 및 내분비, 소화기, 호흡기 시스템 등 많은 시스템을 작동시키는 복잡한 과정이며, 따라서 우리의 건강과 행복에 큰 영향을 끼친다.

또한 출산 과정에 대해 사람들이 간과하거나 오해하고 있는 것들이 많은데, 우리가 산도birth canal(태아가 나오는 통로 - 역자 주)를 따라 내려올 때 어떤 일이 일어나는지, 또 탯줄의 역할이 무엇인지에 대한 것도 그중 하나다.

산도

자연분만을 통해 태아는 산도를 따라 내려오면서 수축 작용으로 인해 마사지를 받게 된다. 산도의 수축은 아기를 세상에 내보내는 일도 하지만 면역 시스템을 활성화시키는 역할을 하기도 한다. 또 태아는 산도를 따라 내려오면서 엄마로부터 자신이 필요로 하는 자연적인 소화 효소들을 얻는다. 제왕절개로 태어나는 아기들은 이런 효소를 받지 못할 뿐 아니라, 몸을 마사지 받는 부가효과도 받지 못한다. 마사지는 폐를 자극하는 역할을 한다. 제왕절개로 태어난 아기들이 대개 호흡 문제를 겪는데, 그것은 부드러운 마사지 경험을 겪지 못했기 때문이다.

물론 때로 제왕절개는 임산부와 아기의 생명을 지키는 데 필요할 수 있다. 그러나 최근 들어, 분만 계획의 일환으로 자연분만 대신 제왕절개를 선택하는 것이 일종의 유행처럼 되어버렸다. 이는 우리가 자연분만의 중요한 이점을 우리가 놓치게 만드는 원인이기도 하며, 제왕절개로 태어난 아기들의 면역력과 깊은 관련이 있다.

탯줄

탯줄 또한 우리가 생각하는 것보다 더 많은 중요한 역할을 한다. 우리는 대개 탯줄의 역할이 그저 자궁 속의 태아에게 산소와 영양분을 공급

하는 것 정도라고 생각한다. 그러나 우리가 태어날 때 폐는 안에 공기가 없어 납작하다. 아기가 숨을 쉬면서 처음 공기를 받아들이면서 폐가 부풀어 오르기 시작하며, 폐를 지탱하는 모든 모세혈관이 혈액으로 채워지기 시작한다. 이 순간에도 아기는 여전히 탯줄을 통해 꼭 필요한 산소를 공급받는다.

이상적으로 보자면 탯줄은 출산 후 20분, 즉 폐가 제대로 작동할 때까지 계속 아기와 연결되어 있어야 한다. 탯줄에 연결된 아기는 30퍼센트의 혈액을 더 공급받는다. 탯줄을 통해 공급되는 혈액은 더 많은 산소를 공급해준다. 예를 들어 아기가 목 속에 점액이 들어 있어 호흡 곤란을 겪을 경우, 탯줄을 통해 계속 산소를 받을 수 있다.

아기는 또 탯줄을 통해 줄기 세포들을 받아들이는데, 이는 면역 시스템을 구축하는 데 필요하다. 그러니까 탯줄이 연결되어 있는 동안에 아기의 면역력은 더 강해진다. 온전한 탯줄이 아기를 엄마 가슴까지 들어올릴 수 있을 만큼 긴 데에는 다 그만한 이유가 있는 것이다. 만약 아기가 엄마의 초유를 빨기 시작한다면, 이것 역시 각종 감염에 맞서 면역력을 강화하는 데 도움을 준다.

아기들은 자궁 안에 있을 때는 30퍼센트의 혈액이 추가로 필요하지 않지만 일단 세상에 나오는 순간 그 혈액이 필요해진다. 이것은 아기가 세상에서 살아남을 가능성을 최대한 높이기 위해서다.

문제는 오늘날 서구의 기계적인 출산 패러다임이 자연 섭리와 동떨어진 쪽으로 흘러왔다는 데 있다. 탯줄은 출산 후 10초도 안 되어서 자르게 되는 경우가 많으며, 아기는 소중한 산소와 영양분을 공급 받을 기회를 놓치게 된다.

탯줄을 너무 일찍 자르면 일어날 수 있는 위험들은 다음과 같다.

- 저혈압
- 저혈량
- 빈혈(헤모글로빈/철분이 적은 것)
- 저혈당
- 대사성 산증
- 호흡곤란증후군
- 저체온증(탯줄을 통한 따뜻한 혈액 흐름이 중단될 때 체온이 떨어지는 것)
- 출산 14일 후의 심장 잡음 상승
- 위장관으로의 혈액 흐름 부족(미숙아의 괴사성 장염 발발 위험이 커짐)
- 산소 부족에 의한 뇌손상(뇌성마비나 자폐증 등에 걸릴 가능성이 높아짐)

탯줄 절단을 늦춤으로써 얻을 수 있는 이점들은 다음과 같다.

- 적혈구 양 50퍼센트 증가, 혈량 증가, 빈혈 방지
- 백혈구 및 항체 증가(아기가 감염과 맞서 싸우는데 도움이 됨)
- 혈소판 증가(정상적인 혈액 응고에 중요)
- 적절한 관류로 혈장 단백질과 기타 다른 영양분 증가
- 출산 이후 처음 몇 시간 뒤 혈액 순환 개선
- 정상 체온 유지가 보다 쉬워짐
- 아기가 자신의 줄기 세포들을 받을 수 있음(아직 우리가 제대로 이해하지 못하는 이유로 건강과 행복에 도움이 됨)[15]

출생 트라우마

아기들이 정말로 의식도 있고 느낄 수 있는 존재라는 걸 이해하게 되면, 아기를 거꾸로 들어 엉덩이를 때리는 전통은 야만적인 행위로 보인다. 어른의 입장에서 그런 경험에 대해 생각해보자. 이제 막 완전히 새로운 세상에 나왔는데 느닷없이 거꾸로 들린 채 엉덩이를 맞는 것이다. 때론 고함과 같은 시끄러운 소리들이 들리고, 밝은 불빛들에 휩싸여 겪어본 적이 없을 정도로 함부로 이리저리 옮겨지고 험하게 다뤄진다. 주사바늘이 꽂히는 통증도 겪고 이물질을 뽑아내기 위해 튜브를 목구멍 속에 넣는 고통도 겪는다. 방금 전까지 있던 자궁 속 온도나 자신의 체온과도 다른 물에 씻기기도 한다. 아기의 체온은 우리의 정상 체온보다 1도 높으며, 너무 따뜻하거나 찬 물에 들어간 아기는 쇼크를 일으킬 수도 있다.

윌리엄 에머슨 박사가 1995년도에 실시한 연구에 따르면, 미국에서 발생하는 모든 출산의 95퍼센트는 아기에게 트라우마를 안겨주는 출산으로 분류된다. 그중 50퍼센트는 보통 정도의 트라우마이며 45퍼센트는 심한 트라우마이다. 현재 미국에서는 매년 약 400만 명의 아기가 태어나므로,[16] 엄청나게 많은 아기들이 트라우마를 가진 채 세상에 나오는 것이다.

우리는 출산 과정의 복잡성에 대해, 또 서구식 의료 체계의 관행이 출산 과정에 얼마나 부정적인 영향을 끼쳐왔는지에 대해 살펴보았다. 다음 장에서는 뇌의 발달에 대해, 또 현재의 출산 과정이 뇌 발달에 어떤 부정적인 영향을 끼치는지에 대해 살펴보도록 하겠다.

아이가 겪는 가장 큰 공포는 자신이 사랑받지 못한다는 것이다. 아이들은 거부당하는 것을 끔찍이 두려워한다. 나는 세상 모든 사람들이 어른이든 아이든 거부당한 기분을 맛본 적이 있을 거라 생각한다. 거부당한 느낌과 함께 분노가 생겨나고, 분노와 함께 거부에 대한 복수로서 죄가 저질러진다. 그리고 죄책감과 함께 인류의 이야기가 탄생한다. – 존 스타인벡

자궁 안에서, 그리고 출산 순간에 이루어지는 뇌의 형성 과정이 세상에 대한 아기의 인식을 결정짓고 아기의 인식에 영향을 준다.

아기의 뇌가 자궁 속에 있는 동안 형성된다는 것은 분명한 사실이다. 이 장에서 우리는 아기의 뇌 형성 과정의 다양한 측면들에 대해 살펴본다. 또 자궁 속에 있는 동안 겪는 정신적 트라우마가, 아기가 삶을 필터링하고 인식하는 데 어떤 영향을 줄 수 있는지도 살펴보려 한다.

출산이 우리 자신과 세상에 대한 우리의 믿음에 어떤 영향을 주는지 모른 채 출산에 대해 이야기하는 것은 불가능하다. 태어날 때 안전하다는 느낌을 주입받는다면, 우리 기억 속에는 세상은 안전한 곳이라는 믿음이 심어질 것이다. 반면에 태어날 때 트라우마를 안겨주는 일을 겪고 엄마로부터의 분리 문제가 섬세하게 다뤄지지 않는다면, 우리의 기억 속에는 세상은 위험한 곳이라는 믿음이 새겨질 것이다. 우리와 세상의 관계가 어떤지, 또 우리가 세상에서 어떻게 행동하는지 하는 것은 우리의 출산 경험에 의해 결정된다.

서구의 의료 패러다임은 임산부와 아기 모두에게 많은 문제를 안겨주고 있다. 만일 자궁수축을 유도하기 위해 임산부에게 인위적으로 옥시토신 호르몬을 주입한다면, 아기에게 쇼크를 줄 뿐 아니라 엄마의 몸에서 자연스레 옥시토신이 분비되는 것도 방해하게 된다. 자연의 섭리에 맡긴다면 아기는 스스로 자신의 폐로부터 엄마 몸속으로 단백질을 분비함으로써 출산을 시작하게 하고, 출산 속도를 조정한다.[17]

이제 반대의 시나리오를 상상해보자. 아기가 자궁 안에서 쉬고 있는데, 느닷없이 약품이 투입돼 강력한 수축과 함께 격한 출산 과정이 시작된다. 잔잔한 파도 속에서는 수축 작업이 강화될 수가 없다. 잔잔한 파도와는 전혀 다른 격렬한 해일이 해안가를 때린다고 생각해보라. 어떤 예고도 없이 진통이 시작되는 이런 경험은 아기에게 충격을 주어 무력감을 느끼게 할 수 있으며, 그런 무력감이 평생 영향을 주게 된다.

나는 그동안 매트릭스 리임프린팅 전문가로 일해오면서, 옥시토신 주입으로 출산 시기가 앞당겨진 아이들이 이후 성장과정에서 어떤 서두르는 상황에 놓일 때 스트레스를 받는 것을 보았다. 이런 상황을 상상해보라. 당신은 부모이고 지금 시간에 쫓기고 있다. 두 살 난 갓난아기는 여기저기 돌아다니고 있고, 손위의 딸아이는 학교에 보내야 한다. 서두르라고 재촉하기 무섭게 딸아이는 짜증을 버럭 낸다. 그것은 당신의 재촉으로 인해 자신의 첫 번째 집인 자궁을 떠나야 했던 때의 기억이 되살아나기 때문이다.

반면에 예정보다 늦게 태어난 아이는 태어나는 것에 대한 근원적인 두려움을 갖는 경우가 많으며, 그것이 매사에 발목을 잡는다. 그 두려움 속에는 세상에 태어나는 것에 대한 아기 자신의 두려움과 아기를 낳거나 부모가 되는 것에 대한 임산부의 두려움이 혼재되어 있을 수 있다. 고객들 가운데 예정보다 늦게 태어난 많은 이들이 자신은 태어나고 싶지 않았다고 말한다. 우리는 이 문제를 매트릭스 출산 리임프린팅 기법으로 해결할 수 있는데, 이에 대해서는 12장에서 다시 자세히 다루도록 하겠다.

환경 조건

우리가 처한 상황들의 상당수는 환경적인 것이다. 다시 말해 우리는 주변의 세상을 마치 그것이 진리인 것처럼 다운로드 받는 것이다. 만일 아기가 아주 큰 트라우마를 안겨주는 환경에서 태어난다면, 이는 아기에게 심각한 영향을 줄 수 있다.

나의 한 고객은 2차 세계대전 중에 런던의 공습 대피소에서 태어났다. 그녀는 자신의 에너지 장을 주변 환경으로 확대시켰다. 에너지 장을 자신의 어머니뿐 아니라 몇 킬로미터 떨어진 곳에 있는 모든 사람들에게까지 확대시킨 것이다. 그래서 그녀는 극도로 예민한 성향을 보였고, 자신의 주변 환경에 너무 큰 영향을 받았다. 결국 그녀는 매트릭스 리임프린팅 기법으로 태어나기 안전한 곳을 만들어낸 뒤에야 비로소 안전감을 느낄 수 있었다.

경험상 나는 우리 자신이 인식하든 인식하지 못하든, 모두가 환경에 영향을 받고 있다는 걸 안다. 우리는 가족의 에너지 장뿐 아니라 조상, 문화, 인류의 집단의식 그리고 지구의 에너지에까지 초점을 맞추는 것이다.

3분기와 뇌 발달

그러나 우리의 뇌 형성에 영향을 주는 것은 비단 출산 경험뿐만 아니다. 우리의 뇌는 임신 중 자궁 속에서 발달되며, 그 과정에 주변에서 어떤 일이 일어나는가에 따라 뇌의 각 발달 단계는 아이의 믿음들에 영향을 줄 수 있다.

임신 초기 – 파충류 뇌(뇌간Brainstem)

임신 초기 3개월간에는 파충류 뇌가 형성된다. 이는 행동과 보호 뇌이다. 투쟁, 도피 또는 동결 반응을 촉발하는 뇌 부위이기도 하다. 이 파충류 뇌는 생존을 위한 우리의 보호 메커니즘들을 활성화시킨다.

파충류 뇌는 현재 일어나고 있는 일들에 관심이 많다. 모든 것이 생존에 맞춰져 있기 때문에, 이전에 일어난 일이나 앞으로 일어날 일에는 관심이 없다. 그래서 그야말로 삶과 죽음의 문제들에 봉착했을 때 작동되는 부위이다. 우리가 만일 호랑이(도시에서는 노상강도)에게 쫓기고 있다면, 그 위험으로부터 벗어나기 위해 작동되는 뇌 부위가 바로 이 파충류 뇌이다.

파충류 뇌는 우리의 뇌 시스템 가운데 가장 오래되고 가장 원시적인 부위이다. 이 부위는 심박동수, 호흡, 체온 그리고 균형 같은 몸의 가장 중요한 기능들을 통제한다. 우리의 성적 경향, 영역 및 주거, 식량과 관련된 감각 등과도 관련이 있다.

파충류 뇌에 대해 좀 더 잘 이해하기 위해 수컷 도마뱀을 예로 들어보겠다. 멀리서 뭔가가 움직이는 게 보인다. 도마뱀은 자신이 위험에 처한 건지 아닌지를 알고 싶을 것이다. 자신을 향해 다가오고 있는 게 위협일까? 혹 자신을 잡아먹거나 죽일 사나운 포식자일까? 만일 그게 다른 수컷 도마뱀이라면, 자신의 영역을 지켜야 하는 건지를 알고 싶을 것이다. 또 만일 암컷 도마뱀이라면, 짝짓기를 할 수 있는지를 알고 싶을 것이다. 아니면 자신을 향해 다가오고 있는 것이 먹을 수 있는 약한 동물일지도 모른다. 이런 것들 말고도 둥지를 트는 일과 밤에 안전하게 잘 수 있는 장소를 찾는 것 또한 도마뱀의 관심사일 것이다.

이 같은 파충류 뇌는 인간에게서도 비슷한 방식으로 기능한다. 우리가 생존 문제에 봉착할 경우, 즉 외부 현실에서 뭔가 우리의 안전을 위협하는 일이 일어날 경우, 우리 자신을 보호하기 위해 파충류 뇌가 작동한다. 아마 당신은 어떤 위협에 직면해 어딘가로 달아나고 싶은 상황에서 중심을 잃거나 자신을 잊어버리는 경험을 한 적이 더러 있을 것이다. 그럴 땐 갑자기 자신이 기계처럼 자동적으로 행동하는 것처럼 느껴질 것이다. 그게 바로 당신의 파충류 뇌가 당신을 통제하는 순간이다.

파충류 뇌가 작동할 때 나오는 반응은 완전히 잠재의식적인 반응이다. 생각할 필요도 없이 반응이 나오는 것이다. 실제로 파충류 뇌는 의식과는 별개로 독립적으로 작동한다.

파충류 뇌는 임신 초기 3개월간 형성되며, 아기의 창의적인 에너지의 상당 부분은 이 시기의 뇌 형성에 집중된다. 이 무렵에 아기가 사느냐 죽느냐 하는 절박한 상황에 놓일 경우, 파충류 뇌에 강한 임프린트, 즉 각인이 새겨지게 되며, 훗날 세상에서 안전할 때조차도 비슷한 상황에 아주 예민하게 반응해 생존 메커니즘이 작동되게 된다.

임신 초기 3개월간 이런 예민함을 촉발시키는 것은 비단 아기의 생존에 대한 위협만은 아니다. 만일 이 시기에 엄마가 자주 생존 문제에 직면하게 된다면, 그녀 자신의 파충류 뇌가 비슷하게 예민해지거나 아기의 건강에 대해 아주 불안해하게 되거나 아니면 작은 트라우마나 큰 트라우마를 겪게 되어, 아기의 파충류 뇌의 발달 또한 영향을 받게 된다.

당신이 만일 임신 초기 3개월 이후에(당신의 아기가 이미 태어났든 태어나지 않았든) 이 글을 읽고 있고, 또 그 시기에 일어났을 지도 모를 일들에 대해 불안감을 갖고 있다면, 12장에서 배우게 될 매트릭스 출산 리임프린팅 기법으로 그 시기에 각인되었을 트라우마를 고쳐 쓸 수 있다. 출산 전이든 후든, 당신은 아기 대신 그 기법을 이용해 트라우마의 원인을 내몰고 새로운 안전감과 행복감을 만들어낼 수 있다. 나는 그동안 안전과 생존을 위협하는 믿음을 매트릭스 출산 리임프린팅 기법을 이용해 치유하는 걸 수도 없이 보았다.

임신 중기 – 변연계 뇌

임신 중기 3개월 동안에는 변연계 뇌 또는 포유류 뇌가 발달한다. 변연계 뇌는 파충류 뇌의 위에 위치한다. 파충류 뇌는 행동 및 보호 뇌인 반면, 변연계 뇌는 감정 뇌로 불리는 경우가 많다. 각종 감정들과 관련이 있는 뇌 부위일 뿐 아니라, 타고난 양육 지능이 들어 있는 뇌 부위이며, 유대감 형성 시기(8장에서 자세히 다룸)에 활성화되는 뇌 부위이기도 하다.

변연계는 여러 부위들로 이루어져 있는데, 그중 일부를 소개하자면 다음과 같다.

시상 – 우리의 감각들(후각, 청각, 시각)로부터 오는 정보를 감지하고 전달하는 일을 하는 뇌 부위. 사고와 움직임을 통제하는 뇌 부위인 대뇌와 직접적인 연관이 있다.

시상하부 – 호르몬이라고 불리는 다양한 화학 메신저들을 생산하는 일을 하는 뇌 부위. 그 호르몬들은 체내 수위, 수면 사이클, 체온, 음식 섭취 등을 통제한다.

대상회 – 변연계의 안쪽과 바깥쪽 사이에 메시지를 전달하는 통로 역할을 하며, 유대감 형성 과정에 활성화된다.

편도체 – 몸을 비상 상황들에 대비할 수 있게 해주는 일을 한다. 기억들(특히 감정적인 기억과 위기와 관련된 기억)을 만드는 데 일조하며, 쾌락과 성적 흥분을 느끼는 데 중요한 역할을 하기도 한다.

해마 – 단기 기억을 장기 기억으로 바꾸는 일을 하며, 편도체와 긴밀히 연결되어 기능한다.

이미 언급했듯, 변연계 뇌는 후각 및 청각과 관련이 있다. 우리가 세상에 태어난 뒤 냄새 때문에 어떤 기억이 되살아나는 경우가 있는데, 그럴 경우 활성화되는 부위가 바로 변연계 뇌 안에 있는 시상이다. 예를 들어 라벤더 향이 날 때마다 늘 라벤더 향수를 뿌리셨던 할머니 생각이 날 수도 있다. 냄새는 그것이 변연계 뇌 속에 저장되는 방식 때문에 감정들과 연결되는 경우가 많다. 귀에 들리는 소리들의 경우에도 비슷한 반응이 일어난다. 예를 들어 과거에 화재 때문에 대피하면서 화재 경보 소리를 들었다면, 화재 경보를 듣는 순간 바로 두려움이 밀려오고 아드레날린이 분비되며 대개 투쟁 또는 도피 반응을 보이게 된다. 시상thalamus이 움직임을 통제하는 대뇌와 연결되어 있다는 걸 잊어서는 안 된다.

파충류 뇌의 경우와 마찬가지로, 포유류 뇌(또는 변연계 뇌)는 현재에 집중한다. 그러나 파충류 뇌와는 달리, 포유류 뇌는 과거와도 관련이 있다. 또한 그것이 시각, 청각, 후각, 촉각, 미각 중 무엇과 관련된 것이든, 외부 현실에서 비롯된 무언가가 포유류 뇌에 자극을 줄 수도 있다. 이런 성격의 무언가가 트라우마를 안겨준 과거의 어떤 인생 경험을 떠올리게 할 경우, 그에 반응하는 것은 포유류 뇌이다. 그러니까 같은 일이 되풀이되는 걸 막아주려 애쓰는 것이다. 그러나 트라우마의 경우, 특히 그 트라우마를 안겨준 기억의 충격이 포유류 뇌에서 제거되지 않은 경우 지나치게 예민해질 수도 있다. (EFT, 매트릭스 리임프린팅, 매트릭스 출생 리임프린팅 같은 방법들이 그런 충격을 제거하는 데 도움이 된다.)

포유류 뇌를 이해하기 위해서는 원숭이 같은 포유동물을 생각해보는 게 도움이 될 수 있다. 원숭이의 행동과 도마뱀의 행동을 비교해보라. 앞서 언급했듯이, 도마뱀의 주요 관심사는 안전, 짝짓기, 먹기, 영역, 보금자리 만들기이다. 도마뱀의 경우 생존을 위해 반응하는 것은 볼 수 있을지 몰라도, 자신의 주요 관심사들에 대해 감정적인 반응을 보이는 것은 보지 못할 것이다. 그러나 원숭이의 경우는 다르다. 정해진 기간 동안 한 무리의 원숭이들을 관찰해 보면, 그 원숭이들이 감정적인 반응을 보이는 걸 목격하게 된다. 언제 화를 내거나 슬퍼하거나 두려워하거나 좌절감을 보이는지 알 수 있을 것이다. 이런 반응들은 포유류 뇌에서 나온다. 당신이 동물원을 찾았을 때 도마뱀들보다는 원숭이들에 대해 더 친근함을 느끼는 것도 바로 그 때문이다. 원숭이들이 보여주는 감정들이 인간을 연상하게 하는 데가 있는 것이다.

이처럼 포유류 뇌가 과거와 관련하는 방식 때문에, 당신은 원숭이들이 과거의 경험들에 의해 프로그래밍되어 있다는 알게 된다. 원숭이들은 이미 가버린 삶에 대한 감정적인 반응들을 기억하고 있는 것이다.

포유류 뇌는 우리의 기억 및 학습과 관련이 있을 뿐 아니라, 우리 신체 환경 내에서의 모든 관계도 통제한다. 우리의 면역 시스템 및 자기치유 시스템을 통제하는 것도 포유류 뇌 부위이다. 포유류 뇌는 우리의 호르몬 시스템도 통제하는데, 우리의 호르몬들은 사랑, 미움, 분노 같은 감정들과 워낙 밀접하게 관련을 맺고 있기 때문이다.

또한 포유류 뇌는 각종 중독과 관련이 있는 뇌 부위이다. 당신이 만일 어떤 감정 상태에 있을 때 자신에게 보상해주는 걸 배운다면, 당신은 감정적으로 음식이나 알코올 또는 약물에 의존하게 될 수도 있다. 포유류 뇌는 감정을 음식, 알코올, 약물 같은 보상과 연결 짓기 때문이다. 어떤 감정을 음식이나 약물로 진정시켜보라. 그러면 그 감정을 느끼기 무섭게 바로 그 음식이나 약물에 대한 갈망이 촉발될 것이다. 그런 촉발이 활성화되는 것이 바로 포유류 뇌 속이다.

자, 이제 다시 자궁 속에 있는 아기를 생각해보자. 임신 중기 3개월간 임산부의 감정 상태는 포유류 뇌의 발달에 영향을 주게 된다. 물론 호르몬과 포유류 뇌 사이의 관계 때문에, 임신 자체도 이미 임산부의 감정 상태에 영향을 준다. 그러나 만일 임신 중기 3개월간 임신부로 하여금 강도 높고 오랜 감정적 반응을 일으키게 하는 임신 외적인 환경이 있다면, 그것이 아기의 포유류 뇌 발달은 물론 이후 평생 동안의 감정 반응에 영향을 주게 된다. (이런 경우 역시 매트릭스 출생 리임프린팅으로 재각인시킬 수 있는데, 그 방법에 대해서는 12장에서 다룰 것이다.)

임신 후기 – 신피질(신 포유류 뇌 또는 언어 지능 뇌라고도 함)

임신 후기 3개월 동안에는 신피질이 형성된다. 뇌의 이 부위는 감정 뇌 즉, 포유류 뇌(또는 변연계 뇌) 위에 위치해 있다. 이 신피질은 우리가 의식이라 부르는 것이기도 하다. 우리의 보다 높은 지능으로, 우리의 언어 및 의식적인 생각과 관련이 있다. 신피질의 다른 주요 기능들로는 감각 인지, 운동 명령들의 생성, 공간 추론(움직이는 물체들을 제대로 이해하는 데 도움을 주기 위해 그 물체들을 정신적으로 시각화할 수 있는 뇌의 능력)[18] 등을 꼽을 수 있다.

태아는 자신의 지적 능력을 개발한다. 오늘날의 서구 의료 패러다임 안에서는 아기가 태어나고 나서야 비로소 언어를 배우기 시작한다고 추정한다. 그러나 임신 후기 3개월 동안 아기는 엄마와 아빠가 내는 소리를 듣고 언어를 배우기 시작한다. 소리는 자궁 속 양수를 통해 쉽게 전달되며, 엄마의 뼈 구조를 통해서도 전달된다.

아기가 자궁 안에 있을 때 말을 하지 못하는 건 확실하지만, 언어 음성학은 익힐 수 있으며, 그래서 말이나 글자들이 어떻게 발음되는지는 들을 수 있다. 이것이 바로 아기의 사회문화적 프로그래밍의 일부이며, 아기가 자궁 안에서 들은 언어가 어떤 언어든 들어보지 못한 언어에 비해 쉽게 배울 수 있다. 만일 엄마가 완전히 귀가 먹었거나 말을 못한다면, 아기는 언어를 배우는 데 어려움을 겪는 경우가 아주 많다. 언어에 반응하기 위해 사전에 프로그래밍되어야 할 뇌 구조들이 전혀 자극되지 않기 때문이다.[19] 뇌의 이 부위가 활성화되는 시기가 바로 이 임신 후기 3개월 동안이다.

그런데 우리는 아기가 자궁 안에 있을 때 배운다는 걸 어떻게 알 수 있을까? 한 산모에게 일주일 동안 틈나는 대로 계속 뱃속의 아기에게 특정 동요를 불러주게 하는 실험이 있었다. 일주일간 똑같은 동요를 되풀이해서 부르게 한 뒤, 사람들은 엄마에게 태아 심장박동 모니터를 연결하고, 그녀에게 서로 다른 여러 동요를 부르라고 해보았다. 그녀가 일주일 내내 불렀던 동요를 부르자, 아기의 심장박동 모니터가 번쩍거리기 시작했다. 아기가 움직이기 시작한 것인데, 그건 아기가 엄마가 반복해서 불러준 동요를 알아듣는다는 뜻이었다.[20]

이와 유사한 실험이 영국에서 인기 있는 TV 드라마 주제 음악으로 실시됐다. 엄마가 자신이 좋아하는 TV 프로그램을 보며 기분 좋아할 때면, 아기는 지금은 기분 좋은 시간이라는 걸 알았다. 자궁 속의 아기가 TV에서 나오는 드라마 주제 음악에 반응을 보인 것이다.[21] (당신이 만일 임신 중이라면, 잠자리에 들 때마다 아기에게 특정한 노래를 들려줘보라. 그것은 아기가 쉬면서 그 멜로디에 익숙해질 수 있는 좋은 방법이라고 믿는다. 잠자리에 들 때 들으면 정말 마음이 편해지는 음악이 있을 경우, 아기가 태어나는 순간에도 그 음악을 들려줄 수도 있다.)

신피질은 과거와 현재는 물론 미래에까지 관여한다. 당신이 미래에 대해 걱정을 할 때, 그 걱정을 촉발하는 뇌 부위는 감정 뇌 또는 변연계 뇌이지만 당신은 신피질을 이용해 미래의 일에까지 관여하는 것이다.

간단히 정리하자면, 아기가 자궁 안에 있을 때 발달되는 뇌 부위는 세 군데이다. 첫째는 파충류 뇌(행동 및 생존 뇌) 부위로, 우리의 뇌에서 가장 오래된 부위이다. 공룡 및 다른 파충류들만큼이나 아주 오래된 것이다. 둘째는 모든 포유동물의 뇌에 존재하는 변연계 뇌 또는 감정 뇌 부위로, 진화 과정의 후반에 나타난 부위이다. 셋째는 신피질(혹은 사고 뇌) 부위로, 돌고래나 원숭이, 말, 개 그리고 인간처럼 보다 진화된 포유동물들의 뇌에 존재하는 부위이다.

전전두엽피질

우리 뇌 구조에서 네 번째로 소개할 부위는 전전두엽피질이다. 우리의 두 눈 뒤 이마 안에 위치해 있다. 진화 단계에서 보자면, 우리 뇌에서 가장 최근에 생긴 부위이다.

전전두엽피질은 출산 과정에서 자극을 받는 뇌 부위이다. 자궁 안에서가 아니라 태어날 때 발달되기 시작하는 것이다. 유대감 형성 경험에 의존하는 부위이며, 아이의 환경에 의해 형성된다. 아기가 태어날 때, 전전두엽피질의 성장과 연결이 한층 더 활성화된다.

전전두엽피질의 역할 중 하나는 좌뇌와 우뇌를 통제하는 것이다. 뇌의 논리적인 면(좌뇌)와 창의적인 면(우뇌)를 연결해준다. 서로 연결된 좌뇌와 우뇌는 이른바 '문명화된 마음civilized mind'을 통제한다. 또한 전전두엽피질은 추론하고 결정하는 능력을 준다. 또한 자기통제 및 자기연민, 공감과 관련이 있기도 하다. 유대감 형성을 경험하지 못한 아기들은 전전두엽피질이 발달하지 못할 수도 있고, 그 결과 공감 능력도 발달되지 않게 되는데, 이에 대해서는 8장에서 좀 더 자세히 살펴볼 것이다.

뇌 형성 과정과 자궁에 대한 심층 탐구

앞서 우리는 여러 단계의 뇌 발달 과정에서 임신부의 자궁 속에서 어떤 일이 일어나는지를 살펴보았다. 요약하자면, 엄마가 갖고 있는 만성적인 감정들 또는 지속적인 부정적 감정 또는 긍정적 감정들은 아기의 뇌 발달에 영향을 미친다는 것이다. 브루스 립턴 박사가《당신의 주인은 DNA가 아니다》에서 강조한 내용이다. 임신부가 두려움 속에 살고 있다면, 태아는 생존 감각을 강화하기 위해 파충류 뇌 부위가 더 발달하게 된다. 그렇게 되면 이후 투쟁 또는 도피 본능이 쉽게 촉발되며, 그런 현상이 어린 시절은 물론 성인이 되어서도 계속된다.

만일 엄마와 아기가 우호적인 환경 속에서 지내고 있다면, 태아는 전전두엽피질과 신피질 부위가 발달해 더 높은 지능을 갖게 될 것이다. 그리고 그 두 부위에 더 많은 발달 에너지가 몰려 평화롭고 따뜻하며 지적인 인간이 탄생할 것이다. 그러나 만일 두려움과 위험으로 가득 찬 환경 속에서 지낸다면, 전전두엽피질과 신피질 부위는 그런 식으로 발달되지 않을 것이다. 사회적 또는 경제적으로 궁핍한 가정에서 자라는 아이들이 정서적으로나 정신적으로 건강하지 못한 경우가 많은 것도 바로 그 때문이다. 파충류 뇌와 포유류 뇌가 끊임없이 자극되면서 신피질 부위가 발달될 여지가 없어, 보다 높은 지능 센터들이 진화될 가능성 역시 줄어드는 것이다.

미스터 X – 사례 연구

당신이 어떤 술집에 앉아 있다고 상상해보라. 미스터 X라는 남자와 얘기를 나누게 됐는데, 그 남자가 자신의 출생 스토리를 들려주기 시작한다.

그가 제일 먼저 들려준 얘기는 자신이 4개월간 자궁 안에 있는 동안 아버지가 암으로 세상을 떠났다는 것이었다. 갑자기 남편을 잃은 그의 어머니는 상심에 잠겼다. 두 달 뒤, 그가 6개월간 자궁 안에 있을 때, 이번에는 12살 난 형이 역시 암으로 죽었다. 어머니는 말할 수 없이 큰 절망에 빠졌다. 그녀는 아기를 낙태하고 자신도 죽으려 했지만 실패로 끝났다.

아기가 태어나자 어머니는 어찌 해야 좋을지 몰라 우왕좌왕하다 결국 아기를 자기 오빠에게 넘겼다. 그는 세 살이 될 때까지 자기 삼촌과 살았고, 그러다가 다시 엄마에게 돌아와 함께 살게 됐는데, 당시 엄마는 재혼을 한 상태였다. 그가 자기 집으로 돌아오자마자, 그의 계부는 육체적·정

신적으로 그를 학대하기 시작했다. 그런 학대 속에 6년을 산 뒤 그는 다시 자기 삼촌에게 넘겨졌다.[22]

미스터 X는 아주 유명한 사람이다. 당신도 아마 잘 알 것이다. 그의 이름은 사담 후세인(이라크전쟁 때 체포되어 사형 당한 전 이라크 대통령 - 역자 주)이다. 물론 이 이야기가 그의 모든 행동들을 설명해주진 못하지만, 어느 정도 참고 사항은 된다. 낙태 위험에서 가까스로 살아남은 '낙태 생존자' 사담 후세인은 소년 시절 지속적인 학대와 정서적 유기를 당했던 것이다.

제럴드 M. 포스트Jerrold M. Post 박사는《위험한 세계의 지도자들과 그 추종자들Leaders and Their Followers in a Dangerous World》이라는 저서에서 사담 후세인이 극단적으로 자기중심적이고 편집광적인 인물로, 자기 목표들을 달성하기 위해서라면 일말의 양심의 가책도 없이 그야말로 수단과 방법을 가리지 않았다는 것을 잘 보여주고 있다. 제럴드 M. 포스트 박사는 사담 후세인 같은 사람들은 적들은 물론이고 자기 국민들의 고통과 괴로움도 전혀 이해하거나 공감하지 못한다고 말한다.[23]

아마 사담 후세인의 시신을 부검해 봤더라면, 그의 전전두엽이 제대로 발달되지 못한 걸 볼 수 있었을 것이다.

아돌프 히틀러Adolf Hitler가 엄마 뱃속에 있을 때 사담 후세인과 비슷한 경험을 했다는 것도 흥미로운 사실이다. 존 C. 손네John C. Sonne는 자신의 논문 〈낙태 생존자였던 폭군들에 대해On Tyrants as Abortion Survivors〉에서 아돌프 히틀러의 아버지 알로이스Alois가 어떤 식으로 임신 중이던 아내 클라라Klara를 때렸는지, 또 어린 시절 내내 어떤 식으로 계속 클라라와 아돌프 히틀러, 그리고 형제들을 때렸는지를 기술하고 있다.[24] 존 C. 손네는 프란시스코 프랑코, 이오시프 스탈린, 베니토 무솔리니, 슬로보단 밀로셰비치, 오사마 빈 라덴, 미국 콜롬바인 고등학교 총기 사건의 범인들인 딜런 클리볼드Dylan Klebold와 에릭 해리스Eric Harris 등이 모두 낙태 생존자들의 프로필과 일치한다고 말한다.

낙태 생존자들은 직접적인 낙태 시도에 의해서건, 또는 직접 실행되진 않았지만 부모 한 사람 또는 두 사람, 아니면 중요한 관계에 있는 다른 사람들이 의식적 또는 무의식적으로 낙태를 고려하고 있는 상황에서 태아 시절을 보내서건, 태아 시절에 낙태 위협을 겪은 사람들이라고 할 수 있다.[25]

존 C. 손네는 이런 말도 한다.

낙태 위협을 겪은 사람들이라고 해서 모두 사람 죽이는 걸 좋아하는 폭군 또는 폭군 증세를 가진 사람이 되는 건 아니다. 그렇게 되느냐 되지 않느냐 하는 건 낙태 위협이 얼마나 심했는지에 달려 있으며, 또 얼마나 강한 회복력을 타고났는지, 그리고 살아가면서 더 많은 트라우마를 겪었는지 아니면 치유와 사랑 그리고 성장을 촉진하는 경험들을 했는지에 달려 있다. 낙태 생존자들 상당수는 따뜻한 마음을 가진 건강한 사회 구성원이자 좋은 부모가 되고 있다.[26]

내 경험상, 가장 뛰어난 치유 전문가들 중에는 어린 시절에 트라우마를 겪은 사람들이 많다.

아이 뇌의 발달

이 책은 매트릭스 출생 리임프린팅을 다룬 책이긴 하지만, 아이가 태어난 뒤의 지속적인 뇌 발달을 이해하는 데도 도움이 된다.

의학박사 제임스 W. 프레스콧James W. Prescott은 발달 신경심리학자이자 비교문화 정신의학자이기도 하다. 그는 원숭이 새끼들을 데리고 많은 뇌 연구를 실시했으며, 그 결과 유아 시절 엄마와 분리된 경험이 각종 뇌 발달 장애를 일으킨다는 걸 알게 됐다. 그에 따르면, 유아가 모유 수유가 충분치 않다든가 엄마와의 유대감 형성에 실패할 경우 뇌 발달 장애를 겪을 수 있으며, 그로 인해 오늘날 미국에서 유행병처럼 번지고 있는 우울증에 빠지거나 자살 또는 살인 같은 과격한 행동에 이를 수도 있다. 그것은 또 오늘 날 수많은 미국 아동 및 젊은이들이 정신 질환 치료를 받고 있는 원인들 중 하나이기도 하다.[27]

아기들의 뇌가 정서적으로 건강한 발달을 하려면 접촉 및 움직임을 통한 자극이 필요하다. 움직임의 중요성에 대해서는 이 장 후반부에서 좀 더 자세히 다루기로 하겠다.

제임스 W. 프레스콧 박사는 마이클 멘디자Michael Mendizza가 쓴 〈발달 중인 뇌에서의 감각 상실Sensory Deprivation in the Developing Brain〉이란 글에서 이런 말을 했다.

우리가 즐거운 감각 자극을 받게 될 경우, 그 기억 흔적engram들은 새겨진 장면template들의 형태로 저장되며, 그 장면들이 나중에 즐거움의 이미지들이 된다. 만일 기억 흔적들이 고통스럽다면 고통의 이미지들로 저장될 것이다. 그리고 고통은 폭력적인 반응들을 떠올리게 한다. 그런데 폭력적인 반응들(즐거움의 결여)을 떠올리게 하는 다른 뭔가가 있으며, 그것은 감각적으로 고통스런 일과는 다른데, 대부분의 사람들은 그 차이를 잘 모른다. 사실 즐거움의 감각적인 상실로 인한 손실은 고통스런 육체적 트라우마의 경험으로 인한 손실보다 더 크다. 사실 육체적 트라우마는 따뜻한 육체적 유대감과 즐거움을 충분히 겪으며 자라 감정적인 신뢰감과 안정감을 갖고 있는 사람들이라면 얼마든지 잘 다룰 수 있다. 그래서 우리는 육체적 즐거움의 감각적 상실이 안겨주는 트라우마를 눈여겨봐야 한다. 그것이 결국 분리 경험, 즉 유아가 엄마로부터 분리되는 경험으로 변하게 되며, 그것이 모든 불행의 시작인 것이다.[28]

내 오랜 고객들은 대개 유아기 때나 소년기 때 감정적으로 계속 무시당했던 사람들이다. 아이들에게 분리는 잠재적인 죽음이나 다름없기 때문에, 분리감만큼 큰 타격을 주는 것도 없다. 분리 문제에 대해서는 9장에서 좀 더 자세히 다루도록 하겠다.

트라우마를 안겨주는 사건들의 경우, 어린 시절의 우리 자신, 즉 에코와 함께 매트릭스 리임프린팅을 할 때 우리는 무엇보다 먼저 에코에게 연결감 또는 유대감을 주어야 한다. 어린 시절의 우리에게 가장 필요한 것은 안전감과 연결감이기 때문이다. 그 안전감과 연결감으로부터 우리가 필요로 하는 변화가 시작되고 분리에 대한 치유와 연결감의 재건이 시작된다.

출생 이후 뇌 발달 과정의 두 번째 단계는 자궁 안에서의 뇌 발달 단계를 그대로 따른다. 먼저 출산 후 7세까지 파충류 뇌 부위가 발달된다. 출생 후 1세까지는 거의 모든 에너지가 파충류 뇌의 발달에 투입되며, 무엇보다 음식과 안전, 양육, 따스함, 사랑 등이 중시된다.

한 살이 되면 변연계 뇌 즉, 감정 뇌가 발달되기 시작한다. 생후 8개월이 된 갓난아기는 어른만큼이나 많은 신경 장neural field들을 갖게 된다.[29]

이 시기에 갓난아기는 다양한 감정들을 경험하기 시작한다. 이 발달 과정은 2세까지 계속된다. 그래서 이 시기의 아기들을 '미운 두 살'이라 하기도 한다. 호르몬계가 발달되면서 동시에 쓰이기 시작해, 이 시기의 갓난아기는 대개 감정 기복이 심하다.

아이가 4세가 되면, 우뇌, 즉 창의성을 담당하는 뇌 부위가 더욱 활성화되기 시작한다. 우뇌는 놀이와 상상력을 통해 활성화되는 부위이다. 지적 능력과 관련이 있는 좌뇌가 발달하기 시작하는 것은 7세 이후의 일이다. 어린 시절 아이들에게 놀이를 통한 자극을 주는 게 중요한 게 바로 이 때문이다. 그래서 실제 계산하기나 철자 공부하기 같은 지적 활동들은 아이가 7세가 되기 전에는 시작할 필요가 없다는 학설도 있다. 뇌의 지적 발달은 7세 이후에나 시작되기 때문이다. 만일 아이로 하여금 관심을 주로 색칠하기나 그리기, 퍼즐 풀기, 이야기 듣기 또는 상상력을 필요로 하는 다른 일에 쏟게 해 주면, 창의적인 뇌가 발달하게 된다. 그러나 이 시기에 부모들이 아이에게 보다 조직적인 학습을 강요할 경우 좌뇌 즉, 지적인 뇌 부위는 일찍 발달하지만, 대신 우뇌는 발달하지 못하게 된다. 그 결과 아이는 지력이나 논리력은 뛰어나게 될지 몰라도 상상력이나 창의력은 별로 없게 될 것이다.

물론 우뇌와 좌뇌가 동시에 활성화되는 게 유용한 경우들도 있다. 예를 들어, 음악을 배우는 아이의 좌뇌는 배우는 쪽에 그리고 우뇌는 창의적인 쪽에 쓰게 된다.

뇌 발달을 이해하는 데 중요한 또 다른 요소는 아이들은 6~7세가 되기 전까지는 자신을 세상으로부터 분리하지 못한다는 것이다. 영적인 스승들은 지난 수천 년간 우리에게 분리란 없다고 가르쳐왔다. 흥미롭게도 스스로는 전혀 의식하진 못하지만, 아이가 세상을 보는 관점이 그런 영적 스승들과 비슷하다. 그러나 좌뇌 즉, 논리적인 뇌가 활성화되기 시작하면, 아이는 세상은 자기 뜻대로 흘러가지 않으며 자신은 혼자라는 걸 깨닫기 시작한다. 기억할지 모르겠지만, 4장에서 우리는 우리를 제한하는 믿음들은 대개 출생 후 6년 사이에 형성된다는 사실을 배웠다. 그 시기에는 우리는 아직 추론하는 능력을 갖고 있지 못하며, 그런 능력은 6~7세나 되어서야 발달되는 것이다.

세 살 난 남자아이가 있다. 아이는 TV 바로 앞 거실 바닥에 앉아 놀고 있고 아이 아빠는 TV를 보고 있다. 아이는 자리에서 일어나 아빠에게 뭔가를 보여주려 한다. 퍼즐을 맞췄을 수도 있고 그림을 그렸을 수도 있다. 어쨌든 아이는 아주 신이 나 그 기분을 아빠와 나누고 싶다. 그런데 불행히도 아이는 TV를 보고 있는 아빠의 시선 쪽에 서 있고, 아빠는 자신이 응원하는 축구팀이 골을 먹어 화난 반응을 보인다. 아이는 아빠가 TV에서 일어나고 있는 일에 화를 내고 있는 거라는 사실을 이해할 능력이 없다. 아이가 보고 느끼는 건 오직 아빠가 화를 내고 있다는 것뿐이다. 아이는 마음속으로 아빠가 화를 내는 건 자신이 방금 한 일 때문이라고, 자신이 뭔가 잘못했기 때문이라고 결론 내린다. 만일 아이가 막 끝낸 활동이 창의적인 활동이었다면, 이 일로 인해 앞으로 아이의 창의적인 활동은 크게 위축될 수도 있다. 이 나이 때 아이는 모든 정신적 활동과 과정을 통해 모든 게 개인적인 것이라는 것을 배운다.

전전두엽피질과 십대들

전전두엽피질은 사회화와도 관련이 있다. 전전두엽피질은 다른 사람들과 연결되고 유대감을 갖고 공감하는 일에 관여한다. 태어날 때 부모와 유대감을 형성하지 못한 청소년은 폭력적인 성향을 보일 가능성이 더 높다.[30] 걸핏하면 화를 내거나 격분하며 다른 사람들과의 공감 능력도 부족할 수 있다. 자의식도 부족하고 다른 사람들이 어떻게 느끼는가에 대한 이해력도 부족하다. 감정 뇌 부위와 관련된 호르몬 반응의 변화와는 별개로, 일부 십대들이 걸핏하면 격한 분노를 터뜨리는 것은 바로 이 때문이다. 그런 청소년은 감정적으로 뭔가에 자극을 받을 경우, 인지 뇌 부위를 통해 그게 적절한 행동인지를 체크도 하기 전에 곧바로 행동으로 들어간다.

조셉 칠턴 피어스Joseph Chilton Pearce의 저서 《초월의 생물학The Biology of Transcendence》을 보면, 아이의 뇌 발달에 환경이 얼마나 중요한지를 알 수 있다. 그는 이 책에서 출산 당시의 유대감 형성 과정이 얼마나 중요한지에 대해 설명하고 있다. 또한 아이의 삶에서 또 다른 최적의 유대감 형성 시기들이 있는데 그중 하나가 바로 청소년 시절이라고 말하고 있다.

14~15세쯤 되면 우리는 소위 첫사랑이라는 걸 하게 되는데, 그건 우리가 어머니나 아버지가 아닌 다른 사람과 유대감을 형성하는 첫 경험이기도 하다. 또한 집을 떠나 독립적인 성인이 되기 위한 첫 걸음이기도 하다. (부모들은 가끔 이런 과정에 대한 이해가 없어, 십대 자녀가 이전과 다른 유대를 시작하려 하는 걸 뭔가 잘못된 일을 하는 것으로 받아들이기도 한다. 그래서 종종 십대 자녀가 첫사랑 과정을 자연스레 겪는 걸 용인하지 못하는 것이다.)

뇌의 움직임과 발달

태어난 첫 해에 아기의 파충류 뇌가 얼마나 잘 발달하느냐 하는 것은 대개 아기가 육체적으로 얼마나 많이 움직이고 또 양육을 잘 받는가에 따라 달라진다. 그래서 이상적인 얘기를 하자면, 아기의 파충류 뇌를 활성화시켜주는 가장 효과적인 방법은 아예 늘 아기 포대 같은 걸 이용해 아기를 안고 다니는 것이다. 아기가 잘 자다가도 아기 침대에 눕히는 순간 울어대는 걸 가끔 봤을 것이다. 아기는 태어나면서부터 자신이 살아남으려면 엄마에게 가까이 붙어 있어야 한다는 걸 잘 안다. 결국 엄마 품에 안겨 지내야 하는 건 물론이고 돌아다닐 때도 엄마와 함께 다녀야 한다는 얘기이다. 만일 아기 포대 같은 걸 이용해 안고 다닌다면, 아기는 엄마의 '심장의 장'에 가까이 있게 될 뿐 아니라 엄마의 얼굴도 볼 수 있어, 안전감이 한층 더 높아질 수 있다. (이에 대해서는 다음 장에서 좀 더 자세히 살펴보겠다.) 우리 인간은 주어진 매 순간 '생존'이나 '번성(성장)'이라는 두 상태 중 한 상태에 놓여 있게 된다. 생존은 스트레스에 기초한 상태로, 우리가 잠재의식적으로 우리 삶에 어떤 위협이 있다고 믿을 때 파충류 뇌에 의해 촉발된다. 그렇게 생존 모드로 들어가면, 우리 몸속에서 코르티솔 수치가 올라가고, 스트레스 호르몬들이 분비되며, 소화 기능에도 문제가 생긴다. 특히 태어나서 처음 6년간 생존 반응이 자주 일어나면, 이후 계속 특정한 스트레스 패턴들이 나타날 가능성이 높아진다. 반면에 자신이 안전하며 엄마와 가까운 거리에 있다는 메시지가 자주 주어질 경우, 그 아기는 잘 성장할 수 있다. 그러나 우리의 파충류 뇌가 자꾸 생존 모드 상태로 들어가게 될 경우 민감성이 발달돼, 살아가면서 되풀이해 나타나게 된다.

아기를 움직이지 않을 때의 결과

앞서 언급했듯 제임스 프레스콧은 원숭이 새끼들을 데리고 연구를 했는데, 그 결과 십대 때 침울하고 폭력적이 되는 것과 아기 때 제대로 양육되지 못하거나 유대감을 형성하지 못하는 것 사이에 서로 연관성이 있다는 결론에 도달했다. 나는 동물 실험들을 그대로 믿진 않는 편이지만, 제임스 프레스콧의 연구는 원숭이 새끼들이 엄마에게서 떨어져 자랄 때 어떤 문제들이 생기는지를 잘 보여준다. 원숭이 새끼들 중 한 그룹은 인조 모피로 감싼 고정된 플라스틱 병에 먹이를 받아먹으며 자랐다. 다른 한 그룹은 움직이는 줄에 매단 똑같은 플라스틱 병에 먹이를 받아먹으며 자랐다. 그 결과 줄에 매달린 플라스틱 병에 먹이를 받아먹고 자란 원숭이들은 사회-정신병리학적 증세들을 보이지 않았으나, 고정된 플라스틱 병에 먹이를 받아먹고 자란 원숭이들은 그런 증세들을 보였다. 이 원숭이들은 침울하고 내향적이었으며, 자폐성 행동들을 했고 계속 몸을 앞뒤로 흔드는 행동도 했다. 청소년기를 거쳐 성인기로 가면서는 폭력적인 행동들도 했다. 이 원숭이들은 누군가 자신을 건들거나 잡는 것도 싫어했다. 게다가 이 그룹의 우두머리 수컷 원숭이가 다가와도 제대로 위험을 감지하지 못했고, 심한 경우 그 수컷 원숭이에게 대들기까지 했다.[31]

루마니아의 고아원들에 있는 아이들이 분리된 원숭이 새끼들처럼 계속 몸을 앞뒤로 흔드는 행동을 보였다는 보고도 있다. 그것은 엄마가 없는 상황에서 스스로 자신을 달래고 자신의 뇌 연결 세포들을 자극하려는 시도로 보인다.[32]

움직임은 왜 꼭 필요한가

엄마가 잠을 자거나 쉴 때를 빼놓고 자궁 안에서 일어나는 일을 생각해보면 알 수 있지만, 아기는 늘 움직인다. 이 세상에 태어난 뒤, 아기의 모든 감각(시각, 청각, 후각, 촉각, 미각) 기관들은 아기가 엄마를 따라 움직일 때마다 계속 자극된다. 이런 감각 기관들은 비기능적인 기관들(우리는 그 기관들이 자극되지 않아도 살 수 있으므로)로 여겨진다. 그러나 그렇다고 해서 자극되지 않을 경우, 아기는 감각을 상실할 수도 있다.

리드미컬한 움직임들은 아기가 원시 반사primitive reflex(자극에 반응을 보이는 원초적인 반사 능력으로, 출생한 지 6~7개월이 지나면 사라짐 - 역자 주)들을 통합하는 데 도움을 준다. 근긴장 발달과 머리 제어는 물론 감각 통합 및 발달에 꼭 필요한 반복적이고 자동적인 움직임들 말이다. 원시 반사는 우리의 자세 반사와 평생 반사의 토대가 되는데, 아기들은 원시 반사를 잘 통합해 필요할 때만 활성화될 수 있게 해야 한다. 다시 말해 아기들이 이런저런 움직임을 연습해 익숙해지게 되면, 원시 반사는 더 이상 필요치 않아 비활성화되는 것이다. 만일 아기가 적절한 움직임을 반복하지 않아 원시 반사가 그대로 작동할 경우, 아이 때는 물론 어른이 되어서도 온갖 문제들이 발생할 수 있다. 리드믹 무브먼트 트레이닝 인터내셔널RMTI은 주의력 결핍증/주의력결핍 과잉행동장애, 자폐증, 학습 장애, 발달 장애, 감각 통합 장애, 시력 및 청력 장애, 행동 장애, 극단적인 부끄러움, 자신감 부족, 중독, 비효율적이고 힘겨운 분투, 지속적인 주눅 듦 등등, 원시 반사들이 통합되지 않을 경우 생겨날 수 있는 모든 문제들을 적시하고 있다.[33]

아기 포대를 이용해 아기를 안고 다니면 아기가 그 모든 원시 반사를 통합하는 데 도움을 준다. 아기의 원시 반사를 통합하는 데 유용한 방법은 두 가지가 있다. 마스구토바Masgutova 박사가 창안한 마스구토바 메소드Masgutova Method와 리드믹 무브먼트 트레이닝RMT이 바로 그것이다. 자세한 내용은 이 책 말미에 있는 〈참고 도서〉에서 볼 수 있다.

우리는 이제까지 임신, 출산, 어린 시절 중의 아기의 뇌 발달에 대해 살펴보았고, 다음 장에서는 심장 지능과 임신 시기 및 어린 시절의 심장 역할에 대해 살펴보도록 하겠다.

7장

심장의
중요성

누구를 사랑하고 어디에서 사랑하고 왜 사랑하고 언제 사랑하고 어떻게 사랑하는지는 중요치 않다. 중요한 것은 하나, 사랑한다는 사실이다. – 존 레논

우리는 지능이 뇌에서 나온다고 교육받았다. 뭔가 결정을 해야 할 경우, 머리로 곰곰이 생각해봐야 한다고 말이다. 이렇게 머리 중심의 문화에 젖어 있다 보면, 지능의 가장 소중한 원천 중 하나인 심장을 간과하게 된다.

인간의 지능은 사실 심장에서 나온다. 지능이란 직감과 타고난 지식에서 비롯되는 것이지 사고 과정에 토대를 둔 것이 아니다. 이 장에서 우리는 심장 중심의 이 같은 패러다임의 변화를 살펴보고, 아울러 그런 변화가 아기들이 세상을 경험하는 방식에 대한 우리의 인식에 어떤 변화를 주는지에 대해서도 살펴볼 것이다.

심장의 지능

하트매스 연구소HeartMath Institute는 심장학과 스트레스 해소, 정서적 자기통제 등을 연구하는 연구 및 교육 기관이다. 이 하트매스 연구소에서는 그동안 '심장의 장heart's field'의 에너지, 뇌와 육체의 관계 등과 관련된 각종 연구를 해왔다. 과학자들은 심장은 인간의 몸에서 가장 강력한 전자기 에너지 발전기로, 인간의 장기들 가운데 가장 거대하고 리드미컬한 전자기장을 발산한다는 걸 밝혀냈다. 심장의 전기장은 뇌가 만들어내는 전기장보다 약 60배나 더 큰 진폭을 보인다. 심전도ECG 형태로 측정되는 이 전기장은 인체 표면 어디에서나 감지될 정도로 강력하다. 게다가 심장이 일으키는 자기장은 뇌가 만들어내는 자기장보다 5,000배이상 강력해, 몸에서 사방 몇 미터 떨어진 곳에서도 탐지된다.[34] 심장의 전자기장은 도넛 모양을 띤다는 게 그 특징이다.

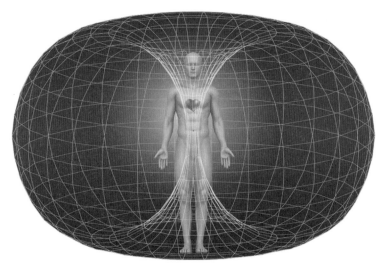

심장의 자기장

심장과 뇌는 끊임없이 역동적인 양방향 대화를 지속하는데, 한 장기가 계속 서로 다른 장기의 기능에 영향을 준다. 연구 결과에 따르면 심장은 다음과 같은 네 가지 방식으로 뇌와 대화한다.

1. 신경학적 커뮤니케이션 - 신경 충동들의 전달을 통해
2. 생화학적 커뮤니케이션 - 호르몬과 신경전달물질들을 통해
3. 생물 물리학적 커뮤니케이션 - 압력파(맥파)를 통해
4. 에너지 커뮤니케이션 -전자기장 상호작용을 통해[35]

하트매스 연구소는 심장의 지능을 알아보기 위해 그간 많은 실험을 해왔다. '직관의 전기생리학적 증거: 1부-심장의 놀라운 역할'이란 제목의 연구에서 연구팀은 직관, 그러니까 '우리의 의식적 인식의 밖에서 정보를 받아들이는 과정'에서 심장과 뇌가 하는 역할을 알아보려 했다. 그 연구를 통해 사람 몸은 어떤 감정적 자극을 직접 경험하기 전 몇 초 전에 미리 그 자극에 반응하기도 한다는 걸 알게 됐다. 그들은 차분한 그림 30장과 감정적으로 자극적인 그림 20장을 준비해 26명의 실험 참가자들에게 제공했다. 그런 다음 실험 참가자들을 상대로 뇌파EEG를 통해 뇌 내 활동을, 그리고 심전도ECG를 통해 심장 내 활동을 모니터링했다. 그 결과, 그림을 보여주기도 전에 실험 참가자들의 심장과 뇌가 모두 직관적인 정보를 받아들이고 또 그 정보에 반응하는데, 반응 속도에 있어 심장이 뇌보다 더 빠르다는 걸 알게 됐다. 그림이 자극적이거나 충격적일 경우 심장의 반응 속도는 더 빨랐고, 그림이 차분할 경우 심장의 반응 속도는 느렸다. 결국 이 연구를 통해 심장은 직관적인 정보를 받아들이고 또 그 정보에 반응한다는 것이 입증되었다.[36]

'직관의 전기생리학적 증거: 2부-전 조직적인 과정'이란 제목으로 이어진 연구에서는 놀랍게도 심장과 뇌가 모두 직관적인 정보를 받아들이고 그 정보에 반응하는 걸로 나타났는데, 더 놀랍게도 심장이 뇌보다 몇 초 먼저 정보를 받아들인다는 흥미로운 증거들이 나왔다. 또한 이 같은 직관적 정보 처리에 남녀 간에 차이가 있어, 남성에 비해 여성이 심장으로 직관적 정보를 받아들이고 그 정보에 반응하는 경향이 더 강하다는 것도 밝혀졌다.[37]

이러한 현상은 엄마들로 하여금 아이를 직관적으로 안전하게 보호할 수 있게 해주기 위한 자연의 섭리가 아닌가 생각한다. 내가 어린 아기였을 때 어머니는 유모차 안에서 잠든 나를 정원에 두고 잠시 자리를 비운 적이 있는데, 난 갑자기 뭔가 잘못됐다는 강한 느낌에 사로잡혔다. 그때 어머니가 정원으로 뛰어왔는데, 마침 진드기가 막 내 목을 물려 하고 있었다. 후에 의사는 어머니에게 진드기들은 병을 옮기는 경우가 많다면서, 진드기가 내 목을 물기 전에 잡은 건 잘한 일이라고 말했다고 한다.

심장과 매트릭스 리임프린팅 과정

매트릭스 리임프린팅의 창시자인 칼 도슨은 연구를 통해 일찍이 '심장의 장'의 중요성을 깨달았으며, 심장 그림(부가설명 또는 각주)들은 매트릭스 리임프린팅과 매트릭스 출생 리임프린팅 과정에서도 아주 중요한 역할을 한다.

앞서 매트릭스 리임프린팅을 다룬 장에서 살펴보았듯, 우리가 어떤 트라우마를 겪을 때 그 일과 관련된 정보는 이미지 형태로 저장되며, 뭔가 해결책을 찾아낼 때까지 우리는 무의식적으로 계속 그 이미지를 떠올린다. 매트릭스 리임프린팅 과정 중 일부는 새로운 그림을 만들어내는 것이며, 그것을 통해 트라우마가 일어난 순간 우리가 삶에 대해 갖게 된 믿음('나는 안전하지 않아' 또는 '사람들은 믿을 수 없어')을 고쳐 쓰게 된다.

요약하자면, 매트릭스 리임프린팅 기법은 오래된 믿음을 만들어낸 어린 시절의 당신에게 새로운 경험을 안겨줌으로써 영상을 고쳐 쓰게 해준다. 그 결과 당신의 잠재의식과 에너지 장에 저장되어 있던 믿음이 바뀌게 된다.

매트릭스 리임프린팅에서 우리는 새로운 기억을 리임프린팅, 즉 재각인시키기 위해 심장을 이용한다. 먼저 영상을 머리 꼭대기 안으로 들여와 뇌 속의 신경 연결들을 고쳐 쓴다. 그러나 새로운 영상을 우주 속으로 보내는 것은 심장이다. 심장이 영상에 대한 새로운 정보를 발신하는 일을 하는 것이다. 심장이 보낸 이 새로운 영상들은 우리가 갖고 있던 원래의 영상보다 훨씬 강력하다. 이는 긍정적인 영상들이 부정적인 영상들에 비해 더 큰 공명(울림)을 갖고 있기 때문이다. 긍정적인 영상들은 용기나 평화, 기쁨, 희망, 자유 같이 보다 높은 감정 상태를 갖고 있으며, 이런 감정들은 두려움이나 분노, 절망보다 더 큰 공명을 갖는다. 우리가 누군가를 위해 이런 영상들을 바꿀 경우, 드라마틱한 치유 효과가 발생하는 것도 그것이 예전 사건의 에너지 장을 고쳐 쓰기 때문이다.

새로운 정보를 매트릭스 안으로 보내 이런 드라마틱한 변화를 일으키는 것이 바로 심장의 장이다.

심장과 임신

조셉 칠턴 피어스는 자신의 논문 〈임신, 출산 그리고 유대감Pregnancy, Birth and Bonding〉에서 호주의 위틀스턴 대학교 연구팀이 심장의 장은 유아와 엄마를 연결하는 데 절대 필요한 요소라는 걸 발견했다면서 이렇게 말하고 있다. "엄마의 심장은 아기를 임신하는 순간부터 아기에게 워낙 지대한 영향을 주어, 신경계는 문자 그래도 그걸 세포 차원에 각인시킨다. 신경계 전체가 엄마의 심장박동에 각인되는 것이다."[38]

조셉 칠턴 피어스에 따르면, 살아 있는 심장 세포 하나를 세균 배양용 페트리 접시 안에 넣을 경우, 그 심장 세포는 몇 차례 더 뛴 다음 죽게 된다. 그러나 심장 세포 두 개를 같은 페트리 접시 안에 넣을 경우, 두 심장 세포가 서로를 더 뛰게 만드는 걸 보게 된다. 두 세포가 서로를 자극해 둘 다 더 뛰게 되는 것이다. 두 심장 세포 주변에는 각기 자신의 전자기장이 있고, 두 전기장이 서로 만나 합쳐지면서 일관된 패턴을 형성하게 된다. 그 결과 두 세포 모두 혼돈 상태에서 질서정연한 상태로 올라가는 것이다.[39]

자궁 속에서 아기의 심장이 엄마의 심장과 연결될 때도 이와 비슷한 동조 현상이 벌어진다. 아기의 심장이 더 발달되면서 엄마의 심장을 따라가는 것이다.[40]

이 때문에 아기는 태어나자마자 엄마의 심장의 장이 미치는 공간 안에 머물 필요가 있다. 그로 인해 엄마와 아기 모두 덕을 보게 되며, 실제로 서로가 서로를 안정시키는 역할을 한다. 예를 들어 엄마가 출산 과정에서 트라우마를 겪은 경우, 아기를 가슴 위에 올려놓으면 심장박동이 보다 안정되게 된다. 물론 아기의 심장박동도 안정된다. 이런 일은 아기의 심장이 발달되어 독립적인 진동수를 갖게 될 때까지 태어나 생후 9개월간 지속할 필요가 있다. 엄마 외의 다른 보호자, 특히 아빠나 할아버지, 할머니 역시 이처럼 아기와 밀착함으로써 아기의 심장이 안정되는 데 도움을 줄 수 있다.[41]

심장과 유대감 형성 과정

유대감 형성 과정에서 아기는 반드시 엄마와 심장을 통해 유대감을 형성할 시간을 가져야 한다. 만일 출산 시에 아기가 엄마로부터 분리되어 심장 유대감을 갖지 못할 경우, 아기와 엄마 모두에게 문제가 있을 수 있으며, 아기는 내향적인 사람으로 자랄 가능성이 높아진다.

출산 후 아기와 엄마 간에는 유대감이 형성될 45분간의 시간 여유가 있다. 그 시간에 아기의 심장박동은 엄마의 심장박동에 동조하게 된다. 만일 그런 기회가 주어지지 않는다면, 아기의 심장 기능에 문제가 생기게 되며, 훗날 심장이 더 열심히 일을 해줘야 하기 때문에 심장 관련 질환이 생길 가능성이 높아진다. 출생 시에 엄마로부터 분리될 경우, 아기의 신경계 역시 제대로 발달되지 못하게 되며, 심장과 뇌의 관계에도 문제가 생길 수 있다.[42]

유대감 형성 기회를 살리느냐 살리지 못하느냐 하는 문제는 비단 아기에게만 영향을 주는 게 아니다. 자신의 양육 반응들이 이런 식으로 활성화되지 않을 경우, 엄마는 산후 우울증에 빠질 가능성이 더 높아진다.

하트매스 연구소에서 행한 실험에서, 연구팀은 신생아와 엄마들에게 심장 기록 장치와 뇌 기록 장치를 부착시켰다. 이 장치는 간섭성(두 개의 파동이 겹칠 때 간섭을 일으키는 성질 - 역자 주)을 보여주었다. 예를 들자면 아기 심장박동의 진동수가 엄마의 뇌파에 반영되었다. 물론 엄마와 아기가 오랜 기간 분리될 경우, 엄마의 심장과 아기의 심장은 그런 간섭성을 보이지 못하게 된다.[43]

나는 영아 돌연사 증후군이 이런 과정과 깊은 연관이 있는 게 아닌가 생각한 적이 많다. 영아 돌연사(요람사라고도 함)는 대개 아기가 아기 침대에 누워 있는 상황에서 발생한다. 이는 결국 아기가 오랜 기간 엄마나 아빠의 심장의 장으로부터 떨어져 있었다는 걸 뜻한다. 엄마와 아기의 심장의 간섭성에서 미루어 짐작하건대, 아기의 심장이 이미 약해진 상태였던 게 아닌가 싶다. 아기의 심장이 엄마의 심장 도움 없이 혼자 뛸 만큼 강하지 못했다는 이야기다. 이는 엄마가 평소 아기 포대를 이용해 아기를 안고 다니고 또 밤에 아기 침대를 자신의 침대 가까이 놓고 거기 아기를 재우는 게 좋은 또 다른 이유이기도 하다.

조산아를 서로 피부에 맞닿게 엄마나 아빠의 몸 가까이 두면 그 아기를 살리는 데 도움이 되는 걸로 알려져 있다. 엄마나 아빠가 하루 24시간 내내 아기를 몸에 가까이 붙이고 있어서 '캥거루 케어 Kangaroo Care'로 알려진 이 방법을 쓸 경우, 아기의 심박수와 호흡, 체온이 안정되고, 수면 시간도 길어지고, 먹는 것도 더 잘 먹고, 뇌 발달도 더 빨라지고, 전반적인 성장도 빨라지고 우는 것도 줄어든다.[44] 여기서 나는 이런 의문이 든다. 만일 캥거루 케어가 조산아에게 그렇게 좋다면, 10개월을 다 채우고 출생한 아기들에게 써서 안 될 이유가 있을까?

엄마가 아기의 심장을 다시 뛰게 하다

호주에서 있었던 유명한 사례를 소개한다. 막 태어난 아기가 숨을 쉬지 않아 애를 태웠다.[45] 의사들은 호흡을 되살리려 애썼지만 소용이 없었다. 의사들은 꼭 끌어안고 슬픔을 달래라며 아기를 엄마에게 건넸다. 그녀는 아기를 가슴에 안고 20분 정도 있었고, 그런 다음 아기를 가슴에 꼭 끌어안은 채 30분 정도 계속 어루만지며 말을 걸었다. 아기는 숨을 들이마시려는 듯 가끔 딸꾹질을 했고 그러다 다시 조용해지곤 했다. 엄마는 계속 이렇게 주장했다. "보세요, 보세요, 우리 아이가 되살아나는 거 같아요." 그러나 의사들은 아기가 의식이 없다고 주장했다.

결국 아기는 되살아났다. 엄마의 심장의 장 안에 있고, 또 계속 어루만지는 엄마의 동작에 자극을 받아 다시 숨을 쉬기 시작한 것이다. 아기는 이후 건강한 아이로 자랐다.

아기 역시 엄마의 심장에 자극을 줄 수 있다. 이제 막 아기를 낳은 36세 홀리 청 Holli Cheung은 급성심근염에 걸려 버밍엄의 퀸엘리자베스 병원에서 죽음과 사투를 벌이고 있었다. 그녀는 심장마비를 일으킨 뒤 소생하지 못하고 있었다. 의사들은 치료 방법을 찾아낼 때까지 심장을 뛰게 하려고 그녀의 심장과 폐에 보조장치를 부착했다. 어느 날 저녁 홀리의 남편이 사정이 있어 3개월 된 아기를 몇 시간 동안 엄마 곁에 재우게 됐는데, 놀랍게도 홀리의 심장이 다시 뛰기 시작했다. 나중에 의식이 돌아온 뒤 홀리는 이렇게 말했다. "어찌 된 건진 잘 모르겠지만, 아기가 내 심장을 깨운 거 같아요."[46]

심장의 힘과 심장이 만들어내는 전자기장에 대해서는 아직 알아내야 할 것이 많다. 하트매스 연구소에서 행한 연구에 따르면, 심장은 정신적 명료함, 창의력, 정서적 균형 등에 영향을 준다. 그 연구소에서는 당신의 심장을 '심장 간섭성' 속에 집어넣는 다양한 기법들을 제공하고 있는데, 당신 혼자서도 다음과 같이 쉬운 3단계 절차를 경험해볼 수도 있다.[47]

속성 간섭성 증강 기법

1단계: 심장 집중

당신의 관심을 심장 주변 부위, 즉 가슴 중심 부분에 집중하라. 처음 한두 번 시도할 때는 한 손을 가슴 중앙에 얹는 것이 관심을 심장 주변에 집중하는 데 도움이 된다.

2단계: 심장 호흡

깊이 그러나 평소처럼 호흡을 하며, 마치 숨이 심장 부분을 통해 들어가고 나오는 듯 느껴 보라. 기분 좋을 만큼 자연스러운 리듬을 탈 때까지 계속 편히 숨쉬기를 하라.

3단계: 심장 느낌

심장 집중과 심장 호흡을 지속하면서 긍정적인 느낌을 작동시켜라. 긍정적인 느낌, 그러니까 내적으로 기분 좋았던 느낌을 떠올리고, 그 느낌을 다시 경험해보도록 하라. 심장에 기반을 둔 긍정적인 느낌을 갖는 가장 손쉬운 방법은 즐겨 찾는 특별한 장소 또는 친한 친구나 가족 또는 아끼는 반려동물에게 느꼈던 사랑을 떠올려보는 것이다. 이것이야말로 가장 중요한 단계이다.

속성 간섭성 증강 기법은 좌절, 짜증, 불안 또는 스트레스 같이 부정적인 감정들이 느껴지기 시작할 때 사용하면 특히 유용하다. 조금 덜 강한 부정적인 감정이 시작될 때 이 기법을 사용하면, 그 감정이 더 나쁜 상태로 악화되는 걸 막을 수 있다. 이 기법은 또 어떤 감정이 폭발한 뒤 다시 빨리 평정심을 되찾고 싶을 때 사용해도 유용하다.

서로 다른 감정 상태에서의 심장 리듬 패턴

다음 그래프들은 서로 다른 감정 상태를 겪고 있는 사람들의 실시간 심박동 변이HRV 패턴(심장 리듬)을 기록한 예들이다. 위쪽 그래프에 나타난 비간섭성 심장 리듬 패턴은 들쭉날쭉하고 불규칙한 파형이 특징으로, 분노, 좌절, 불안 같은 부정적인 감정들과 스트레스 상태에서 볼 수 있는 전형적인 패턴이다. 아래쪽 그래프는 간섭성 심장 리듬 패턴을 보여주고 있는데, 이런 패턴은 어떤 사람이 감사, 공감 또는 사랑 같은 지속적이고 긍정적인 감정을 겪을 때 나타나는 전형적인 패턴이다. 간섭성이 반영된 패턴은 사인파sine wave(주기적이고 연속적으로 진동하는 가장 간단한 파동 - 역자 주)처럼 규칙적인 파형이 특징이다. 그런데 흥미로운 것은 이 두 그래프는 심박동 변이 총량은 같지만 심박동 변이HRV 패턴은 분명 다르다는 것이다.[48]

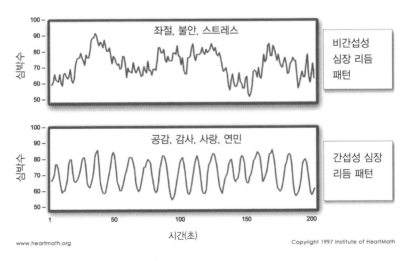

심장 리듬(Heart Rate Variability)

www.heartmath.org

Copyright 1997 Institute of HeartMath

지속적으로 속성 간섭성 증강 기법을 사용하고 긍정적인 감정에 몰입하면, 간섭성의 힘 또는 사인파가 늘어나 몸과 마음에 더 큰 영향을 줄 뿐 아니라 가족과 아기 또는 반려동물을 포함한 주변인들의 심장 패턴에도 영향을 준다.

심장 리듬 동조 현상에 대한 많은 실험들 가운데 하트매스 연구소가 조시Josh라는 소년과 메이블Mabel이라는 그 소년의 개에 대한 실험이 있었다. 연구팀은 조시와 메이블의 몸에 홀터(ECG) 기록 장치를 부착한 뒤, 자신들의 연구실 한 곳에 메이블을 집어넣었다. 그런 다음 조시가 그 방에 들어가 자리에 앉은 뒤 의식적으로 메이블에 대한 사랑의 감정을 느끼도록 했다. 그러자 조시의 심장 리듬은 간섭성이 더 강해졌고, 그런 변화가 메이블의 심장 리듬에 영향을 주어 조시의 심장 역시 간섭성이 더 강해졌다. 그런 뒤 조시가 방을 나가자, 메이블의 심장 리듬은 간섭성을 잃고 훨씬 더 불규칙해져 분리에서 오는 불안감을 드러냈다.[49]

다음 도표는 메이블의 심박수가 더 간섭성이 강해졌다가 조시가 방을 나가면서 다시 원 상태로 돌아가는 걸 보여준다.

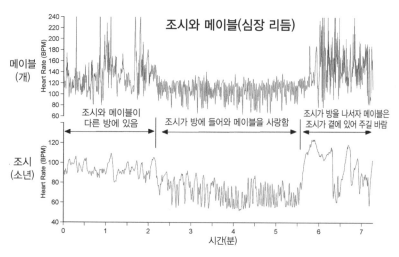

아기가 자궁 안에 있든 아니면 같은 방 안에 있든, 하트매스 연구소의 간섭성 증강 기법을 사용하면 아기의 심장에 영향을 줄 수 있을 뿐 아니라, 인체의 다른 장기들 또한 가장 효율적으로 기능하게 할 수 있다. 또한 엄마와 아기로 하여금 함께 겪고 있었을 지도 모를 투쟁 또는 도피 반응 상태에서 벗어날 수 있게 해주고, 엄마가 스스로를 통제할 수 있게 됨으로써 아기 역시 자기통제법을 배울 수 있게 된다.

> **연습**
>
> 매일 10분씩 속성 간섭성 증강 기법을 사용해 당신의 아이에게 사랑과 감사의 감정을 보내라.
>
> 당신은 그런 사랑과 감사의 감정을 아기 때의 당신 자신(에코)이나 지금보다 어린 시절의 당신 자신 또는 필요하다면 미래의 당신 자신에게 보내는 상상을 할 수도 있다.

고맙게도 하트매스 연구소는 내가 자신들의 연구 결과를 공유하도록 허락해주었다. 이런 연구들에 대해 좀 더 자세히 알고 싶다면 www.hartmath.org에 접속해보라.

이 장에서 우리는 심장의 역할, 심장의 선천적 지능, 매트릭스 리임프린팅 및 유대감 형성 과정에서의 심장의 역할 등에 대해 간단히 살펴보았다. 다음 장에서 우리는 연대감 형성 과정을 좀 더 깊이 들여다보고,

엄마와 아기의 관계에서 왜 연대감 형성이 꼭 필요한지에 대해서도 살펴볼 것이다.

8장

유대감 형성의
중요성

유대감 형성은 자연의 섭리이기 때문에 너무 늦었다는 건 절대 없다. 유대감 형성 은 언제 이루어지든 좋다. - 조셉 칠턴 피어스

이 장에서 우리는 유대감 형성 과정에 대해, 또 유대감 형성 과정의 필수 요소가 서구의 출산 패러다임에서 어떻게 사라지게 됐는지 살펴볼 것이다. 우리는 또, 아기가 태어나 수십 년이 지난 뒤에 어떻게 매트릭스 리임프린팅 기법으로 유대감 형성 과정을 다시 시작할 수 있는지도 집중적으로 살펴볼 것이다.

유대감 형성은 인류의 생존을 보장해주는 극히 자연스러운 일이다. 유대감 형성 과정에서 특히 중요한 역할을 하는 호르몬이 하나 있는데, 바로 옥시토신이다.

옥시토신

옥시토신은 '사랑 호르몬'으로 알려져 있다. 옥시토신은 9개의 아미노산으로 이루어진 신경펩티드이다. 옥시토신은 변연계 뇌 안의 시상하부에서 만들어지는데, 과학자이자 베스트셀러 작가인 데이비드 해밀턴David Hamilton 박사에 따르면 옥시토신이 심장에서도 만들어진다는 최신 연구 결과도 있다고 한다.[50]

옥시토신과 프로스타글란딘(태반 내에서 만들어지는 호르몬과 유사한 복합지질)은 임신한 여성이 출산을 할 때 수축을 자극하는 역할을 하며, 자궁경관을 부드럽게 만들어주고, 또 출산 이후의 태반 분리 및 만출에 도움을 주기도 한다.[51] 젖샘에서 젖을 분비하는 데도 도움을 준다. 이 호르몬은 아기를 만드는 데도 결정적인 역할을 한다. 우리가 이성과 사랑에 빠지고 성관계를 갖고 오르가슴을 느끼게 만드는 것이 바로 이 옥시토신이다. 사실 우리가 다른 사람이나 동물 등을 향해 사랑 또는 감사의 감정을 느낄 때 분비되는 호르몬 역시 옥시토신이다.

엘리자베스 데이비스Elizabeth Davis와 데브라 파스칼리-보나로Debra Pascali-Bonaro가 함께 쓴 《황홀한 출산Orgasmic Birth》에서는 옥스토신과 세타 뇌파 사이에 연관이 있다고 주장하고 있다.[52] 세타 뇌파는 우리가 깨어 있는 상태에서 경험할 수 있는 가장 깊은 차원의 뇌파이다. 이 뇌파는 초감각적 지각, 창의적 영감, 즉흥적인 문제 해결 능력 등과 관련이 있다. 또한 앞서 7장에서 다룬 심장의 간섭성이나 4장에서 다룬 아기의 자연스러운 뇌 상태와도 일맥상통한다.

만일 출산 및 유대감 형상 과정이 별 어려움 없이 자연스럽게 진행된다면, 엄마와 아기는 완전히 동조 현상을 보이게 된다. 그러니까 심장박동 및 호흡 리듬이 비슷해지고, 뇌파가 서서히 세타 뇌파에 가까워진다.

그렇게 되면 출산이 자연스러우면서도 쉽게 진행된다. 이 같은 동조 현상은 사랑의 감정을 갖고 두려움 없이 열린 마음들을 유지한다면 방 안에 있는 다른 모든 사람들에게까지 영향을 줄 수 있다. DVD로 제작된 다큐멘터리 〈아기들이 원하는 것 What Babies Want〉에서 조셉 칠턴 피어스는 자신의 아이가 태어나는 걸 지켜본 경험에 대해 이렇게 말한다. "집 전체에 차고 넘치는 에너지에 정말 놀랐습니다. 그 에너지에 집이 다 흔들릴 지경이었죠." 그러면서 그는 이렇게 말을 잇는다. "그건 정말 경이로울 만큼 신비스러운 경험이자, 그야말로 완전한 각성에 이르는 경험이었어요. 일찍이 출산 현장에 있던 그 순간만큼 삶이 친근하게 느껴진 적은 없었던 것 같습니다. 그리고 우리에게 그렇게 소중한 친밀감을 안겨주는 건 바로 막 태어난 아기여서, 우리가 만일 그 아기를 반겨주지 않는다면 아마 이 세상에 대해 배신감을 느끼게 될 겁니다. 그 순간 가장 필요로 하는 걸 충족시켜주지 못하니, 자신이 믿을 수 없는 세상에 온 거라고 느낄 수밖에 없겠죠."

엄마가 두려움이나 스트레스를 느낄 경우, 옥시토신 분비가 제대로 되지 않을 수 있다. 그러니까 산파, 출산도우미, 의사, 간호사, 산부인과 관계자 등이 분만 과정에서 자신도 모르는 새에 임산부의 옥시토신 분비를 방해할 수 있는 것이다. 만일 임산부가 뭔가 불안감을 느낀다든가 자신을 믿지 못한다든가 분만 전문가에 대한 신뢰를 잃는다면 옥시토신 분비가 제대로 되지 않을 것이기 때문이다.

옥시토신은 아기의 분만 과정은 물론 유대감 형성 과정에서도 중요한 역할을 한다. 옥시토신은 누군가 자신을 지켜보고 있다거나 불안하게 느낄 경우 더 이상 분비되지 않기 때문에, '수줍은 호르몬 shy hormone'이라고도 한다. 엄마의 입장에서 옥시토신은 아기에 대해 사랑의 감정을 갖게 해주는 호르몬이다. 원론적인 얘기지만, 엄마가 유대감 형성 시기에 아기와의 유대감이 없어 주체할 수 없을 정도의 사랑을 느끼지 못한다면, 아기를 보살피고 보호해줘야 한다는 모성 본능 같은 것을 갖지 못할 것이다. 아기가 울거나 뭔가를 요구할 때마다 모성 본능이 발휘되어야 하는데, 유대감이 없다면 불가능하다. 옥시토신이 분비되지 않는 엄마들 중에는 간혹 아기가 뭘 필요로 하는지 또 아기가 울 때 어떻게 대처해야 하는지를 본능적으로 알지 못하는 경우가 있다.

탯줄

앞에서도 잠시 언급했듯, 탯줄은 아직 꿈틀대는 동안 절단하지 말고 잠시 그대로 둘 필요가 있다. 10분에서 20분 정도이면 된다. 흥미로운 사실이지만, 탯줄의 길이는 25~30센티미터 정도이기 때문에 출산 직후 엄마는 아기를 탯줄에 연결된 상태 그대로 가슴에 안을 수 있다.

유대감

대부분의 아기들은 출산 후 45분간 경계 태세를 취해, 방안의 불빛이 너무 밝지만 않다면 두 눈을 크게 뜬 채 주변을 응시한다.[53]

자연의 섭리에 따라, 아기는 25~30센티미터 정도 떨어진 물체들만 집중해서 볼 수 있다. 그 가장 큰 이유는 엄마와 서로 눈을 맞추면서 그 얼굴을 머릿속에 각인하기 위해서이다. 아기가 태어나자마자 또렷한 의식을 갖게 프로그래밍된 것도 바로 이 때문이다. 그러나 만일 출산 과정에서 마취제나 다른 약을 쓰게 된다면, 아기의 의식 또한 영향을 받게 된다. 약물을 쓰지 않고 출산할 경우, 아기는 본능적으로 가능한 한 빨리 엄마의 얼굴을 찾을 것이고, 그렇게 유대감을 형성하게 된다. 아기는 자신을 돌봐줄 사람들을 확인하고 안도감을 가질 필요가 있다. '아, 그러니까 당신이 내 엄마고, 당신이 내 아빠군. 그래, 이 얼굴들이 내가 유대감을 가져야 할 얼굴들이야.' 아기는 또 서로 피부를 맞댄 채 엄마의 품(엄마가 곁에 없다면 아빠의 품)에 안겨 보살핌을 받는 게 이상적이다. 아기는 엄마와 아빠의 목소리를 들을 것이고, 자궁 속에 있을 때부터 들은 목소리라 금방 알아볼 것이다. 이렇게 엄마의 품에 안겨, 아기는 엄마의 냄새에 익숙해지고 엄마의 몸을 느낄 기회도 갖게 된다.

대상회

유대감 형성 과정에서, 엄마와 아기 모두 대상회라 불리는 뇌 부위(포유류 뇌에서 발견됨)가 활성화된다. 대상회는 성공적인 아기 보살피기를 위한 생존 본능들을 촉발시킨다. 엄마의 경우 일단 대상회가 활성화되면 전전두엽(문명화된 마음)도 활성화된다. 전전두엽은 공감과 동정심을 느낄 수 있는 마음과 관련된 부위이다. 아기의 경우, 전전두엽이 자라기 시작하면서 신경 연결 통로들이 생겨난다. 전전두엽은 유일하게 자궁 안에 있을 때 발달이 시작되지 않는 아기의 뇌 부위로, 전전두엽의 발달은 출산 시의 경험과 아주 깊은 관련이 있다.

앞서 언급된 DVD 다큐멘터리 〈아기들이 원하는 것〉에서 조셉 칠턴 피어스는 대상회의 활성화를 고대의 지혜에 대한 각성에 비유하고 있다. 나는 대상회가 활성화된다는 것은 직관력을 갖기 시작한다는 뜻이며, 우리를 집단 에너지의 장에 연결시켜 엄마가 되는 방법을 알려주는 과정이라고 생각한다. 또한 엄마는 대상회의 활성화를 통해 직관적으로 아기와 연결되기도 한다.

설사 엄마 입장에서 아기 시절에 이런 경험을 갖지 못했고, 그래서 자신의 엄마에 의해 뇌의 대상회 부위를 자극받지 못했다 하더라도, 자기 아기와 유대감을 형성할 기회만 주어진다면, 대상회와 전전두엽은 여전히 자극을 받을 수 있다.

또한 대상회는 심장과도 관련이 있어, 대상회가 활성화될 경우 엄마는 문자 그대로 자신의 심장이 열리고 더 많은 옥시토신이 분비되는 걸 느끼게 된다. 아기의 경우, 유대감 형성 과정에서 심장의 신경 구조 연결과 감정 뇌와의 연결이 사라지거나 새로 만들어지게 된다.

대상회의 깨어남

엄마와 아기가 눈을 맞추는 것은 대상회를 깨우는 데 필수적이다. 그러나 엄마가 단순히 아기와 눈맞춤을 하는 것만으로는 충분치 않다. 아기 입장에서 보살핌을 받고 있다는 느낌을 받아야 하는 것이다. 그것은 완전히 감각적인 경험이다. 모유 수유는 그런 경험의 일부이다. 서로 피부를 맞대는 것과 아기를 꼭 안는 것도 마찬가지. 아기의 피부를 어루만져 주면, 뇌의 연장선상에 있는 신경종말계와 말초신경계가 자극된다. 아기의 몸은 자궁 속에 있을 때는 태지vernix(태아의 겉을 둘러싸고 있는 지방질)로 보호받고 있어, 신경들이 출산 이후와 같은 방식으로 자극을 받지는 않는다. 이 태지는 아기를 자극해 젖을 빨도록 하는 호르몬을 함유하고 있어 모유 수유 과정에서도 아주 중요한 역할을 하므로, 아기에게서 씻어내선 안 된다.

동물들이 새끼를 낳는 경우를 생각해보라. 어미는 혀로 갓 태어난 새끼의 온몸을 핥아준다. 이것은 새끼를 깨끗이 씻어주는 행동일 수도 있지만, 새끼의 촉감을 자극하는 행동이기도 한데, 이는 인간에게도 해당된다. 만지고 안고 어루만지는 행동이 아기의 순환계를 자극하는 일인 것이다. 그리고 부모의 경우, 이런 행동으로 원시적인 유대감을 일깨워준다. DVD 다큐멘터리 〈아기들이 원하는 것〉에서 한 아빠는 아기를 핥고 싶다는 원시적인 본능을 느꼈다고 했고, 또 다른 아빠는 태지의 냄새가 폐 속까지 타 들어오는 것 같았다고 했다.

아기는 엄마의 냄새를 맡을 필요가 있다. 아기의 후각 능력은 출산 시에 최고조에 달한다. 아기는 엄마의 젖 냄새를 알아볼 수 있는 것이다. 한 실험에서, 여러 엄마들이 젖을 짜면서 가슴에 위생 면 패드를 걸쳐봤다. 그런 다음 그 패드들을 아기들에게 주었다. 그랬더니 아기들은 자기 엄마의 가슴 패드에 대해서만 반응을 보였다. 자기 엄마의 젖 냄새를 알아본 것이다.[54] 또한 아기는 자궁 안에 있을 때부터 익히 들어 잘 아는 엄마의 목소리를 들을 때 안전하다고 느낀다.

45분의 기회

앞서 잠시 언급했듯, 출산 시에는 최적의 유대감 형성 과정을 가질 수 있는 시간적 여유가 아주 조금밖에 없다. DVD 다큐멘터리 〈아기들이 원하는 것〉에서 조산사 메리 잭슨Mary Jackson은 출산 후 45분 안에 '새 접착제'처럼 엄마와 아기를 쉽게 연결시켜주는 연대감 형성이 진행된다고 설명한다. 이 시기에 연대감 형성 과정이 진행되면, 아기의 몸과 뇌가 연대감을 형성하는 쪽으로 자극된다. 메리 잭슨에 따르면, 그 45분이 지나면 '접착제'가 굳기 시작해 엄마와 아기가 연대감을 형성하는 일이 더 힘들어진다고 한다. 그 결과 우리가 얘기해온 그 모든 육체적·정신적 발달 과정에 더 많은 시간이 걸리게 된다.

조셉 칠턴 피어스에 따르면, 설사 아기가 출산 때 엄마로부터 분리되어 이 시기에 유대감을 형성하지 못한다 해도, 여전히 유대감을 형성할 수는 기회는 있다고 한다. 그러니까 엄마가 다시 돌아와 아기와 눈맞춤을 하고 모든 감각을 자극해주면(앞서 언급한 대로), 유대감 형성 과정을 시작해 완성할 수 있다는 것. 그러나 유대감 형성 과정이 출산 후 45분이라는 최적의 시간에 이루어지지 못해, 정상적인 뇌 발달을 하는 데 최대 3개월 정도가 더 걸릴 수도 있다.

또한 조셉 칠턴 피어스는 우리가 몇 살이든 너무 늦어 이 같은 유대감을 형성하지 못하는 경우는 없다고 말한다. 자연 섭리 상 언제든 이런 유대감을 형성할 수 있다는 것이다. 매트릭스 리임프린팅 기법이 출산 당시에 겪은 분리감을 치유하는 데 더없이 큰 효과가 있는 것도 바로 이 때문인데, 그에 대해서는 이 장과 9장에서 좀 더 자세히 살펴보기로 하겠다.

만일 유대감이 형성되지 않는다면

만일 우리가 유대감 형성 과정을 거치지 못한다면 어찌 될까? 많은 경우 우울증에 빠지게 된다. 우울증에 빠지게 되면 분리감이나 고립감, 고독감을 느끼기 쉽다. 유대감이 형성되지 않으면 실제로는 전혀 그렇지 않은 상황에서도 세상에 나 혼자라고 느끼게 되는 것이다. 뭐라 꼭 집어 말할 수는 없지만, 어쨌든 근본적인 느낌이 그렇다. 대체 뭐가 잘못된 건지 모르면서도, 그냥 뭔가 잘못됐다는 느낌이 드는 것이다. 이것이 출산 과정에서 유대감을 형성하지 못한 아기들에게 흔히 나타나는 증상이다.

또한 유대감이 형성되지 못할 경우, 세상이 나를 원하지 않는다는 복잡한 믿음들이 생겨나게 된다. 이는 미묘한 거부감으로 이어질 수도 있다. 그리고 거부당하고 있다는 느낌을 일으키는 외부 환경 속의 무언가가 분리감을 더 악화시킨다.

유대감을 형성하지 못한 아기들은 훗날 약물 남용에 빠질 가능성이 높다. 특히 엄마가 임신 중이나 출산 중에 약물을 한 경우 더 그렇다. (이에 대해서는 10장에서 좀 더 자세히 살펴본다.)

한때 코카인 중독자였던 변화관리자Change Agent 브렛 모런Brett Moran은 교도소 도서관 안에서 약물 거래를 하려다가 깊은 영적 깨달음을 얻었다. 그는 그때까지만 해도 전형적인 중독자였다. 그는 약물, 알코올, 섹스, 인터넷 등, 그야말로 모든 것에 중독됐다. 그러나 깨달음을 얻은 뒤 변화관리자가 되어 다른 중독자들의 중독적인 패턴과 행동을 교정해 주려 애썼고, 리처드 브랜슨Richard Branson(버진 그룹 회장), 데스먼드 투투Desmond Tutu(남아프리카공화국 전 대통령), 잭 캔필드Jack Canfield(베스트셀러 작가) 등과 함께 영화에 출연하기도 했다.

브렛 모런은 매트릭스 출생 리임프린팅 훈련에 참여했었는데, 그때 자신이 어떻게 출생 당시 어머니로부터 분리됐으며, 또 어린 시절 어떻게 어머니와 유대감을 전혀 느끼지 못했는지에 대해 털어놓았다. 중독 관련 일과 관련해, 그는 중독자들이 과연 어떤 식으로 소위 '영혼에 난 구멍'을 갖게 되는지에 대해 말했다. 분리란 영혼에 구멍을 만들며 우리는 늘 그 구멍을 메우려 애쓰는데, 나는 그 과정에서 중독물질들이 끼어든다고 생각한다. 중독 물질들은 임시방편일 뿐 영혼에 난 구멍은 그대로 남게 된다. 영혼에 난 구멍은 사랑의 결핍으로, 우리는 그걸 외부 물질들로 메우려 한다. 알코올이나 초콜릿, 음식, 약물, 온라인 쇼핑 등에 매달리지만 영혼에 난 구멍은 메워지지 않는다. 우리는 외부의 그 무엇과 연결되면 내적인 연결도 가능해질 거라고 믿지만, 잘못된 믿음인 것이다.

그런데 이와 유사한 일이 아기가 인큐베이터 안에 넣어져 인간과 접촉을 하지 못할 때도 발생할 수 있다. 아기는 인큐베이터나 인큐베이터 위에서 윙윙거리는 기다란 형광등과 유대감을 형성하게 된다.

나는 독일에서 열린 한 워크숍에서 매트릭스 출생 리임프린팅을 가르치고 있었다. 당시 나는 프레젠테이션을 하기 위해 노트북과 영사기를 설치해 놓고 있었는데, 지나가다가 케이블에 걸려 하마터면 컴퓨터가 바닥에 떨어질 뻔했다. 그때 워크숍 참가자 중 한 사람이 자기 자리에서 뛰어나와 바닥에 떨어지려는 컴퓨터를 잡았다. "저는 컴퓨터를 내 아기들 같이 다룹니다. 기계는 다 좋아하거든요." 그때 그가 내게 한 말이다. 놀랄 일도 아니지만, 나중에 알고 보니 그는 인큐베이터 아기였다.

유대감과 매트릭스 출생 리임프린팅 과정

설사 출생 과정에서 유대감이 형성되지 않았고, 심지어 태어난 지 수십 년이 지났다 하더라도, 우리는 후에 매트릭스 출생 리임프린팅에 대해 배우면서 어떻게 과거로 되돌아가 유대감을 형성하는지를 배우게 될 것이다. 나는 출산 당시 자신의 어머니와 유대감을 형성하지 못한 80대의 고객들과도 함께 일을 해봤는데, 심지어 그렇게 나이든 사람들도 유대감 형성 과정에 착수할 수 있었다. 십대부터 노인들에 이르기까지, 내가 함께 일해본 거의 모든 사람들이 유대감 형성 과정을 다시 시작하면서 지대한 영향을 받았다. 그리고 많은 사람들이 일단 매트릭스 출생 리임프린팅을 통해 유대감 형성 과정을 시작하면, 자신들의 어머니와의 관계는 물론 인생 전반에 걸쳐 큰 변화를 겪었다. 자신의 어머니가 살아 있든 그렇지 않든 마찬가지였다.

매트릭스 출생 리임프린팅 기법을 사용해 유대감을 형성하는 방법에 대해서는 12장에서 좀 더 자세히 살펴볼 텐데, 이는 매트릭스 출생 리임프린팅 기법의 가장 중요한 측면들 가운데 하나이다.

지금까지 우리는 출생 과정에서의 유대감 형성의 역할에 대해 살펴봤는데, 이제부터는 서구 출산 패러다임에서 흔히 나타나는 다양한 출생 트라우마들에 대해 좀 더 깊이 살펴볼 것이다. 이걸 잊지 말라. 이제 우리는 이 책에서 보다 도전 의식을 북돋는 부분들로 나아가게 되는데, 그러면서 그간 겪어온 트라우마를 고쳐 쓸 수 있게 해줄 툴에 대해 배우게 될 것이다. 당신이 만일 고객들의 이런 문제들을 해결해주는 일을 하는 매트릭스 전문가라면, 매트릭스 출생 리임프린팅을 사용해 고객들의 출생 트라우마를 내모는 데 도움을 줄 많은 툴들에 대해서도 배우게 될 것이다.

HEAL YOUR BIRTH
HEAL YOUR LIFE

3부

출생 트라우마들

9장

출생 시의
분리

출산이 아기와 엄마, 아빠에게 트라우마가 될 경우 인간의 잠재력에 엄청난 손실이 생기게 된다…. 그래서 출산 및 유대감 형성 시기에 유아 및 어린 시절의 많은 문제들이 생겨나게 된다…. 무엇보다 시급한 일은 엄마와 아기들을 분리시키는 잘못된 관행을 중단하는 것이다. - 웬디 앤 맥카티와 마티 글렌

다음 장들에서 우리는 출생 과정에서 일어날 수 있는 각종 트라우마들에 대해 살펴볼 것이다. 그 트라우마들 가운데 상당수는 서구 출산 패러다임의 결과이다.

앞에서 우리는 유대감 형성 과정과 그것이 엄마와 아이의 관계에서 하는 중요한 역할에 대해 살펴보았다. 이 장에서는 유대감 형성 과정과 정반대되는 과정, 즉 분리에 대해 살펴볼 것이며, 그 결과 평생 반복해서 일어나게 될 파급 효과들에 대해서도 살펴볼 것이다.

분리는 각계각층의 많은 사람들에게 영향을 주는 광범위한 주제로, 유대감 형성 과정에서만 생겨나는 현상은 아니다. 분리는 자신은 이 세상에 혼자이며 안전하지도 못하고 사랑받지도 못한다는 믿음을 토대로 하며, 출산 무렵부터 6세까지 일어나는 일들에 생겨난다.

출생 시의 분리

가장 일반적인 형태의 분리는 출생 시에 엄마로부터 떨어지면서 생겨나는 분리이다. 아기 시절 우리는 완전히 무력해 자신을 돌봐주는 누군가에게 의존하게 된다. 우리는 엄마로부터 분리되는 것은 잠재적으로 생명까지 위협받는 상황이라고 믿게끔 프로그래밍되어 있다.

이 같은 원초적 반응은 심지어 어른이 된 이후에도 언제든 튀어나올 수 있다. 우리는 가족적인 분위기 속에서 살거나 공동체 안에서 살 때 정신적으로 더 강하고 육체적으로 더 건강하다. 많은 사람들이 공동체 안에서 사람들과 연결되는 걸 열망하는 이유이기도 하며, 페이스북 같은 소셜 미디어들이 그렇게 큰 인기를 끄는 이유이기도 하다.

나는 언젠가 러시아에서 온 한 고객과 매트릭스 리임프린팅 기법을 사용한 적이 있다. 그런데 그녀가 태어난 시대에는 임산부들이 출산 후 휴식을 취하면서 몸을 추스릴 수 있게 갓 태어난 아기들을 2주간 탁아 시설에 맡기는 일이 흔했다. 그 때문에 내 고객은 평생 친밀한 인간관계를 형성하지 못한 채 늘 다른 사람들이 자신을 원하지도 않고 사랑하지도 않는다고 느끼며 보냈다.

자궁 안에서의 분리

나는 그간 수백 회도 넘는 매트릭스 출생 리임프린팅을 해오면서 아기들은 자궁 안에 있을 때도 엄마로부터 분리되는 느낌을 받을 수 있다는 걸 알게 됐다. 그런 일은 아기가 엄마가 자신을 원하지 않는다고 느낄 때 일어난다. 또한 엄마가 마음의 문을 닫아버려 아기가 자신에 대한 엄마의 사랑을 느낄 수 없을 때도 일어난다. 그리고 후자의 경우, 아기 역시 자신을 보호하기 위한 한 방편으로 스스로 마음의 문을 닫아 사랑을 받아들이지 않게 된다.

자궁 안에서 분리감을 경험한 사람과 매트릭스 출생 리임프린팅을 해보면, 그런 사람은 자신이 태어난 것은 실수라 생각하며, 이 세상은 자신이 있을 곳이 아니라면서 다시 자신이 나온 곳으로 되돌아가고 싶어한다.

입양

입양은 분리감을 느끼게 만드는 대표적인 환경들 중 하나이다. 아기는 9개월간 엄마 뱃속에 있어 엄마를 잘 알게 된다. 엄마의 소리, 엄마의 냄새, 엄마의 떨림까지. 그러다 출생 후 바로 다른 사람에게 넘겨진다면, 새로운 엄마와 연대감을 형성하게 될 수도 있다. 우리는 처음 연결되는 사람들과 연대감을 형성하게끔 프로그래밍되어 있다. 엄마가 없더라도 아기를 살아남을 수 있게 해주는 생존 매커니즘인 것이다.

그러나 연대감은 논외로 하더라도, 입양은 그 자체로 일련의 문제들을 초래한다. 입양된 아이들은 아주 순종적인 삶을 살면서 스스로 양부모들이 원하는 사람이 되려 애쓰는 경우가 많다. 아니면 그와 정반대로 끊임없이 자신의 양부모들을 시험하기도 한다. 의식적으로 그러는 건 아닐지 몰라도, 내심 이런 생각을 갖고 있는 것이다. '그래 끊임없이 밀어부칠테니, 나를 버리나 버리지 않나 보자구.'

수지 - 입양 사례 연구

수지Susie는 입양아였다. 수지는 20대 초에 입양 기관으로부터 친부모가 자신과 연락을 하고 싶어 한다는 소식을 들었다. 친부모는 아일랜드에 살고 있었는데, 아일랜드는 법적으로 임신 중절 수술과 입양이 아주 까다로운 나라이다. 수지의 엄마는 결혼을 하지 않은 채 한 유부남과 만나고 있었는데, 남자는 죽어가는 아내를 떠날 수가 없는 상황이었다. 그러다 그의 아내가 죽은 뒤 수지의 엄마와 만나 결혼을 했다. 그들은 만년에 수지와 연락을 취하고 싶어 했다. 수지는 혼란에 빠졌다. 그녀는 식욕이상항진증을 앓고 있었는데, 그 바람에 증세가 더 악화됐다. 급격히 체중이 빠지기 시작했다.

수지는 늘 자신을 모든 사람의 뒷전에 놓았다. 그녀는 부모에게 버림을 받은 자신이 아무 짝에도 쓸모없는 사람이라고 느꼈다. 인간관계에서도 늘 다른 사람들을 기쁘게 해주려 애썼다. 그러나 늘 사람들을 즐겁게 해주는 데 실패한다고 느꼈고, 무엇을 하든 늘 성에 차지 않았다.

함께 매트릭스 출생 리임프린팅을 하면서, 우리는 그녀가 양부모에게 넘겨지던 순간으로 돌아갔다. 알고 보니 그들은 그녀가 태어나자마자 바로 데려갔으나, 친엄마가 자신의 결정이 옳다는 확신이 없어 생각할 시간을 좀 더 달라고 요청했다. 결국 그녀는 1주일 동안 수지를 데리고 있었다. 친엄마 입장에서 얼마나 극심한 혼란을 겪었을지 짐작이 가고 남을 것이다. 그러니 수지 역시 그런 엄마에게서 자신을 밀었다 당겼다 하는 에너지를 느꼈을 것이다. 엄마 입장에선 그야말로 필사적으로 아기를 키우고 싶지만, 자신이 살고 있는 사회에서 아빠도 없는 아이를 집에서 키웠다간 사람들로부터 손가락질을 받을 것이 뻔한 상황이었으니 말이다. 결국 친엄마는 아기를 포기하는 것 말고는 달리 선택의 여지가 없다는 결론에 도달했다.

1주일 후 수지는 양부모들 손에 넘겨졌다. 수지는 양부모가 자신이 만난 사람들 가운데 그 누구보다 따뜻한 사람들이라고 말한다. 그녀는 그들을 깊이 사랑한다. 그럼에도 불구하고 그들에게 넘겨질 때 그녀는 자기 엄마로부터 분리되는 아픔을 겪어야 했다.

깊은 숙고 끝에 수지는 친부모들을 만나기로 마음먹었다. 그런데 흥미롭게도 알고 보니 그녀의 친엄마도 폭식증을 앓고 있었다.

함께 매트릭스 출생 리임프린팅을 하면서, 수지가 관심을 가진 것은 단 하나, 자신의 친엄마와 양부모들의 기분이 괜찮을까 하는 것이었다. 나는 자신은 중요하지 않다는 그녀의 믿음이 워낙 뿌리 깊이 박혀 있어, 그녀에게 아기 시절의 자신에게만 관심을 집중하라고 했다. 함께 많은 노력을 기울인 끝에 그녀는 잃어버렸던 자존감을 되찾을 수 있었다.

정신적·정서적 문제들

만일 누군가가 출산 당시 엄마로부터 분리되는 경험을 하게 된다면, 그것이 훗날 우울증으로 발전될 수도 있다. 우울증은 정서적으로 모든 걸 차단하는 행위이다. 우울증에 걸리면 자신의 감정을 표현하지 못하게 되고, 감정을 억제하거나 자존감을 잃게 되기도 한다. 만일 신생아를 오랫동안 혼자 울게 내버려둔다면, 결국 울다 지쳐 사람들이 자신을 원하지 않는다고 믿고 스스로 벽을 쌓게 된다. 그러면서 자신은 혼자이며 세상으로부터 고립되어 있다고 느끼게 된다. 가끔 분노심도 느끼지만, 그 분노를 표현하지도 않는다. 그래 봐야 자기 말에 귀 기울여주거나 자신을 봐줄 사람이 아무도 없기 때문이다. 앞서 6장에서 살펴보았듯, 아기들은 출산 후 1세가 될 때까지 파충류 뇌에 의존해 움직인다. 그러니까 오직 현재에만 관심이 있는 것이다. 아기의 파충류 뇌는 오로지 생존 문제에 몰두하기 때문에, 아기 입장에서 오랜 시간 혼자 울게 방치된다는 건 그야말로 생과 사를 넘나드는 중대한 문제이다. 게다가 아기에겐 전에 혼자 남아 울게 됐을 때 마침내 엄마가 왔다는 걸 생각해낼 인지 능력이 없다. 아기에게 중요한 건 현재 아무도 반응하지 않는다는 것이다. 이는 아기에게 포기 또는 잠재적인 죽음을 뜻하며, 자신의 욕구가 채워지지 않아 억눌린 분노와 두려움을 느끼게 된다.

출산 시에 겪는 분리는 훗날 살아가면서 불안감으로부터 심각한 정신적·정서적 장애에 이르는 다양한 문제들로 이어질 수 있다.

커스티 – 입양된 엄마에게서 태어나다

처음 나를 만났을 때 커스티Kirstie는 자신은 양부모에 대해 친부모나 다름없이 생각한다는 말을 했다. 그녀는 양부모를 더없이 사랑하고 존경했지만, 훨씬 더 깊은 친밀감을 느끼고 싶어 했다. 그러면서 내게 부탁했다. "매트릭스 출생 리임프린팅을 사용해 제가 양부모님한테서 태어나게 도와주실래요?"

그녀의 말을 듣고 처음엔 무척 당혹스러웠다. 그렇게 하는 게 과연 윤리적으로 합당한 일인지 자신이 없었다. 그러나 곰곰이 생각해보니 그녀의 심정이 이해가 갔고, 결국 그녀 말대로 하기로 했다.

매트릭스 출산 리임프린팅 기법을 사용해 우리는 먼저 그녀가 본능적으로 출산 시 겪었다는 걸 알고 있는 트라우마를 제거했다. 그 뒤 다시 돌아가 아기 시절의 그녀를 양모의 자궁 안에 넣고, 거기서 태어나게 유도했다. 출산 후 그녀가 자신의 양모 및 양부와 유대감을 형성한 뒤, 나는 그녀에게 물었다. "지금 당신의 친엄마를 그림 속에 불러들이면 어떨까요?"

"아, 그거 좋겠는데요." 그녀가 답했다. 그녀는 자신이 완전히 양부모들과 함께할 거라는 걸 알고 있었기 때문에, 친엄마에 대해 전혀 부정적인 감정이 없었다. 양모가 자신을 낳아줄 수는 없기 때문에, 그녀는 자신을 낳아 생명을 준 친엄마에게 고마움을 느꼈다. 그렇게 해서 전혀 뜻밖에 그녀는 친엄마와도 유대감을 형성하게 됐다. 그게 그녀가 리임프린팅한, 즉 재각인한 그림이었다.

분리와 출생 이야기

이 장에서 지금 우리는 주로 출생 과정이 육체적 차원에서 우리에게 미치는 영향에 대해 살펴보고 있지만, 나머지 장들의 상당 부분에서는 주로 우리 출생 스토리의 정서적 영향에 대해 살펴볼 것이다. 분리가 우리 출생 스토리에 미치는 영향에 대해 살펴보는 것도 아주 중요하기 때문이다.

임신되는 바로 그 순간부터 태어나는 그 순간까지 우리는 내내 엄마와 연결되어 있으며, 따라서 엄마로부터 분리되었다는 느낌을 받지 않는다. 탯줄에 연결되어 태아가 나오는 통로인 산도를 통해 태어나는 등,

모든 면에서 긍정적이고 마음 든든한 출산을 하게 된다 하더라도, 이 세상에 나오는 순간 우리는 더 이상 엄마와의 연결감을 느낄 수 없게 된다. 그래서 엄마 입장에서는 이때 최대한 조심스레 아기의 첫 분리 경험을 도와줄 필요가 있다. 엄마가 아기를 품에 꼭 안아주는 것이야말로 아기의 분리 고통을 조금이라도 덜어줄 수 있는 최선의 방법이다. 그렇게 엄마 품에 안기는 것이야말로 아기가 외부 세계에서 처음 경험하게 되는 연결이다. 그리고 이 같은 아기의 첫 접촉이 훗날 세상과의 관계를 결정짓는다. 이제 이걸 서구의 의료 패러다임에서 이뤄지고 있는 출생 과정들과 비교해보자. 서구에서는 흔히 아기들을 엄마에게서 떼어내 목욕을 시킨 뒤 다시 엄마에게 건넨다. 그때 신생아에게는 상당히 큰 분리 충격이 생길 수 있다.

4장에서 우리는 매트릭스 리임프린팅을 다루면서 소위 UDIN, 그러니까 우리가 동결 반응을 하게 만드는 충격적인 트라우마들에 대해 살펴봤다. UDIN은 '에코ECHO'가 만들어지는 순간이기도 하다. 기억할지 모르겠지만, 또한 UDIN은 어떤 상황이 예기치 못하고 드라마틱하고 고립적이며 대처할 전략이 전혀 없을 때 생겨난다. 분리 상황에서도 UDIN이 생겨날 수 있다.

나 역시 태어날 때 분리 문제를 겪었다. 의사들은 내가 너무 일찍 나올 것 같다며 분만을 늦추기 위해 어머니에게 마취제의 일종인 페치딘을 주사했다. 페치딘 때문에 어머니는 곧 잠이 들었고 분만 시간 대부분을 잠든 상태로 보냈다. 내가 태어났을 때, 어머니는 잠시 나를 안은 뒤 신생아실로 보내고 다시 4시간 정도 더 잠을 잤다. 그래서 내가 함께 일한 대부분의 고객들과 마찬가지로 나 역시 해결해야 할 분리 문제들을 갖게 됐다.

자살

어린 시절과 성인 시절에 행해지는 자살은 종종 출산 당시의 분리와 관련이 있다. 또한 만일 아기가 출산 과정에서 거의 죽을 뻔한 경험을 하게 될 경우, 그 아이 또는 어른은 그 경험에 집착해 그 일을 반복하는 경우가 많다. 언젠가 한 인터뷰에서 어떤 아동 심리학자가 목에 탯줄이 감긴 채 태어난 아기들에 대해 얘기하는 걸 들은 기억이 난다. 그런 경험 또한 자살 충동으로 이어지는 경우가 많다. 그 아동 심리학자에 따르면, 그런 아이나 성인이 자살을 할 경우 대개 목을 매거나 익사 같은 다른 형태의 질식사를 택한다고 한다. 질식사 직전까지 가서야 오르가슴을 느끼는 성적 취향을 가진 사람들은 목에 탯줄이 감긴 채 태어난 사람들일 가능성이 높다. 그러니까 아기 때 죽지 못한 걸 뒤늦게 마무리하려는 것과 비슷하다는 것이다.

공격과 폭력

8장에서 우리는 출산 당시 유대감이 형성되지 못할 경우 전전두엽피질이 활성화되지 못한다는 얘기를 했었다. 전전두엽이 발달되지 못한 사람은 공감 능력이나 동정심이 부족한 경향이 있을 수 있다. 아기가 출산 시 엄마로부터 분리될 경우, 분노와 증오의 감정들이 생겨나게 되며, 그런 감정들이 훗날 다양한 형태로 나타날 수 있다. 강간은 일종의 감정 배출이다. 또한 강간은 대개 성적인 행위라기보다는 폭력적인 행위이다. 강간을 하는 많은 남자들의 경우, 그것은 여성들에 대해 느끼는 분노와 증오의 표시인 것이다. 이 같은 분노와 증오는 출생 시 엄마로부터의 분리되면서 촉발될 수 있고, 아동 시절 부모들로부터 정서적으로 방치되면서 촉발되기도 한다.

분리 문제들의 육체적 발현

분리는 단순한 감정적인 문제가 아니다. 육체적 문제가 될 수도 있는 것이다. 내 경험상, 자궁 안에서 또는 출생 시에 분리를 경험하거나, 쌍둥이 형제를 잃은 것처럼 직접적으로 분리를 경험하거나, 아니면 출생 전후에 엄마로부터 분리를 당한 사람들은 몸에 습진이 생길 가능성이 더 높다.

많은 경우, 분리 문제로 엄마와 매트릭스 출생 리임프린팅을 하면 그 결과 아이의 습진 문제가 해결된다. 한 고객의 14살 난 아들은 등에 온통 습진이 나 있었다. 출생 당시에 엄마로부터 분리된 문제를 해결하자, 1년 후 그 아이는 몸에 다시는 습진이 나타나지 않았다. 내가 훈련시킨 많은 매트릭스 리임프린팅 전문가들 역시 고객들과 출생 분리 문제를 해결하는 과정에서 놀라운 결과들을 목격했는데, 예를 들자면 다음과 같다.

디브야 – 습진 사례 연구
매트릭스 리임프린팅 트레이너 테드 윌몬트

인도 출신의 젊은 직장 여성 디브야가 나를 찾아 왔다. 생후 몇 개월밖에 안된 그녀의 아기는 온몸에 습진이 나 있었다. 그 아기는 태어나 잠시 병원에 있었는데, 그때 코르티솔 치료를 받았다고 했다. 습진이 정신적인 문제로 생겼을 수도 있다고 생각한 디브야가 코르티솔 치료에 반대했으나, 병원 측에선 이렇게 반박했다. "무슨 바보 같은 소리예요. 당신은 지금 아이를 위험에 빠뜨리고 있어요. 아이는 이 치료를 받아야 해요."

우리는 분리 문제를 살펴봤는데, 아기는 출산 시 유대감 형성이 잘 되어 있었다. 그래서 내가 디브야에게 물었다. "임신 중에 혹은 그 전에 분리를 경험한 적이 있나요? 아니면 당신 남편이나 아기와 연결된 사람 중에 분리 경험을 한 사람이 있나요?"

그러자 그녀가 이렇게 답했다. "네, 할아버지가 돌아가셨어요." 그녀의 할아버지는 런던에 살았고 그녀는 그와 함께 살았었다. 두 사람은 아주 가까웠다. 그러나 그녀는 할아버지 장례식에 갈 수도 없었고 집에 찾아가 마지막 인사도 드릴 수 없었다. 그녀는 힌두교도인데, 힌두교에서는 임신한 여성은 장례식에 가거나 죽은 사람의 집에 있는 게 허용되지 않는다. 죽은 사람의 영혼이 여자 배 속에 있는 아기 몸속으로 들어간다는 믿음 때문이다.

우리는 매트릭스 출생 리임프린팅을 통해 디브야에게 할아버지한테 작별 인사를 고할 기회를 주었고, 아기 몸에 습진이 난 것에 대한 그녀의 걱정을 제거해 주었다. 그렇게 매트릭스 출생 리임프린팅을 한 뒤, 아이의 몸에 났던 습진이 사라지기 시작했다.

천식

내 경험상, 엄마가 임신 중에 또는 그 전에 사랑하는 사람을 잃었다든가 해서 지속적인 또는 예기치 않은 근심이나 슬픔을 겪게 될 경우, 그녀의 아이가 천식에 걸릴 수도 있다. 전통 중국 의학에서 폐(그리고 피부)는 불안 및 슬픔과 관련이 있다. 또한 슬픔은 폐를 약하게 만들고, 불안과 마찬가지로 호흡 장애를 일으킨다고 한다. 물론 슬픔은 일종의 분리 상태여서, 천식에 걸린 아이들은 몸에 습진이 나기도 한다. 그리고 슬픔은 아이들이 출생할 때 엄마로부터 분리될 경우 더 깊어진다.

출산 당시의 분리로 야기되는 부정적인 감정들:
- 고립
- 거부
- 방치
- 분노
- 수치
- 두려움

출산 당시의 분리로 야기되는 부정적인 믿음들:
- 세상은 위험한 곳이다
- 나는 안전하지 못하다
- 아무도 날 원치 않는다
- 사람들은 늘 나를 거부한다
- 나는 뭔가 부족하다(특히 입양된 경우)
- 나는 사랑스럽지 못하다
- 나는 무가치하다
- 나는 쓸모없다
- 나는 여기 있어선 안 된다

당신이 만일 지금 이런 믿음들을 경험하고 있다면, 또는 당신이 고객들을 도와줘야 하는 치료사라면, 출생 당시로 되돌아가 이런 믿음들의 분리 문제에서 비롯되는 것이 아닌지 확인하는 게 좋다.

할례

남성들의 할례는 출생 과정에서 겪게 되는 트라우마는 아니지만, 그 의식은 대개 미국 병원들에서 생후 48시간 내에 치러진다. 아기의 입장에서 할례는 심각한 트라우마를 안겨주고 엄마로부터 분리되며 유대감 형성 과정을 방해하는 일로, 자신을 둘러싼 세상에 대한 신뢰 문제와 관련해 지속적인 영향을 미친다.

세상에는 아직도 아기들은 고통을 느끼지 못한다는 19세기 시절의 믿음을 갖고 있는 의사들이 있다. 그래서 어떤 의사들은 만일 그렇다면 아기들은 뇌 발달도 안 됐고 트라우마를 안겨주거나 고통을 주는 출생 시의 일들을 기억하지 못할 것이기 때문에, 할례를 하는 건 문제도 안 된다고 믿는다. 그러나 앞서 언급한 대로 사실은 그 반대다. 아기들은 출생 직후 고통에 대한 상당히 높은 수준의 감각을 갖고 있는 걸로 밝혀졌기 때문이다.

아기들은 자신들의 고통스런 경험을 처리할 정서적인 방어 메커니즘을 갖고 있지 못해, 할례는 육체적인 고통은 물론 쇼크 상태를 야기하며, 아기는 달리 대처할 방법이 없기 때문에 스스로 벽을 쌓고 움츠러드는 수밖에 없다. 할례를 받을 때 아기는 비명을 지르며 그걸 피하려 애쓴다. 가끔은 발버둥치지 못하게 아기를 테이블에 묶기도 한다. 대개 동결 반응을 보인다. 동결 반응이 오면 쇼크 상태에 빠지고, 호흡장애를 일으키며 질식 상태에 빠지기도 한다.

할례에 대한 캐나다 앨버타대학교의 1997년도 연구 조사에 따르면, 연구 대상이 된 아기들은 모두 다 고통스러워 했고, 일부 아기들은 위험한 수준의 트라우마를 겪었다. 결국 그 연구는 한 아기가 구토를 하면서 쇼크 상태에 빠져 25초 이상 호흡이 중단되는 사태에 이른 뒤 중단됐고,

과학자들은 할례 의식이 아주 심각한 트라우마를 안겨주는 일로 절대 해선 안 된다는 걸 깨달았다.[55]

온타리오 퀸즈대학교에서 행해진 또 다른 연구에서는 fMRI와 PET 스캐너를 이용해 아기들의 뇌파 움직임을 모니터링했다. 그 결과 아기들의 뇌는 최초의 절개인 할례 의식에 민감하게 반응했다. 할례 뒤에 이루어진 MRI 데이터 분석에 따르면, 할례는 유아들에게 심각한 트라우마를 안겨주었다. 연구 결과 대뇌 변연계에 변화가 일어났고, 특히 편도체에 눈에 띄는 변화가 일어났다. (6장에서 살펴보았듯, 편도체는 우리의 정서적 반응을 통제하고 기억을 관리하며 의사 결정 과정에 관여한다.)[56]

당시 데이터 분석을 담당한 신경학자에 따르면, 할례 이후 추론, 인식, 감정들과 관련된 뇌 부위에도 상당한 손상이 있었다. 후속 실험들은 할례로 인한 뇌 손상은 영구적이어서 유아의 뇌는 절대 할례 수술 이전 상태로 돌아가지 못한다는 걸 보여주었다.[57]

심리학자 로널드 골드먼Ronald Goldman 박사는 2014년 1월 28일에 열린 그 유명한 유럽회의의회PACE 청문회 증언에서 "할례는 트라우마입니다"라고 선언했다. 그날의 증언에서 그는 할례 이후 아기들이 수면 패턴이 바뀌고 우는 시간이 늘어나고 젖을 먹이거나 유대감을 형성하는 데도 문제가 생긴다는 점을 강조했다. 유아들이 할례 이후 잔뜩 움츠러들어 자신의 욕구를 표현하지 못하게 될 수도 있다. 또한 할례를 받은 유아들은 무려 6개월이 지난 후에도 여전히 큰 고통 반응을 보이기도 한다. 할례는 외상 후 스트레스 장애PTSD만큼이나 심각한 신경 장애를 일으킬 수도 있다.[58]

연구 결과에 따르면, 할례를 받은 남자들은 발기부전이나 사정 장애 또는 조루 증세를 보일 가능성이 더 높다.[59] 그리고 발기부전 약을 복용하게 될 가능성이 무려 4.5배나 더 높다. 할례로 인한 장기적인 심리적 영향들에 대해 인정하는 의학 협회들도 많다. 남자 수천 명을 대상으로 조사한 바에 의하면 할례로 인한 심리적 영향들은 다음과 같다.

- 부모들이나 다른 사람들에 대한 분노
- 상실감
- 수치심
- 두려움
- 슬픔
- 대인관계 문제
- 우울증
- 성적 불안
- 감정 표현 위축
- 공감 부족
- 낮은 자존감
- 친밀감 기피

로널드 골드먼은 또 할례를 받은 많은 남자들이 너무 어려 저항도 할 수 없을 때 강제로 할 게 아니라 나중에 스스로 선택할 수 있게 하며 더 좋았을 거라는 말도 하더라고 증언했다.

어떤 사람들은 자신의 부모들을 향해 분노를 표출하며, 음경 포피는 다시 자라지 않아 복구도 안 되기 때문에 절망감을 표출하기도 한다.[60]

로널드 골드먼은 할례로 인한 장기적인 증상들은 다음과 같다고 말하는데, 이 증상들은 외상 후 스트레스 장애 증상들과 유사하다.

- 트라우마와 관련된 감정 및 자극 기피
- 감정적 반응 위축
- 잦은 분노 표출 성향

아들의 할례는 그 아버지에게 자신의 할례와 관련된 트라우마성 감정적 고통을 재연하게 만들며, 또한 그 아버지가 그 감정적 고통을 애써 외면하게 만든다고 한다. 심리학자들은 이처럼 할례 경험자들이 트라우마를 재연하려는 충동이 전형적인 외상 후 스트레스 장애 증상 중 하나라고 말한다.[61]

또한 할례는 직접 할례 수술을 하거나 현장을 목격한 의료 관계자들에게도 트라우마를 안겨줄 수 있다. 2010년에 미국의 한 산부인과 실습생이 신생아 할례 장면 목격담을 유튜브에 올린 적이 있다. 그의 설명을 들어보면, 그가 자기 눈앞에서 벌어진 일들에 얼마나 큰 충격을 받았는지가 그대로 드러난다. 그는 당시의 일을 이렇게 설명하고 있다. "발길질을 하며 저항할 것에 대비해 아기는 테이블에 붙들어매졌다. 얼핏 보면 아기를 고문하려는 것 같지만, 의학 전문가가 하는 일이니 고문은 아니다." 그러면서 그는 그게 아기에게 얼마나 큰 트라우마를 안겨주는 일인지, 또 어른인 자신 입장에선 지켜보는 게 얼마나 고통스러운 일인지를 설명한다. 아기는 비명을 지르다 지르다 정신을 잃고 그러다 다시 깨어나 비명을 지른다. 그러면서 그 실습생은 자신은 아직도 아기가 뭔가를 느끼고 있는 건지 잘 모르겠다는 말을 덧붙인다.

비디오 촬영을 끝낸 뒤 그 실습생은 그걸 〈오늘 있었던 일What Happened Today〉이라는 제목으로 유튜브에 올렸고, 그 비디오 밑에 다음과 같은 설명을 달았다.

미국에서 가장 오래된 병원인 펜실베이니아병원에 몸담고 있는 의대생으로서, 나는 행복한 마음으로 산부인과 병동 실습에 나섰다. 의과대학 시절 나는 한 산부인과 선배가 자신의 전공에 대해 아주 자부심 넘치는 말을 하는 걸 들은 적이 있다. 그런데 이제 내가 직접 아기들이 이 세상에 나오는 걸 돕는 일을 하게 된 것이다. 교수들은 강의에서 좋은 지식들을 가르쳐주었지만, 이제 내게 실무를 가르쳐줄 사람들은 나보다 몇 살 더 많은 레지던트들이었다. 그들은 돌아가며 내게 정상 분만에 대한 얘기를 해주었다.

어느 의사든지 건강한 정상아 분만을 돕는 기쁨을 떠올릴 수 있다. 그런데 그 즐거움은 어느 날 한 레지던트의 다음과 같은 말 때문에 산산조각이 났다. "할례를 좀 해야 하니, 거기서 하도록 해요." 그때 나는 얼핏 할례가 뭔지 안다고 생각했는데, 그게 아니었다. 나는 분명 의대 시절에 할례에 대해 아무것도 배운게 없었다. 어쨌든 그 레지던트의 말대로 나는 신생아실로 갔는데, 거기엔 이미 또 다른 의대생이 와서 기다리고 있었다. 나처럼 그 역시 아주 불안해 보였다. 우리 앞에는 기다란 카운터가 있었고, 한 사내 아기가 그 위 판대기에 결박된 채 소리 내 울고 있었다. 아기 옆에는 각종 장비가 가득 담긴 외과용 트레이가 놓여 있었다. 우리에게 어떻게 하라고 일러줄 사람이 아무도 없다는 걸 알았을 때 우리 기분이 어땠을지 상상해보라. 우리는 시키는 대로 수술 가운을 걸친 뒤 수술용 장갑을 꼈다. 그런 다음 훗날 그 이름이 곰코 클램프Gomco Clamp라는 걸 알게 된 할례 수술용 장비 사용법을 생각해내느라 끙끙댔다.

내가 아는 한, 당시 나는 아주 깔끔하게 일을 해냈다. 하지만 지금도 그날 생각을 하면 자꾸 내 동료 모습이 떠오른다. 그는 우리 반에서 뛰어난 학생인 편이였고, 장차 방사선 전문의가 될 계획이었다. 그러나 수술에는 아주 서툴렀다. 나는 지금도 바로 내 곁에 서 있던 그가 더듬거리며 그 정교한 수술 장비들을 집어 들어 앞에 있는 무력한 아기의 음경을 잡고 낑낑대던 걸 기억한다. 그는 그러면서 내내 이건 사람이 할 일이 아니라는 듯 고개를 절레절레 흔들어댔다.

지금도 내 평생 딱 한 번 해본 그 할례 수술을 생각하면 후회도 되고 화도 난다. 화가 나는 건 의대 시절엔 할례에 대해 배울 기회가 전혀 없었던 데다 그게 적절한 의료 행위인지에 대해 생각해볼 기회도 전혀 없었기 때문이다. 당시 그 레지던트가 아무 지침도 도움도 주지 않은 채 할례 수술을 시킨 것도 화가 난다. 그 레지던트는 오늘날 의료 전문가들이 새로 아기를 갖게 된 순진한 부모들 대하듯 그렇게 막무가내로 나를 대한 것이다. 의사들은 그 부모들에게 할례는 꼭 시켜야 한다고 말한다. 그리고 그 부모들이 뭔가 생각해보기도 전에 모든 건 끝난다. 그때 가서 'No'라고 말해야 소용도 없고, 그래서 모두가 그 후유증을 안고 살아가야 한다. 나는 의대생이었으며, 그래서 내게도 많은 책임이 있었다. 나라면 절대 할례를 받고 싶어 하지 않았을 것이므로 명백히 '황금률'(남에게 대접 받고자 하는 대로 남을 대접하라는 성경의 가르침 - 역자 주)을 어긴 것이며, 의료 관행의 주요 원칙인 '먼저, 해가 되지 않게 하라'란 말도 어기고, 미국 의료협회의 윤리 강령에 들어 있는 7개 원칙도 전부 어긴 것이다. 무심한 의대생들은 지금도 깨닫지 못하고 있지만, 그 당시에 나는 그런 걸 전혀 깨닫지 못했다. 물론 지금 나는 일상적인 신생아 할례 의식이 의학적 근거도 없는 일이라는 걸 잘 안다. 오히려 할례는 그에 따른 부작용 내지 후유증이 많은데, 할례로 인해 개인적으로 각종 부작용이나 후유증을 겪은 많은 남자들의 증언이 그런 사실을 뒷받침한다. 지금 와서 생각해보면, 당시 그 신생아는 있는 힘껏 소리 지르는 것 외엔 할 수 있는 일이 없었기 때문에, 나는 자기 몸을 온전히 지킬 수 있는 내 환자의 기본적인 인권마저 짓밟은 셈이다. 어쨌든 이 모든 게 몇 해 전 있었던 일이지만 내 기억 속에선 마치 어제의 일처럼 생생하다.

현재 미국은 종교적인 이유도 없이 새로 태어나는 남성들 대부분을 상대로 할례 의식을 행하는 세계 유일의 국가이다. 나는 많은 부모와 의사들이 이 글을 읽고 신생아 할례라는 문화적 광기에 휘말려들지 않기를 바라는 마음에서 이 글을 올린다. 내 아기에게 할례를 해야 한다며 승낙을 구해올 때 어찌 해야 할까? 단호히 'No!'라고 말하라. 이 문제에 관한 한 그렇게 하는 것만이 윤리적으로 옳은 일이다.[62]

변화를 요구하는 우리 서구 의료 패러다임의 가장 핵심적인 문제들과 마찬가지로, 우리는 할례의 문제들을 제대로 이해할 때 비로소 변화를 모색할 수 있다. 나는 우리가 다 함께 힘을 합쳐 이 야만적인 관행에 반대하길 바라며, 변화를 향한 첫 번째 걸음은 이 문제에 대한 경각심을 일깨우는 걸로 시작되어야 한다고 믿는다.

연습

우리는 지금까지 이 장에서 분리나 할례와 관련된 여러 감정들을 다뤘다. 따라서 당신은 이제 다음과 같은 간단한 단계들을 따라할 수 있을 것이다.

1. 한 손을 가슴에 얹고 앉아 숨을 들이키면서 5까지 세고 다시 숨을 내쉬며 5까지 세라.
2. 당신 손가락의 포인트들이나 당신 기분을 좋게 해줄 타점들을 태핑하기 시작하라.
3. 당신 몸속 어느 부위(목, 심장, 명치, 위 등)에서 에너지 흐름이 원활치 않은 것 같은지 찾아보라.

4. 에너지 흐름이 원활치 않은 곳에 집중하라. 그 부위에 색이 있다면 무슨 색(빨강, 노랑, 검정 등)인지 확인하라.

5. 그 색의 에너지 안에 어떤 부정적인 감정이 있는가?

6. 그 에너지나 부정적인 감정을 제거하려면 어떤 색의 빛을 들여와야 하겠는가?

7. 이제 그 치유 색을 그 감정이 처음 만들어진 당신의 과거로 되돌려 보내라. 그 과거는 자궁 안에 있던 시절일 수도 있고 출생 시기일 수도 있고 침대에 홀로 남겨진 아기 시절일 수도 있고 심지어 그 이후 아동 시절일 수도 있다.

8. 색깔이 있는 에너지 안전 담요로 둘러싸인 당시의 당신 자신, 즉 에코를 보고 당신의 손가락들이나 당신이 원하는 다른 포인트를 계속 태핑하라.

만일 시간이 얼마 없다면, 트라우마를 안겨준 기억에 대해 좀 더 많은 시간을 쏟을 수 있거나 당신을 도와줄 치료사를 찾을 때까지 일단 이렇게 어린 시절의 당신, 즉 에코의 몸에서 에너지를 제거해 편안한 마음을 갖게 해주는 걸로 충분하다.

좀 더 깊이 들어가고 싶다면, 다음 단계들을 더 따라가보라.

9. 에코, 즉 자궁 속에 있는 아기 시절의 당신 자신, 신생아 시절의 당신 자신 아니면 좀 더 나이 든 아기 시절의 당신 자신이 있는 영상 속으

로 들어가는 상상을 해보라.

10. 에코에 대해 가장 먼저 느껴지는 것이 어떤 것인가?

11. 에코에게 너를 도와주러 왔는데 무엇이 필요하냐고 물어보라. 여기
서 몇 가지 옵션이 있다.

 a) 에코가 느끼는 부정적인 감정을 해소해주기 위해 에코를 상대로
 태핑을 해준다.

 예: "무섭고 외롭다고 느껴지겠지만, 이제 넌 안전하단다. 내가 왔잖아." 이러면
 서 무섭다거나 외롭다고 느끼는 포인트들 주변을 태핑해주는 것이다.

 b) 에코와 얘기를 하면서 "너는 혼자가 아냐. 난 널 도와주러 온 거
 야."라며 안심시켜 준다.

 c) 일단 부정적인 감정의 에너지가 제거되고 나면, 에코에게 엄마
 나 아빠, 천사, 동물 등 다른 누군가가 영상 속으로 들어오길 바
 라느냐고 물어본다. 아니면 당신이 함께 있어주는 것만으로 행복
 해 할 수도 있다.

 d) 에코에게 그 당시에 자기 자신 및 자신의 삶에 대해 어떤 결론을
 내렸는지를 물어보라. 자신이 사랑 받을 자격이 없다거나 세상
 이 안전하지 못하다고 결론내린 게 그때일 가능성이 높다.

12. 당신이 알고 있는 지식을 총동원해 에코에게 그 당시 실제 어떤 일
이 일어난 건지를 알려줘라.

13. 에코가 갖고 싶어 하는 좀 더 긍정적이고 새로운 믿음은 무엇이며,
그런 믿음이 생겨나려면 어떤 일이 일어나야 하겠는가? 에코가 필
요로 하는 것은 엄마와 재결합하거나 엄마가 자신을 꼭 안아주어

안도감을 느낄 수 있게 해주는 것일 수도 있다.

14. 당신이 더없이 긍정적인 상황에 도달했다고 느껴진다면 영상에 대한 리임프린팅 작업을 제대로 끝내도록 하라(아래처럼). 그게 아니라 다음에 좀 더 해결해야 할 게 있다고 느껴진다면, 다시 돌아와 리임프린팅 작업을 할 때까지 에코 영상을 보호색을 띤 에너지 담요로 감싼 채 당신 심장 안에 잘 저장해 두어라.

리임프린팅 과정

1. 영상 속에 아기 시절의 당신, 즉 에코가 있는 걸 보고 거기 보이는 긍정적인 감정과 믿음들 열거해보라. 예: '나는 안전하다' '나는 사랑 받고 있다' '나는 보호 받고 있다'

2. 그 영상에서 또는 그 주변에서 나오는 아름다운 색을 확인하라.

3. 그 영상을 당신의 마음속에 넣어, 그 마음으로 하여금 새로운 느낌 및 새로운 존재 방식과 재연결하게 하라.

4. 그 에너지를 당신 몸 위로 내보내라.

5. 그 영상을 당신의 심장 속에 넣어, 그 심장을 당신이 고른 색으로 가득 채워라.

6. 당신의 심장을 열어, 그 색과 감정들을 당신 몸 안의 모든 세포로 내보내라.

7. 당신의 심장을 다시 열어 그 속에 있는 영상을 당신이 선택한 아름다

운 컬러 광선에 실어 우주 안으로 내보내라.

8. 우주로 하여금 훨씬 더 많은 그 컬러 에너지를 당신에게 되돌려보내 게 하라.

9. 몇 차례 심호흡을 하면서 마무리하라.

이 장에서 우리는 분리 및 서구의 출산 패러다임 그리고 할례와 관련 된 트라우마에 대해 살펴보았다. 이제 다음 장에서는 약물들이 우리의 출산 스토리에 미치는 영향에 대해 살펴볼 것이다.

*지금 미국에서는 90퍼센트가 넘는 신생아들이 약물(경막외 마취제, 자궁수축제 피토
신, 진통해열제 아세트아미노펜 등)의 도움을 받아 태어나는데, 그중 어떤 약에 대해
서도 유아에 대한 안전성 여부를 테스트한 바 없다. – 캐서린 베이어*

의학의 발전과 더불어 출산 과정에서의 약물 사용이 일상화되어버렸
다. 잠시 한발 물러서서 이 문제를 이성적으로 생각해보면, 이제 막 세
상에 나오는 작은 생명에게 약물을 사용한다는 건 말도 안 된다. 우리가
출산 과정에서 일상적으로 약물을 사용한다는 것은 아기의 의식(2장 참
조)에 대해 무지하다는 얘기와 다르지 않다. 아기도 의식을 가진 존재라
는 사실을 제대로 이해한다면, 이제 막 세상에 나오는 아기에게 약물을
사용하는 건 야만적인 행위가 아닐 수 없다. 적어도 약물 사용은 달리
대안이 없을 때 또는 엄마나 아기의 생명이 위험할 때에 한해 허용되어
야 할 것이다. 자, 이제 이런 걸 염두에 두고 약물 사용이 출산 과정에 미
치는 영향에 대해 알아보도록 하자.

의료 개입으로 가는 길

앞서 8장에서 살펴보았듯, 엄마가 두려움을 갖고 있을 경우 분만이 중단될 수도 있다. 분만은 약물 사용 때문에 중단될 수도 있다. 많은 병원이 늘 임산부들로 북적대기 때문에, 분만이 계획대로 진행되지 않거나 생각만큼 빨리 진행되지 않을 경우 임산부에게 자궁수축제 피토신을 쓰는데, 이 약물이 투입되면 자궁수축이 더 강해지고 빨라지지만 임산부의 고통 또한 더 커진다. 그 고통은 참기 힘들 만큼 강하며, 그래서 그럴 때 임산부에게 경막외 마취제를 투입한다. 그런데 경막외 마취제는 골반 부위를 무감각하게 만들어 주지만 다시 출산 과정이 둔화되거나 중단될 수 있어 출산 속도를 올리기 위해 다시 더 많은 피토신을 쓰게 된다. 이때 자궁 속에 있는 아기는 강렬한 수축을 경험하게 되는데, 그러다 자칫 잘못 되면 산소 공급에 문제가 생겨 비상사태로 이어질 수도 있다. 결국 임산부에게 위험한 상황이라는 걸 알리고 제왕절개를 권하게 된다. 엄마와 아기에게 도움을 주자고 시작한 일이 비상사태와 큰 수술로 발전하게 되는 것이다.

엄마가 마지막 분만 단계에서 등을 대고 누워 있게 된다는 것도 출산 과정에 장애가 되는 요인이다. 등을 대고 누워 있으면, 골반이 더 좁아지게 되고, 그래서 임산부가 복부 근육을 이용해 아기를 밀어내기가 더 힘들어진다. 아기의 입장에서는 좁아진 골반을 따라 빠져 나가는 게 더 힘들어지고, 골반 내 서로 다른 각도들을 따라 몸을 돌리는 것도 더 힘들어진다. 결국 아기가 제대로 빠져 나오지 못할 가능성이 커지게 되고, 그렇게 될 경우 임산부는 외음 절개(외음부를 절개해 아기가 나올 구멍을 넓히는 것) 수술을 받거나 진공 흡입기나 겸자 같은 장비의 도움을 받아야 한다. 쪼그려 앉거나 출산용 의자에 앉아 아기를 낳은 여성들은 분만 과정이 훨씬 수월하다는 걸 잘 안다. 앉아서 아기를 낳으면 중력의 도움을 받을 수 있는데다가 몸을 원 모양으로 움직일 수 있어 아기가 골반을 빠져나오는 걸 도와줄 수 있기 때문이다.

연습

쪼그려 앉거나 뒤로 눕는 게 어렵지 않은 상황이라면, 자리에서 일어나 다음과 같이 해보라.

- 왼손의 집게손가락을 당신의 꼬리뼈(척추 끝부분에 있는 꽁무니뼈)에 대라.
- 이번에는 오른손의 집게손가락을 꼬리뼈 반대쪽 몸 앞에 있는 치골에 대라.
- 두 손가락 간의 간격을 확인해보라.
- 천천히 쪼그려 앉으면서 골반에 무슨 일이 일어나는지, 그러니까 두 손가락 사이의 간격이 어떻게 되는지 확인해 보라.
- 다시 일어나 침대에 눕듯이 몸을 뒤로 천천히 기울여보라. 그러면서 다시 골반에 무슨 일이 일어나는지, 그러니까 두 손가락 사이의 간격이 어떻게 되는지 확인해보라.

데브라 파스칼리-보나로가 개발한 연습

앞의 연습을 통해 쪼그려 앉을 때는 골반이 열리고 뒤로 눕는 자세를 취할 때는 골반이 좁아진다는 걸 알게 됐을 것이다. 임산부들을 뒤로 눕게 한 것은 순전히 의료 전문가들의 편의를 위해서였지 아기나 임산부를 돕기 위해서는 아니었다.

이제 이 장과 다음 11장에서 이처럼 비효율적인 출산 경험들이 미치는 육체적·정신적 영향들에 대해 살펴보기로 하자.

마취제 출산

다음은 세계보건기구WHO에서 1984년에 내놓은 성명이다.

약물을 사용하는 일부 산과 기법들은 이제 특정 병원이나 국가들에서 일상적으로 행해지는 기법이 되었다. 그런 기법들이 다른 데서는 그리 널리 쓰이지 않는다는 사실로 미루어, 그런 기법들이 정상 분만에 꼭 필요할 건 아니라는 걸 알 수 있다. 따라서 특별한 경우가 아니면, 분만 과정에서 그 어떤 형태의 약물 요법도 사용되어져서는 안 된다.[63]

서구에서는 출산 과정에서 마취제를 사용하는 것이 일반적인 관행이다. 그러나 마취제는 아기에게 트라우마를 안겨주는 이른바 'UDIN'을 야기시킬 수 있다. 아기 입장에서는 예기치 않은 마취제 경험으로 쇼크 상태에 빠져 동결 반응이 일어날 수도 있고, 마취제가 몸속에 그대로 남아 있게 되는 후유증을 겪을 수도 있다. 이는 곧 아기가 정신적으로는 물론 육체적으로도 동결된다는 얘기이다.

자궁 속의 아기는 늘 약물 과다 흡입 상태에 빠지게 되는데, 이는 마취제가 임산부의 체중에 따라 처방되기 때문이다. 그리고 세상에 태어나면 아기는 많은 수의 지방 세포를 갖게 되는데, 마취제는 그 지방 세포 안에 그대로 남아 있게 된다. 또, 아기의 몸에서 그 마취제의 95퍼센트

가 빠져나가는 데 3주까지도 걸린다고 한다.[64]

흔히 쓰이는 진통 완화제 페티딘은 임산부에게 근육 내 주사 처방이 되는 마취제이다. 이 약은 임산부의 몸에 작용하는 데 20분 정도 걸리지만, 태반을 통해 쉽게 아기에게까지 가게 된다. 출산 전에는 엄마의 간이 그 마취제를 처리해주지만, 아기가 마취제 주입 후 한 시간 이내에 태어날 경우, 아직 미숙한 아기의 간은 몸속에 남아 있는 마취제를 처리하느라 전전긍긍하게 된다. 연구에 따르면, 출산 전 두세 시간 전에 페티딘이 주입될 경우 신생아는 호흡 곤란을 겪게 될 가능성이 높으며, 엄마 몸에 주입되는 마취제가 많으면 많을수록 아기에게 미치는 영향 또한 더 커진다고 한다.[65]

페티딘이 주입될 경우 아기들은 출산 직후 졸음에 빠져 무반응 상태를 보이게 된다. 페티딘은 또 모유 수유를 불가능하게 만드는 걸로도 유명하다. 만일 아기에게 모유를 먹인다면, 그건 엄마가 자신도 모르는 새에 모유를 통해 아기에게 재차 페티딘을 먹이는 꼴이 될 수도 있다.[66] 장기적으로는 아기가 오랫동안 자꾸 울게 될 가능성이 높다.[67]

나는 마취제가 주입된 엄마에게서 태어난 성인 고객들을 상대로 셀 수 없이 많은 매트릭스 출생 리임프린팅을 해왔다. 그런데 그 고객들을 상대로 출생 당시에 겪은 정신적 쇼크를 해소해줄 때, 그들의 몸에서 마취제가 빠져나오게 되고, 그러면서 그들이 숨을 내쉴 때 실제 마취제 냄새가 나는 경우가 많았다. 그러나 나이가 얼마나 먹었든, 마취제는 쇼크가 해소되기 전까지는 계속 그 사람의 지방 세포 안에 저장된다. 그리고 마취제는 매트릭스 출생 리임프린팅을 통해 쇼크가 해소될 때 동시에 몸에서 빠져나오게 된다.

마취제는 대개 출산 과정에서 뭔가가 계획대로 진행되지 않을 때 사용된다. 그러니까 엄마 자신이 이미 어떤 쇼크나 두려움 또는 트라우마에 사로잡혀 있다는 얘기가 된다. 아마 아기 역시 그런 상태에 있을 것이다. 거기에 마취제까지 더해진다면 아기의 입장에서는 이중 쇼크를 당하는 꼴이 된다. 먼저 엄마의 스트레스로 쇼크를 받고, 거기에 다시 마취제가 더해져 트라우마가 더 강해지고.

그러나 아기가 마취제 없이 태어날 경우, 8장에서 이미 살펴본 것과 같이 엄마와의 자연스러운 유대감 형성이 가능해진다. 소아과 전문의인 레나트 리가드Lennart Righard 박사와 조산사인 마가렛 알라데Margaret Alade[68]는 두 그룹의 신생아들을 놓고 연구를 했다. 한 그룹은 엄마가 분만 중에 약물을 전혀 쓰지 않은 신생아들이었고, 또 다른 그룹은 엄마가 분만 중에 약물을 쓴 신생아들이었다. 모든 아기들은 엄마 배 위에 올려놓을 경우 기어서 엄마 가슴 쪽까지 간다. 그것이 신생아의 자연스러운 반사 동작이다. 그러나 마취제를 쓴 엄마에게서 태어난 아기들은 약에 취해 그런 반사 동작을 하지 못했다. 이 책 말미에 있는 회원 사이트의 한 비디오를 보면 좀 더 자세한 내용을 볼 수 있다.

앞서 8장에서 살펴봤듯, 유대감 형성 과정에서 가장 중요한 요소들 중 하나는 엄마와 아기가 처음 눈맞춤을 하는 순간이다. 그러나 출산 때 약물의 영향을 받은 아기는 엄마와 눈맞춤을 해야 하는 순간에 비몽사몽 상태가 된다. 이는 유대감 형성에 영향을 줄 뿐 아니라, 다른 문제들까지 야기하게 된다. 먼저 아기에게 미치는 즉각적인 영향은 다음과 같다.

- 모유 수유 관련 문제들
- 신생아 트라우마 울음(아기가 끊임없이 우는 현상)
- 인지 수준 저하

마취제 출산의 장기적인 영향은 다음과 같은 감정들이 오래 지속된다는 것.

- 두려움
- 쇼크
- 주눅 듦
- 통제 불능의 느낌
- 공포
- 화
- 분노
- 분개심
- 무기력
- 무력감[69]

이런 감정들은 약물 사용 없이 자연스럽게 태어나고 싶다는 아기의 본능이 무시되는 데서 기인하는 경우가 많다. 그런 식으로 자신의 본능이 무시되면, 아기들은 근본적으로 뭔가를 박탈당했다는 느낌을 갖게 될 가능성이 높다. 아기들에게는 이런 경험을 표현하고 처리할 의식적인 추론 능력이 없으며, 그래서 결국 분노와 무기력, 무력감 같은 데 빠지게 된다. 혹 한창 뭔가를 하고 있는데 갑자기 누군가 끼어들어 그걸 못하게 하는 경험을 한 적이 있는가? 그때 기분이 어땠는가? 아기의 경우도 마찬가지다. 그야말로 화가 치밀고 억울한 것이다. '나 혼자도 잘할 수 있었는데…' 하는 느낌이 아주 강한 것이다.

마취제의 도움으로 태어난 아이들은 나중에 어른이 되어서도 자신이 제대로 알고 있는지 어떤지 확신이 없어 곧 닥쳐올 일들에 대해 불안감을 느끼는 경우가 많다. 출산 당시에 있었던 일을 그대로 반복하듯, 분명 자신이 주도권을 갖고 있었던 것 같은데 갑자기 예상치 못한 일이 생겨 그 주도권을 잃어버린 듯한 상황에 빠지곤 하는 것이다. 이들은 어떤 프로젝트를 시작할 경우, 처음엔 자신만만하다가 갑자기 '난 제대로 알지 못해'라는 부정적인 생각에 빠지면서 마취된 사람처럼 멍해지는 것이다.[70]

나는 매트릭스 출생 리임프린팅 일을 해오면서, 태어난 지 몇 년 안 됐거나 몇 십 년이나 된 아이나 어른들에게까지 계속 마취제가 영향을 주는 것을 많이 봐왔다. 마취제는 전반적인 인지력의 상실을 일으킬 수 있다. 마취제 출산을 한 사람들 중에는 살면서 어떤 도전이나 어려움을 마주할 때 갑자기 멍해지는 듯한 느낌을 받는다고 말하는 경우가 종종 있다. 그러니까 출생 과정에서 겪었던 것과 마찬가지로 갑자기 얼어붙듯 멍해지면서, 그저 누군가가 나타나 현재의 상황에서 빠져나올 수 있게 도와주기만 기다리게 되는 것이다. 마취제 출산을 한 사람들은 살아가면서도 계속 한 순간 정신이 또렷했다가 다음 순간 멍해지는 일을 겪는 것이다.

12장에서 더 자세히 살펴보게 될 매트릭스 출생 리임프린팅 기법에서, 나는 고객들을 자궁 속에 있던 시절의 기억으로 되돌아가게 만든다. 그런 기억은 잠재의식 속에 저장되며, 매트릭스 출생 리임프린팅 기법을 쓰면 그 당시의 상황에 접근할 수가 있다.

로저 – 마취제 출산

나는 마취제 출산을 겪은 로저와 함께 매트릭스 출생 리임프린팅 기법을 사용했다. 우리가 힘을 합쳐 그를 자궁 속에 있던 시절의 기억으로 되돌려 보내보니 모든 게 흐릿했다. 그는 임신을 한 엄마의 배는 볼 수 있었지만, 엄마의 존재 전체와는 연결할 수가 없었다. 그가 엄마의 배밖에 볼 수 없었던 건 태어나던 순간 엄마가 의식이 없었기 때문인데, 그의 마음이 의식이 없는 엄마를 그렇게 은유한 것이다. 나는 로저와 모두 세 차례 매트릭스 출산 리임프린팅을 했다. 처음엔 엄마의 몸에서 마취제를 빼내는 일에 집중했다. 그런 다음 아기 시절의 그에게 집중해, 그가 자신의 몸에서 마취제를 빼내게 해주었다. 모든 걸 마치자, 비로소 그는 머리와 팔다리를 포함한 엄마의 몸 전체를 볼 수 있었다.

흥미로운 사실이지만, 많은 경우 출생 트라우마는 단 한 차례의 매트릭스 출생 리임프린팅로 제거할 수 있지만 마취제 출산의 경우 대개 트라우마를 제거하는 데 더 많은 시간이 걸린다. 유아의 몸에 미치는 마취제의 후유증을 제거하는 일인데, 후유증이 의외로 심각한 경우가 많기 때문이다.

경막외 마취제

경막외 마취제 역시 마취제의 한 종류이다. 경막외 마취제를 주입할 경우, 그 즉시 자연적인 출산 호르몬의 분비에 문제가 생긴다. 이 마취제로 인해 감각이 둔해지면서 자연적인 출산 과정이 둔화되거나 중단되는 것이다. 그러다보니 제왕절개를 해야 하는 경우가 많다. 또한 경막외 마취제를 쓰면 종종 엄마의 혈압이 떨어지고, 엄마와 아기 모두 열이 나기도 한다.[71] 미국에서 신생아에게 열이 있을 경우, 의사들이 제일 먼저 하는 일은 항생제를 투여하는 것이다. 경막외 마취제가 열을 나게 하는 걸로 알려져 있음에도, 안전 예방책으로 항생제를 투여하는 것이다. 그러니까 아기는 이 세상에 태어나면서 경막외 마취제 쇼크를 당하고, 그 결과 열이 나게 되며, 그런 다음 필요도 없는 항생제를 맞게 되는 것이다. 그리고 항생제 때문에 이제 막 생겨나기 시작한 장내 세균(소화를 돕는 장 안의 박테리아)이 다 사라지게 되고, 그 결과 소화불량에 걸리거나 배앓이를 하게 된다.

경막외 마취제는 분만 과정을 늦춘다. 몸과 뇌의 연결 상태를 느슨하게 만들고, 아기가 산도를 타고 내려오는 자연스러운 과정을 늦춰, 제왕절개를 하게 되는 경우가 많다.

경막외 마취제는 아기의 입을 얼얼하게 만들어 모유 수유가 어려워질 수도 있다. 또한 경막외 마취제는 옥시토신 분비를 방해해, 엄마의 모유 생산 능력을 떨어뜨릴 뿐 아니라, 아기와의 유대감 형성을 어렵게 만들 수도 있다.[72]

엄마한테 마취제가 주입된 뒤 아기한테 도달하는 시간은 대략 3~4분이다. 만일 임산부가 제왕절개 수술을 받기로 동의할 경우, 병원 측은 그녀에게 경막외 마취제를 주입한 뒤 바로 수술에 들어간다. 이때 아기는 아직 마취제의 영향을 받지 않아 '의식'이 또렷할 수도 있다. 큰 집게를 사용하는 겸자 분만의 경우에도 마찬가지. 마취제가 아직 아기에게 영향을 주지 못한 상태라면 아기가 고통을 느낄 수 있는 것이다. (기구를 이용한 분만에 대해서는 다음 장에서 좀 더 자세히 다룰 것이다.)

경막외 마취제를 이용해 태어난 아기는 훗날 살아가면서 가끔씩 '길을 잃고 헤매는' 경향이 있다. 성인이 되어서도 무슨 일인가 일어나면 마취제 출산을 겪으며 그랬듯 뭔가 흐리멍텅한 상태가 되는 것이다. 마치 알고 있던 모든 지식까지 다 사라져버리는 듯한 상태 말이다. 그러니까 투쟁 또는 도피 반응을 보여야 할 상황에서 순간 모든 사고 과정이 중단되는 듯한 느낌을 받게 되는 것이다. 앞서 6장에서도 강조했듯, 투쟁 또는 도피 반응은 파충류 뇌를 작동시킨다. 시험장에 들어서면 5분 전에 알았던 답까지 갑자기 생각나지 않는 것이 대표적인 예다. 경막외 마취제나 기타 마취제를 사용해 출산된 아기에게 일어나는 일이 그와 비슷하다. 가끔은 삶 자체가 잠시 멈춘 듯한 느낌이 들기도 든다. (은유적으로 말하자면, 출생 당시에 겪은 일이 바로 그런 것이었다.) 이런 사람들은 결국 훗날 자신의 고통과 두려움과 필요보다는 다른 누군가의 고통과 두려움과 필요를 더 우선시하게 될 수도 있는데, 이 또한 출생 과정에서 겪은 상황과 유사하다. 그러면서 자신의 생각은 중요치 않다거나, 다른 누군가의 생각이 자신의 생각보다 더 중요하다는 믿음을 갖게 되기도 한다.[73]

출생 전후 심리학 분야의 선구자 윌리엄 에머슨은 자신이 선택한 일을 통해 출생 트라우마에 맞서 해결책을 찾으려 한 어떤 여성의 사례 연구를 들려준다. 나 역시 우리는 가끔 우리 자신의 출생 경험을 선택해 우리 삶의 어떤 목적을 이루려 한다고 믿는다.

그녀는 출생 과정에서 마취제로 인해 의식을 잃었다. 성인이 되어 그녀는 의식을 고취시키는 기법들을 가르치는 일을 했고, 그래서 자신의 학생들이 살면서 가장 스트레스가 심하고 힘든 순간들에 깨어 있을 수 있게 해주었다. 또한 그녀는 약물을 사용하지 않는 출산을 장려했으며, 의료인들로 하여금 자신의 핵심 에너지들과 연결되는 법을 가르쳐 그들이 '에너지 소진 상태'에 빠지지 않게 했다. 그녀가 말하는 에너지 소진 상태란 환자들을 치료하는 다양한 상황에서 갑자기 정신이 멍해지고 무감각해지는 상태였다.[74]

약물 중독

임신이나 분만 중의 약물 사용은 훗날 약물 중독으로 이어질 수도 있다. 스톡홀름 카롤린스카 연구소의 베르틸 야콥손Bertil Jacobson 박사가 원로 의사 6명을 이끌고 젊은이들의 자살률 증가 및 간경화증으로 인한 죽음과의 상호관계에 대한 연구를 한 적이 있다. 1940년 이후 스톡홀름에서 태어나 1978년부터 1984년 사이에 죽은 법의학 피해자 412명(자살자와 알코올 중독자, 약물 중독자 등)에 대한 출생 관련 기록들이 수집됐다. 그 뒤 그 412명과 통제 집단 2,910명 간의 비교 작업이 진행됐다. 당시 연구팀은 각 연구 대상자가 태어난 병원들의 통증 완화 정책을 들여다보았다.

결과는 충격적이었다. 출생 트라우마와 그 후에 행해진 기계적 수단들에 의한 자살 사이에 밀접한 관계가 있었던 것이다. 예를 들어, 스스로 목을 매거나 물에 빠져 자살한 사람들은 통제 집단에 비해 출생 중에 질식을 경험한 경우가 사람들보다 네 배나 더 많았다. 또한 약물 과다 복용으로 죽은 사람들은 통제 집단에 비해 엄마가 분만 중에 아편류를 주사 맞은 경우가 두 배 더 많았고, 신경안정제를 복용한 경우는 세 배 더 많았다.

연구팀은 특정 병원들에서 태어난 아기들이 다른 데서 태어난 아기들에 비해 훗날 중독성 행동에 빠질 가능성이 더 높다는 사실도 밝혀냈다. 예를 들어 아기들의 14퍼센트가 한 병원에서 태어났는데, 이들이 전체 중독자의 27퍼센트나 차지했다. 또한 아산화질소를 더 많이 사용하는 병원들이 더 많은 중독자들을 배출했다. 다른 변수들에 대한 테스트도 해본 결과, 연구팀은 한 병원에서 태어난 사람들이 훗날 각성제 중독자가 된 경우가 3.7배나 더 많다는 사실도 알아냈다.

중독자들의 출생 기록을 그 형제들의 출생 기록과 비교해본 결과, 중독자들의 경우 분만 중에 통증 완화제로 아산화질소를 사용한 예가 더 많았고 주입 기간도 더 길었다. 그리고 자궁 안에 있을 때 아산화질소에 더 오래 노출될수록 훗날 중독자가 될 가능성도 더 높아졌다.[75]

《빌리 핑거스의 사후 세계The Afterlife of Billy Fingers》에서 애니 캐건Annie Kagan은 자기 오빠가 죽은 뒤 사후 세계에서 얻은 정보를 다음과 같이 공개하고 있는데, 이것을 읽어보면 오빠의 중독 패턴들이 어떻게 생겨났는지를 미루어 짐작할 수 있다.

내가 어렸을 때 무슨 문제가 생길 때마다 달려와 도와준 사람이 엄마였지만, 엄마와의 관계는 내가 태어나던 날부터 안 좋았다. 이건 복잡미묘한 인간관계 문제이다. 단순한 동전의 한쪽 면이 아닌 것이다.

사실 엄마와 나 사이의 모든 문제는 내가 태어나기도 전부터 시작됐다. 나를 임신한 직후에, 엄마는 하혈을 하기 시작했다. 하혈이 너무 심해서 내가 자궁 안에서 자신을 죽이려 하는 거라는 생각이 들 정도였다고 한다. 그래서 엄마 마음속에서는 '얘가 날 죽이기 전에 내가 얘를 죽여야 한다'는 적대감 같은 게 싹트게 됐다.

의사들은 '침대 휴식' 처방을 내렸다. 그러니까 진정제 주사로 마음을 진정시켜 가면서 침대에 누워 푹 쉬라는 것이었다. 그 시절만 해도 사람들은 임산부에게 모르핀을 주사한다는 게 얼마나 큰일인지 몰랐다. 모르핀을 주사하면, 태아가 모르핀 맛에 길들여질 수도 있다. 그러니까 나는 자궁 안에서 이미 중독되고 있었던 것이다.[76]

흥미로운 사실은 당시 애니 캐건의 오빠는 모르핀에만 노출된 것이 아니라, 엄마가 자신의 아이에게 죽을 수도 있다는 생각을 하고 있다는 믿음도 갖게 됐다는 것이다. 그 모든 것이 분명 이후의 그의 삶에 영향을 주게 된다.

중독된 자궁

내 개인적인 자궁 속 트라우마는 중독된 자궁에 머무는 데서 비롯됐다. 1960년대에는 많은 엄마들이 그랬지만, 우리 엄마 역시 임신 기간 내내 담배를 폈다. 내가 왜 담배 연기에 유독 심한 혐오감을 갖고 있는지 그 이유를 알게 된 것은 프라하에서 한 고객과 함께 매트릭스 출생 리임프린팅 기법을 쓰던 때였다. 그때는 시내 레스토랑과 술집에서 흡연이 허용되던 때였다. 나는 한때 담배를 피웠었다. 13살 때부터 26살 때까지 담배를 피다 끊었는데, 그 이후 철저한 반(反)흡연가가 되었다. 알고 보니, 나는 담배 연기를 지독하게 싫어했다. 차량 배기가스도 너무 싫었다. 나는 프라하 시내를 돌아다니다가 담배 연기로 인해 감정적 트라우마를 겪게 됐다.

프라하의 많은 레스토랑에는 환기도 잘 안 되는 밀실이 있었고, 우리는 그런 밀실에서 식사를 하고 있었다. 어느 순간 주변 모든 사람들이 담배를 피워댔고, 나는 도주 반응을 일으켰다. "아, 여길 빠져나가야겠어요!" 난 그렇게 말하고 방 밖으로 달려 나갔다. 그리고 분주하지만 비교적 담배 연기에서 자유로운 통로의 한 장소를 찾아냈다. 거기서 나는 내 자신에게 태핑을 하는 상상을 했다. '이게 왜 이렇게 큰 영향을 주는 걸까?' 이렇게 자문해봤다. '대체 뭘 떠올리게 하길래?' 그때 자궁 안에 갇혀 있을 때의 일을 떠올리게 한다는 갑작스런 깨달음이 왔다. 당시 나는 《매트릭스 리임프린팅 : EFT의 새로운 진화》의 공저자인 사샤 알렌비 Sasha Allenby와 그 다음 주에 만나 매트릭스 출생 리임프린팅을 하기로 약속되어 있었다. 그때까지만 해도 나는 내 출생은 별 문제 없었다고 알고 있었지만, 어쨌든 둘이 만나 서로의 매트릭스 출생 리임프린팅을 도와주기로 했던 것이다. 나는 그 모든 걸 해결하는 데 1주일이면 충분할 거라는 걸 잘 알고 있어서, 별 걱정 없이 다시 저녁 모임 자리로 돌아가 참석자들과 나머지 시간을 보낼 수 있었다.

그 다음 주 드디어 사샤 알렌비를 만났을 때, 나는 그녀에게 혹 자신의 출산에 대해 아는 게 있냐고 물었으며, 그러고 나서 레스토랑에서 있었던 일을 털어놨다. 그녀는 내 질문에 이렇게 답했다. "우리 엄마는 내가 자궁 속에 있을 때 담배를 피우고 술을 마셨어요. 니코틴과 알코올에 중독된 환경이었던 거 같아요." 우리가 왜 출산 트라우마라는 주제로 서로의 문제 해결에 나서야 하는지가 분명해졌다.

1960년대와 1970년대에는 임신 중의 흡연은 비난 받을 일이 아니었고, 그래서 사샤 알렌비의 엄마와 내 엄마는 둘 다 자신이 알고 있는 지식과 지혜의 테두리 내에서 최선을 다하고 있었던 셈이다.

우리는 그날 과거로 되돌아가 중독된 우리 엄마들의 자궁을 깨끗히 청소했다. 사샤 알렌비는 내게 "당신 문제는 어디서부터 시작해야 할까요?"라고 물었고, 나는 "지난 주 프라하에 있었던 때부터 시작해야 할 거 같은데요."라고 답했다. 나는 프라하에서 내 자신을 태평하는 상상을 했을 때 너무도 빨리 기분이 괜찮아지는 걸 느꼈었는데, 사샤 알렌비와 함께 하는 이번 매트릭스 출생 리임프린팅에서 미래의 내 자신이 시간을 거슬러 올라가 나를 도와주었기 때문이다. 그 순간 나는 시간의 초월성을 절감했다. 그러니까 우리가 매트릭스 출생 리임프린팅 작업을 할 때는 과거도 미래도 따로 없고 모든 게 한 번에 존재하는 양자의 세계에서 작업을 하는 거라는 걸 절감한 것이다. 또 한 가지 흥미로운 사실은 그 작업 이후 2개월 만에 우리 어머니가 금연을 시작했다는 것이다. 그 매트릭스 출생 리임프린팅에서 나는 어머니의 담배 중독 문제 해결을 돕기 위해 영상 속에 중독 관련 전문가인 브렛 모런Brett Moran을 들여보내기도 했다.

또한 그때 나는 우리 어머니의 중독된 자궁 안을 깨끗이 청소했다. 중독된 모유에 대해서도 처리를 해야 했는데, 그건 어머니가 모유 수유 중에도 담배를 피웠고 나도 어린 시절 한때 담배를 피웠었기 때문이다. (아마 나는 니코틴이 그리웠던 것 같다.)

사샤 알렌비 역시 엄마의 중독된 자궁을 깨끗이 청소했다. 그녀의 엄마는 그녀가 태어나기 바로 전 날 밤 친구 두 명과 함께 술을 한 병 나눠 마셨다. (이는 1970년대의 북부 잉글랜드에서는 보기 드문 일이 아니었다.) 그 바람에 사샤 알렌비는 술 취한 상태로 이 세상에 왔다. 그녀가 20대에 약물과 알코올에 중독된 것은 결코 놀랄 일이 아니었다.

이건 여담인데, 사샤 알렌비가 처음 들은 말은 "아이구, 니가 해놓은 짓 좀 봐라"였다. 경험도 없는 초보 조산사가 사샤 엄마의 출산을 돕게 되었는데, 그 조산사는 그녀에게 너무 무리하게 힘을 주라고 몰아댔다. 사샤 알렌비가 태어난 뒤 자격을 갖춘 조산사가 왔다. 사샤 알렌비의 엄마는 있는 대로 다리를 벌린 상태였는데, 그 조산사는 그걸 가지고 그녀에게 뭐라고 뭐라고 해댔다. 그러나 사샤 알렌비가 처음 들은 말이 조산사의 "아이구, 니가 해놓은 짓 좀 봐라"여서 그녀는 그 말을 곧이곧대로 받아들였고, 그래서 이후 살아가면서 자신의 무질서하고 어수선한 패턴들을 극복하느라 무진 애를 써야 했다. 조산사의 말 한마디가 계속 잠재의식 속에서 메아리쳤던 것이다.

약물이 엄마에게 미치는 영향

약물의 도움을 받아 아기를 낳은 엄마들은 자신이 뭔가를 잃었다고 느끼는 경우가 많다. 출산 중의 약물 사용으로 인해 뭔가를 이루지 못한 듯한 느낌이나 뭔가를 잃은 듯한 느낌을 갖게 되는 것이다. 몸이 생각처럼 반응해주지 않기 때문에, 자신에게 뭔가 문제가 있다고 느끼기도 한다. 또한 약물을 사용하기로 한 결정이 자신의 의지와 관계없이 이루어진 경우, 자연분만 기회가 박탈됐다는 느낌 때문에 분노심을 느낄 수도 있다. 내가 함께 상담을 해본 엄마들 중에는 슬픈 감정을 표하는 엄마들이 많았다. 아마 자신이 계획했던 자연분만 경험이 무산된 데 대한 슬픔일 것이다. 앞서 살펴본 바와 같이, 출산 중에 의식이 없었던 엄마들은 초기 유대감 형성 기회를 놓치게 되고, 아기는 엄마로부터 버림받았다는 느낌을 갖게 될 수 있다. 유대감을 형성해야 할 더없이 중요한 시기에 엄마가 의식이 없기 때문이다.

유도와 촉진

유도는 자궁수축 호르몬인 옥시토신을 약물 형태로 만든 피토신을 이용해 분만이 시작되게 하는 과정이다. 동시에 양수를 터뜨리기 위해 인위적으로 양막낭을 파열시킨다. 촉진은 이미 시작된 분만 속도를 높이기 위해 약물을 사용하는 것이다.

다음 정보는 윌리엄 에머슨 박사의 논문 〈출산 트라우마: 산과학 개입의 심리학적 영향들〉에서 발췌한 것이다.

1994년 연구가 셰인리Shanley에 따르면, 미국 병원에서 태어나는 모든 신생아의 20~40퍼센트는 피토신 같은 약물을 사용해 태어났다고 한다. 약물의 영

향 하에서 태어나는 아기의 비율이 그렇게 높은 것이다.[77]

유도와 촉진은 쇼크를 유발하며 뭔가에 침입 당했다는 느낌을 주고 유대감 형성에도 장애가 된다. 그리고 또 앞서 언급한 대로 훗날 약물 중독으로 발전될 가능성도 많다.[78]

인위적 양막낭 파열의 눈에 띄는 부작용들 가운데 하나는 자기 자신의 경계를 정하지 못하거나 다른 사람들의 경계를 더 중시하는 '경계 문제'이다.

유도와 촉진은 아이나 어른에게 '구원자 문제'를 던져줄 수도 있다. 그러니까 뭔가를 시작했다가 일이 어려워지면 무작정 구원자를 기다리거나 반대로 누군가 구원자로 나서려 하면 화를 내는 것이다.[79]

'자존감 문제' 역시 흔히 볼 수 있는 문제이다. 그러니까 자신은 혼자선 아무것도 못 한다고 느끼는 것이다. 유도와 촉진은 분노와 자제력 상실을 야기하기도 한다. 말을 아주 빨리 하거나 상황에 대한 통제권을 되찾기 위해 뭔가 비이성적인 행동을 하는 것이다. 자신조차 어찌 시작해야 좋을지 몰라 다른 사람의 개입이 필요한 그런 메시지를 내놓는 사람들도 있다. 스스로 삶을 어찌 살아야 할지 모른다고 생각해, 늘 다른 사람들이 대신 결정해주기를 바라기도 한다.[80]

이런 식의 출산 과정들을 통해 태어날 경우, 몸속을 순환하는 아드레날린 수치가 높아진다. 그렇게 되면 시상하부-뇌하수체-부신 축HPA axis에 문제가 생길 가능성이 더 높아지며, 스트레스 및 공격, 위험 등과 관련된 감정이 더 커진다.

리 앤 - 트라우마를 안겨준 제왕절개 경험을 바꾸기

리 앤Lee Ann은 첫 아이를 낳을 때 트라우마를 겪었다. 그러나 둘째 아이를 낳을 때는 달랐다.

둘째 아이를 임신한 리 앤은 분만 예정일을 2주 앞두고 나와 함께 매트릭스 출생 리임프린팅을 하기 시작했다. 처음 그녀가 나를 찾아온 것은 그녀와 그녀 남편이 둘째 아이를 낳는 것에 대해 큰 두려움을 갖고 있었기 때문이었다. 첫째 아이를 낳을 때 워낙 큰 트라우마를 겪었던 것이다. 그녀는 이번에는 꼭 자연분만을 하고 싶어 했다. 그래서 그녀는 차근차근 자연분만에 대한 교육도 받았고 '제왕절개 후 질 분만vBAC' 경험이 많은 산부인과 의사도 찾아냈다. 그 밖에 분만 과정 중에 자신을 도와줄 출산도우미도 고용했다. 그럼에도 불구하고 그녀는 여전히 출산 과정 그 자체에 대한 두려움을 갖고 있었다.

리 앤은 내게 자신의 첫 출산 이야기를 들려주었다. 피토신을 이용한 유도 분만이 이루어졌다. 경막외 마취를 했지만 별 효과가 없어 골반 마취가 되지 않았고, 그래서 그녀는 여전히 모든 수축 통증을 그대로 느껴야 했다. 그래서 급히 제왕절개 수술로 넘어갔는데, 그녀는 개복한 상태에서도 의료진의 시술 행위를 그대로 다 느낄 수 있었다.

처음 두 차례의 매트릭스 출생 리임프린팅에서 우리는 제왕절개 수술까지 이르게 한 모든 트라우마를 제거했다. 유도 분만, 경막외 마취, 무력감 및 통제력 상실 느낌 그리고 아무도 자기 말에 귀 기울여주지 않는다는 느낌 등을 전부 제거한 것이다.

인터넷 전화 스카이프를 통한 세 번째 매트릭스 출생 리임프린팅에서 예기치 못한 반전이 있었다. "무슨 일이 있었는지 짐작도 안 되실 거예요. 양수가 터지고 점액 플러그가 빠져나왔어요. 자궁수축이 시작되는 게 느껴져요. 지난번에는 유도 분만을 하는 바람에 이런 걸 전혀 못 느꼈는데… 너무 기뻐요."

"잘됐네요. 그럼 곧 아기를 낳게 되겠군요. 이제 정말 제왕절개의 트라우마를 제거해야겠어요. 그리고 시간이 된다면, 미래의 리임프린팅 작업도 하고요."

세 번째 매트릭스 출생 리임프린팅에서 우리는 리 앤을 도와 힘을 되찾게 해주었다. 개복 수술의 쇼크도 제거했다. 그녀는 자신이 마취제 사용에 완전히 동의하기 전까지 아기를 위해 얼마나 단호하게 반대했었는가 하는 기억을 떠올렸다. 그때 아기 우는 소리가 들렸고 마취 전문의 말도 들렸다. "심박동 정지가 오려 합니다. 마취를 해야겠어요." 그게 그녀가 들은 마지막 말이었다. 우리는 모든 고통과 쇼크와 두려움을 제거하기 위해 그녀의 에코를 태평했다. 매트릭스 영상 속에 있는 그녀의 아기 라일라Lyla도 태평을 해, 이제는 안전하며 그간 갖고 있던 두려움도 다 사라졌다고 느끼게 해주었다.

우리는 리 앤의 남편 조엘Joel에 대해서도 대신(그러니까 그가 없는 상황에서 대신) 매트릭스 출생 리임프린팅을 했다. 나는 원래 그 다음 날 조엘과 함께할 예정이었으나 사정이 생겨 그게 불가능해졌고, 그래서 우리는 대신 리 앤과 함께하는 매트릭스 출생 리임프린팅에 조엘을 포함시키기로 했다. 우리는 조엘이 아내의 그 모든 고통을 지켜보면서 받은 충격을 제거해주었다. 아내가 수술을 받게 되면서 겪은 두려움도 제거해주었다. 그의 경우, 아내와 아내 뱃속에 있는 라일라를 모두 잃게 될지도 모른다는 두려

움이 특히 컸다. (조엘에 대한 정식 매트릭스 출생 리임프린팅에 대해서는 18장 참조)

리 앤의 경우 가장 후회스런 일들 중 하나는 라일라가 태어나고 처음 두 시간 동안 자신이 무의식 상태에 있었다는 것이었다. 두 시간 동안 라일라가 아빠 품에 안겨 있긴 했었지만, 그래도 그녀 입장에서는 뭔가를 잃은 듯한 느낌이었다. 분만을 코앞에 두고 있어 우리는 우선 제왕절개의 트라우마를 제거했으며, 그 뒤엔 보통 자연분만 과정을 밟아보게 해주지만 시간이 없어 그러진 못했다. 대신 그녀로 하여금 라일라와 유대감을 형성하게 한 뒤 그 영상을 리임프린팅했다.

리 앤의 둘째 아이 미아Mia가 곧 나올 참이었기 때문에, 우리는 그녀와 함께 미래의 매트릭스 출생 리임프린팅을 했다. 리 앤은 아기와 연결됐고 나는 그녀를 도와 미아에게 자연분만이 어떻게 진행되는지를 알려주었다. 나는 또 리 앤으로 하여금 자신이 분만하는 걸 직접 보게 했고 힘을 얻기 위한 색을 고르게 했다. 그녀는 노란색을 골랐다. 우리는 리 앤이 미아와 유대감을 형성한 영상을 리임프린팅했다.

우리가 미리 리임프린팅한 대로, 이후 리 앤은 실제로 미아를 자연분만했고 교과서적인 유대감 형성 과정도 거쳤다. 나중에 그녀는 자신이 미래의 출생 리임프린팅 그림을 마음속에 깊이 새겨넣었고, 또 매트릭스 출생 리임프린팅에서 얻은 에너지와 감정과 색 덕에 분만 기간 내내 강한 의지를 갖고 정신을 집중할 수 있었다고 말했다.

우리는 이제까지 약물 유도에 의한 출산의 후유증들에 대해 살펴보았다. 다음 장에서는 기구를 이용한 분만이 엄마와 아기에게 미치는 영향들에 대해 살펴보겠다.

11장

기구
분만

늘 이것을 명심해야 한다. 우리들의 몸들이 정말 제대로 잘 기능해 주어야지, 안 그랬
다간 정말 지구상에 남아 있는 인간이 몇 안 될 것이다. - 이나 메이 가스킨

　앞 장에서 우리는 약물이 출산에 미치는 영향들에 대해 살펴보았다. 그러나 우리의 믿음 체계와 자아감에 영향을 주는 것이 비단 약물만은 아니다. 기구 분만 역시 아기에게 지대한 영향을 미친다. 대표적인 기구 분만으로는 제왕절개와 겸자 분만, 흡입 분만 등을 꼽을 수 있다.

　내가 아는 한 이런 기구 분만 방법으로 태어났든 그렇지 않든, 대부분의 사람들은 기구 분만 얘기가 나오면 절로 몸을 움찔한다. 이런 분만에 뭔가 문제가 있다는 걸 거의 본능적으로 알고 있는 것이다. 어떤 경우에는 기구 분만이 생명을 구하는 데 필요하기도 하지만, 필요하지도 않은 상황에서 그런 분만 방식이 사용되는 경우도 많은데, 이는 서구 출산 패러다임의 가장 큰 비극들 가운데 하나이다. 때론 기구 분만을 하는 임상

학적 방식 자체가 또 다른 출산 트라우마를 안기기도 한다.

분만 과정에서 쓰이는 기구들은 우리가 이 세상에 오는 방식에 지대한 영향을 미칠 수 있는데, 이 장에서는 그것이 우리의 믿음 체계와 자아감에 미치는 영향에 대해 살펴볼 것이다.

제왕절개

가장 큰 트라우마를 안겨주는 기구 분만 방법들 중 하나는 아마 제왕절개일 것이다. 제왕절개는 살아가면서 되풀이해 재연되는 각종 문제들을 안겨준다.

제왕절개로 태어난 사람들은 예를 들어 첫 등교나 첫 월경 같은 통과의례들을 무심코 지나치게 될까 두려워하는 경우가 많다.

그들은 또 주어진 일에서 옆길로 새거나 딴 데 신경 쓰는 경우가 많고 마무리도 않고 일을 끝내는 경우도 많다. 늘 어떤 일을 제대로 마치지 못하는 사람이거거나, 아니면 새벽 4시까지 깨어 있으면서 일이 끝나야 비로소 잠자리에 드는 사람일 수도 있다. 이는 그들이 잠재의식적으로 늘 태어나는 일을 마무리 지으려 하기 때문이다.

또한 제왕절개로 태어난 사람들은 조그만 소동에도 패닉 상태에 빠지고 일이 복잡해지면 미치려 하는 경향이 있다. 늘 애정에 목말라 하고 많은 사랑과 포옹을 필요로 하기도 한다. 그리고 뭔가 궁핍해 보이는 아이로 자랄 가능성이 높다.[81]

내가 '의식 있는 육아 프로젝트'의 레베카 톰슨Rebecca Thompson과 가진 인터뷰에서, 그녀는 제왕절개 출산이 이후 그 사람의 일에 어떤 식으로 영향을 미치는지에 대해 이렇게 말했다.

"우리 엄마는 집에서 출산을 하고 싶었지만, 여의치 않아 결국 병원에서 출산하게 됐어요. 그리고 결국 새벽 한 시 반에 병원 측에선 제왕절개를 하기로 결정했죠." 레베카 톰슨이 내게 한 말이다.

그녀는 인터뷰 전에 '유대감 및 애착 형성 및 증진 BEBA'의 설립자인 레이 카스텔리노 Ray Castellino와 얘기를 나눴는데, 그때 레베카 톰슨이 그에게 이렇게 물었다고 한다. "아시다시피 저는 제왕절개로 태어났는데요. 그게 지금의 나와 무슨 관계가 있을까요?"

질문에 그는 이렇게 답했다. "이 세상에 어떤 식으로 나오느냐가 문제인데요. 자연분만으로 태어난 경우, 장기적인 발전이 있고 아기는 활발히 세상과 교감합니다. 제왕절개로 태어난 경우, 안에 있다가 바로 밖으로 나오게 되고, 그래서 뭐든 빨리빨리 처리하는 사람이 되죠."

레베카 톰슨에 따르면, 정보를 빨리빨리 처리하는 이런 능력은 변화가 필요한 시기에도 그대도 발휘된다고 한다. "제 경우 변화에 필요한 시간이 아주 짧습니다. 예를 들어 의사한테 글루텐이 함유되지 않는 음식들을 먹어야 한다는 말을 듣는다면, 오후 2시에 필요한 모든 정보를 수집하고, 오후 4시가 되면 본격적인 글루텐 무함유 식사를 시작하는 거예요."

제왕절개는 레베카 톰슨의 삶 곳곳에서 그 영향력을 발휘한다. 그녀는 이렇게 말했다.

"내가 나 자신에 대해 잘 알고 있는 사실들 중 하나는, 이를테면 인터뷰를 하게 될 경우, 처음과 끝에 말할 내용 전부와 중간중간에 말할 중요한 내용들을 미리 다 적어놔야 한다는 것입니다. 뭔가 처음과 끝을 적어놓지 않을 경우 엉망진창이 돼 버려요. 레이 카스텔리노는 그게 내 출생 경험을 반영하는 것이라 하더군요. 제왕절개를 앞둔 의사들이 그렇거든요. 처음과 끝에 해야 할 일들을 정확히 알아야 하죠. 그게 내 기억

속에 임프린트됐다는 거예요. 제왕절개가 삶의 여러 측면에 반영된다는
게 참 흥미롭죠."

레베카 톰슨의 말대로, 제왕절개는 아기에게 몇 가지 긍정적인 영향
도 주지만 다음과 같은 많은 문제들을 안겨줄 수도 있다.

- 밤에 깨기
- 심한 울음
- 트라우마성 울음
- 수유의 어려움
- 소화 문제(산도를 따라 내려오면서 필요한 장내 세균을 받아들이지 못함)
- 배앓이(음식을 소화하지 못함)
- 안는 걸 싫어함
- 유대감 형성의 문제[82]

줄리아와 라다 – 선택에 의한 제왕절개 출산 경험

싱글맘인 줄리아Julia는 그녀의 아기 라다Radha가 생후 11주 됐을 때 나
를 찾았다. 그녀는 라다에게 모유 수유를 하는 데 어려움이 있었다. 라다
는 투정을 부리고 잠을 자려 하지 않으며 배앓이도 했다. 줄리아와 라다는
여러 주 동안 동종 요법을 받아 효과를 좀 봤지만, 여전히 아직 해결 안 된
문제가 있는 듯했다.

줄리아는 과거에 낙마 사고로 골반 여러 곳이 부러지고 좌골 신경이 손

상된 적이 있었다. 그런데 병원 측에선 다친 부위들을 정확히 찾아내지 못한 채 그녀를 집으로 돌려보냈다. 16주 후에 다친 부위들을 찾아냈지만, 그때 그녀의 병세는 이미 복합 부위 통증 증후군CRPS, Complex Regional Pain Syndrome으로 발전되어 있었다.

그 때문에 자기 인생이 끝났다고 생각한 그녀는 이 문제와 관련해 아직도 많은 분노와 슬픔을 갖고 있었고, 뒤늦게 자신들의 실수를 깨닫게 된 병원 의사들의 반응에도 분노하고 있었다.

우리가 그녀의 임신에 대한 얘기를 나눴을 때, 줄리아는 라다를 임신한 것은 계획된 것이었으며 자신은 그 아이를 원했었다고 했다. 그러나 그녀는 자신의 복합 부위 통증 증후군 때문에 뱃속의 아기가 입게 될 후유증 생각에 임신 내내 후회와 분노와 불안을 느꼈다. 그녀는 통증이 더 이상 참기 힘들어지자 2주 동안 아주 강한 진통제들을 복용해야 했다. 게다가 라다의 아빠가 될 남자와의 관계도 복잡해, 그녀의 가족과 몇몇 친구들은 그녀가 임신을 하고 싱글 맘이 되는 것에 반대했다.

낙마 사고로 인한 부상 때문에 줄리아는 제왕절개로 아이를 낳기로 했다. 자신의 골반이 자연분만 과정을 견뎌줄 만큼 튼튼하지 못하다고 생각한 것이다. 그러나 의사들은 그녀가 자연분만을 시도해보는 게 좋을 거 같다고 했다. 그 말에 그녀는 큰 두려움에 휩싸였다. 결국 의사들은 제왕절개를 한다는 데 동의했고, 줄리아는 병원 출산 예정일보다 1주일 앞서 제왕절개 수술을 받기로 예약을 했다. 결국 라다가 예정일보다 일찍 태어나게 되면서, 줄리아는 이 또한 걱정이 됐다.

제왕절개 수술에 들어간 의사들은 줄리아의 척추 안에 경막외 마취제를 주입하는 데 애를 먹었다. 물론 낙마로 인해 생긴 부상 때문이었다. 마취제를 주입하는 데 45분이 넘게 걸렸고, 이는 줄리아뿐 아니라 당시 보호자 역할을 해준 그녀의 친구에게도 많은 쇼크를 안겨주었다. 그러나 이것이 출산 과정에서 생겨난 유일한 트라우마였고, 그 나머지 과정은 계획대로 진행되어 몇 분도 안 걸려 다 끝났다. 라다는 출산 후 곧 줄리아의 가슴 위에 올려졌고 한 시간도 안 돼 엄마 젖을 빨기 시작했다.

그러나 라다는 밤새 계속 울어댔고, 간호사들은 줄리아가 눈을 붙일 수 있게 그 애를 딴 데로 데려갔다. 퇴원 후 집에 돌아오자, 라다는 엄마가 자신을 가슴에 꼭 안아줄 때까지 울음을 그치지 않았다. 결국 라다의 혀가 제대로 돌지 않아(드물게 짧고 두툼한 점막 때문에 혀 아래쪽이 입 아래에 들러붙는 경우가 있음) 모유 수유를 할 수 없다는 게 밝혀졌고, 그래서 생후 3주 되던 날 들러붙은 혀를 떼는 조치가 취해졌다. 그러자 조금 도움이 됐지만, 라다는 여전히 잠자리에 들기 전엔 투정을 부렸고 아침에 깨어나서도 투정을 부렸다.

매트릭스 출생 리임프린팅을 시작하자 줄리아에겐 아픔과 슬픔이 많았는데, 그게 다 그녀의 자궁 안에 들어 있었다. 그래서 먼저 줄리아 자신의 출생 경험으로 되돌아가 그걸 제거했다.

다시 되돌아와서 봐도 줄리아의 자궁 안에는 여전히 슬픔이 좀 남아 있었고, 그래서 우리는 제왕절개와 연관이 있는 출산 당시로 되돌아갔다. 그 당시의 줄리아 자신이 들어야 할 조언은 "이제 모든 게 괜찮아질 거야" "제왕절개를 하기로 한 결정 때문에 아기에게 해는 없을 거야"라는 것이었다.

그런 다음 우리는 제왕절개 직후의 순간으로 갔는데, 라다의 에코가 있는 힘껏 소리를 지르는데 아무도 아는 척을 하지 않아 무척 화가 나 있었다. 라다는 "엄마가 없어서 화가 나고 추워"라고 말했다. 당시 방안에 있던 외과의들은 전부 마스크를 쓰고 있었고, 그런 모습이 라다에게 두려움을 안겨주었다. 그 애는 이렇게 말했다. "이 사람들은 다 누구야? 우리 엄마는 어디 있어? 내가 바랐던 건 이런 게 아냐. 난 아직 나올 준비도 안 됐다고."

우리는 라다의 위 속에 쇼크가 있는 걸 알게 됐고, 그래서 태핑을 해 그걸 제거했다. 그리고 이제 안전하다고 안심시켰다. 그러자 라다의 위 속에 있던 에너지도 곧 사라졌다.

그런 다음 우리는 줄리아의 자궁 안에 있는 에너지를 체크해보았다. 슬픔은 다 제거되어 있었었고, 그녀가 갖고 있는 사진 속에서 외과의들의 손에 들려 있는 라다는 울거나 칭얼대는 대신 활짝 웃고 있었다. 우리는 라다에게 만일 그런 식으로 태어나는 게 행복하고 또 직접 다른 방식으로 태어나는 걸 선택할 수 있다면, 전통적인 방식으로 태어나고 싶으냐고 물었다. 라다는 지금도 행복하며 그냥 엄마와 함께 있고 싶다고 했고, 그래서 우리는 그 애를 줄리아의 가슴에 올려 꼭 안게 해주었다. 그 애는 행복하게 모유 수유를 하며 엄마와의 유대감을 즐겼다. 이 영상에서는 창문 너머로 태양이 빛나고 모든 게 산뜻하게 느껴졌다. 우리는 줄리아의 몸도 체크해봤는데, 튼튼하고 건강했다. 우리는 그 영상을 리임프린팅했다.

그러고 나서 1주일 뒤 줄리아에게 연락해 경과가 어떤지 물었다. 그녀가 내게 말해준 경과는 이랬다.

예전에 심했던 라다의 칭얼댐이 10/10(10점 만점에 10점)에서 3/10으로 줄었다.

잠을 안 자려 하던 것이 10/10에서 3/10으로 줄었다.

배앓이가 완전히 사라졌다.

밤에 잘 자지 않던 것이 10/10에서 0/10으로 줄었다.

줄리아의 복합 부위 통증 증후군에 차도가 생겨, 등과 골반의 만성 통증이 엉치뼈 부분은 6/10에서 3/10으로, 골반 부분은 1/10으로 줄었다.

이전과 비교해 출산에 대한 느낌이 어떠냐는 내 질문에 줄리아는 이렇게 답했다. "기억을 떠올려보면 확실히 아주 평화로운 느낌이 들어요. 물론 이게 맞는 기억이라고 합리화시킬 순 없지만, 어쨌든 기분이 좋아요. 라다가 칭얼대도 그대로 받아들여, 이젠 그런 게 훗날 그 애의 삶에 영향을 주지 않을까 하는 걱정은 하지 않아요."

제왕절개는 '구원자 문제'를 야기하기도 한다. 만일 아기에게 어려움에 처할 때마다 누군가 와서 구원해줄 거라는 메시지를 줄 경우, 그 아기는 이후 계속 누군가 와서 구원해주길 기다릴 수도 있고, 심한 경우 구원받는 것에 집착할 수도 있다. 다른 한편으로는 구원받는 것과 관련된 문제를 가질 수도 있다. 그러니까 누군가 자신의 삶에 끼어든다고 느낄 때 화를 낼 수도 있는 것이다. 이럴 경우, 매사 혼자서는 할 수 없다는 믿음이 생기면서 열등감으로 발전될 수도 있다. 엄마가 자신을 낳느라 수술까지 받아야 했다는 사실 때문에 죄책감을 갖게 될 수도 있다. 제왕절개로 태어난 아기는 자라면서 자존감도 떨어지고 일 처리 문제(일을 마무리 짓지 못하는 등)를 갖게 될 수도 있다. 그리고 또 앞서 말했듯, 의사들이 자기 자신의 개인적인 경계를 존중해주지 않았기 때문에, 훗날 자신의 경계를 정하지 못하거나 다른 사람들의 경계를 더 중시하는 '경계 문제'를 겪게 될 수도 있다.[83]

아이들은 자신의 출산 과정을 기억한다

어린 아이들도 종종 이전 경험들을 기억하며, 그 경험들에 대해 물어볼 경우 기억을 떠올려 설명하는 경우가 있다. 자궁 속이 어땠는지 출산 경험이 어땠는지에 대해 비교적 자세히 얘기하는 것이다. 레슬리Lesley는 자기 아들 줄리안Julian이 출산에 대해 기억나는 대로 말한 걸 내게 들려줬는데, 그 애는 자궁 밖으로 나오기 위해 도움이 필요하다는 걸 분명히 알고 있었다.

줄리안 - 자신의 출산을 기억하다

줄리안을 낳을 때 레슬리는 특히 등 쪽에 많은 통증을 느꼈다. 그래서 그녀는 자신의 산고를 등꼴 빠지는 일로 표현했다. 분만이 제대로 진행되지 않아 경막외 마취를 받아야 했는데, 불행히도 병원 측에서 마취제를 과다 사용하는 바람에 목 아래 몸 전체가 마비됐다. 그녀는 팔을 움직일 수 없는 건 물론, 숨조차 제대로 쉴 수 없었고, 패닉 상태에 빠졌다. 결국 그녀는 제왕절개 수술을 받아야 했다. 다음은 그녀가 줄리안의 세 번째 생일 파티 준비를 하는 동안 그 아이가 들려준 이야기이다.

"너 혹시 태어날 때의 일 기억나니, 줄리안?" 레슬리가 줄리안에게 물었다. 줄리안은 잠시 침묵을 지키더니 "응." 그랬다. 그리고 잠시 멈춘 뒤 말을 이었다. "나오려고 애썼는데 너무 좁아서 되돌아가 기다렸던 거 같아. 그러다가 다시 가다 사다리를 봤는데… 그 사다리를 올라갔더니 거기 불빛이 보였어. 그리고 엄마 등이 부러진 데가 더 이상 없었어." 이 얘기는 레슬리가 분만 중에 겪었다는 허리 통증 이야기와 일치했다.

그런 다음 줄리안은 이런 말도 했다. "엄마가 날 데려가지 않아 너무 슬펐던 게 기억나." 그래서 그녀는 의사들이 약을 너무 많이 먹여 움직일 수가 없었다고 설명해주었다. 실제로 그녀는 약 때문에 패닉 상태에 빠져 줄리안을 안을 수도 없었다.

그러자 줄리안은 그래서 자신은 기다렸다가 다시 가 사다리를 올라 스스로 빠져나왔다는 말을 되풀이했다. 스스로 이 세상에 나오기로 마음먹고 그 방법을 찾아냈다는 아들의 얘기를 듣는 순간 레슬리의 마음속에 있던 분노가 깔끔히 치유됐다. 제왕절개를 한 게 별 문제가 없었던 것이다. 우리는 후에 매트릭스 출생 리임프린팅을 해, 레슬리에게 자연분만을 체험할 수 있게 해주었다.

겸자 분만과 흡입 분만

겸자 분만과 흡입 분만이 엄마와 아기에게 미치는 영향은 앞 장에서 살펴본 유도와 촉진의 경우와 비슷하다. 흡입 분만의 영향은 겸자 분만의 경우와 동일하므로, 이 장에서는 주로 겸자 분만에 대해서만 집중 조명하기로 하겠다.

이런 종류의 기구 분만으로 태어난 아기는 유대감 형성에 어려움을 겪고 신뢰감을 상실할 수 있으며, 특히 마취제를 사용할 경우 인간관계가 고통스럽다는 믿음이 생겨날 수도 있다. 그리고 다음과 같은 문제들을 야기할 수도 있다.

- 쇼크
- 두려움
- 고통
- 침범 당했거나 폭력을 당했다는 느낌
- 냉담함
- 능욕과 학대를 당했다는 느낌
- 통제력 상실

겸자 분만과 흡입 분만으로 태어난 사람들은 누가 만지거나 안거나 잡을 때 방어적인 반응을 보이기도 한다.[84]

제프 – 겸자 분만, 테드 윌먼트의 글

나는 근육통성 뇌척수염myalgic encephalomyelitis을 앓고 있던 고객 제프Jeff와 함께 일한 적이 있다. 그는 늘 머릿속에 아주 심각한 압박감을 느끼고 있었다. 근육통 뇌수막염 환자가 그런 압박감을 느끼는 건 흔한 일이었지만, 나는 왠지 뭔가 다른 원인 때문일 수도 있다는 생각이 들었다. 그래서 그에게 물었다. "혹시 겸자 분만으로 태어나지 않았나요?"

"오, 그걸 어찌 아셨죠?" 그는 놀라며 물었다.

제프는 아주 심한 출생 전 트라우마를 겪었다. 그의 엄마가 비행기를 타고 가다 비상 착륙을 해야 하는 상황을 맞았다. 매우 흥미로웠던 점은 제프의 몸의 크기에 비해 머리가 크다는 것과, 그가 태어났을 때 머리가 상당히 붉은 색을 띠었다는 것이다. 그는 내게 작은 방울이 달린 빨간색 털실 모자를 쓰고 있던 어린 시절 자기 사진을 한 장 보여줬다. 마치 제프의 세상에 있는 모든 것이 부풀어 오른 빨간색 머리를 가지고 있다는 생각을 강화시키고 있는 듯했다.

우리는 그런 출산 전 트라우마를 제거하는 작업을 했다. 제프의 경우, 비상 착륙한 비행기에 대한 기억 주변에 빨간 안개가 잔뜩 끼어 있었다. 우리는 겸자 분만에 대해 매트릭스 출생 리임프린팅 기법을 써서 빨간색을 없앴다. 그의 잠재의식 속에서 빨간색은 그가 겪은 염증과 연결되어 있는 듯했고, 그래서 우리가 함께 그 빨간색을 없애자 머릿속 압박감 역시 사라지기 시작했다.

사라와 사이먼 - 만지는 건 너무 고통스러워

나는 14살 난 소년 사이먼Simon의 엄마인 사라Sarah를 상담했다. 사이먼은 태어난 이후 늘 자기 부모들이 만지거나 안는 걸 싫어했다. 출산 당시에는 몰랐지만, 알고 보니 사이먼은 쇄골이 부서져 태어날 때 겪은 겸자 분만의 고통 외에 그 고통까지 겪고 있었다. 수유를 하려고 안을 때마다 사이먼은 비명을 질러댔고, 사라는 병 우유를 수유하기 위해 사이먼을 의자 안에 쿠션 같은 걸 받혀 바로 앉혀야 했다. 의사들은 그렇게 3개월이 지난 뒤에야 사이먼의 쇄골이 부서졌다는 걸 발견했다. 그러나 그때쯤 사이먼은 이미 누군가 자신을 만진다는 건 너무 고통스런 일이라 결론 내렸고 그래서 누군가 자신을 안는 걸 거부하고 있었다.

사라와 나는 매트릭스 출생 리임프린팅을 사용해 사이먼이 태어나던 때로 돌아갔다. 거기에서 사라는 사이먼에게 그렇게 큰 고통을 겪고 있는지 몰랐다며 사과를 했다. 우리는 태평을 해 사이먼의 고통과 이해받지 못해 입은 좌절감을 치유해주었다. 그런 다음 다시 건강한 출산과 엄마와의 유대감 형성을 경험할 수 있게 해주었고, 행복하게 엄마 젖을 먹는 기억을 리임프린팅해주었다.

매트릭스 출생 리임프린팅을 한 날 저녁에, 사라가 설거지를 하고 있는데 사이먼이 한 친구를 데리고 주방 안으로 들어왔다. 그리고 이렇게 말했다. "엄마, 축구를 하다 등을 다쳤는데, 좀 만져줄 수 있어?" 사라가 그렇게 해주자, 사이먼은 고맙다면서 그녀를 꼭 안아주었다. 평소의 사이먼 같으면 상상도 할 수 없던 행동으로, 사실 그 애가 먼저 다가가 엄마를 안은 것은 그게 태어나서 처음이었다.

커다란 집게 같은 겸자로 아기의 머리를 집어 잡아당기는 겸자 분만은 아기에게 끔찍하고 고통스런 경험이다. 그렇게 태어난 아기는 자라서 아주 화를 잘 내고 위축되고 불안해하고 우울한 아이가 되기 쉬우며 주의력결핍증ADD이나 주의력결핍 과잉행동장애ADHD에 걸릴 가능성도 높다.[85]

겸자 분만과 수렁에 빠진 기분

앞서 강조했듯, 겸자 분만으로 태어난 아기들은 살면서 이런저런 스트레스를 받거나 다른 누군가의 통제 아래 놓이는 경우가 많다. 뭔가를 하려 들면, 왠지 꼼짝달싹 못하거나 제지당하는 느낌을 받는 경우도 많다.[86] 예를 들어 새로운 경력을 시작해 거기에서 두각을 드러내려 해도 왜인지 꼼짝달싹 못하거나 제지당하는 듯한 느낌을 갖게 되거나 심한 경우 패닉 상태에 빠지기도 하는 것이다. 이는 겸자 분만으로 태어난 많은 사람들이 겪는 일이다. 대개의 경우 우리는 이런 두려움을 출산 당시의 트라우마와 연결 짓지 못한다. 게다가 때론 뭔가 정말 즐거운 일이 고통으로 변할지도 모른다는 두려움도 느낀다.[87]

보다 극단적인 경우, 아이나 어른이 되어서도 누가 몸에 손을 대면 기겁을 하며, 두통 같은 심한 육체적 증상들을 보이기도 한다. 나는 겸자 분만으로 인해 두통을 앓는 많은 사람들과 함께 상담을 해봤다. 한 번은 한 고객이 무심코 자기 아들이 툭하면 심한 두통에 시달린다는 말을 했다. 그러고 나서 이런저런 얘기 끝에 그 고객이 겸자 분만이라는 단어를 언급했는데, 그 순간 바로 그것이 두통의 원인일 수도 있겠다는 생각을 했다. 그 고객은 EFT와 매트릭스 리임프린팅 전문가였고, 그래서 며칠 후 학교에서 돌아온 자기 아들이 두통을 호소할 때 아들과 함께 매트릭스 출생 리임프린팅을 했다. 그러자 거짓말처럼 두통이 사라졌고 (내가 아는 한) 다시는 재발하지 않았다.

또 한 번은 남아프리카공화국에서 매트릭스 리임프린팅과 매트릭스 출생 리임프린팅을 가르치고 있을 때였는데, 훈련을 시작한 지 며칠 후에 코스 참석자들 가운데 한 사람이 이런 말을 했다. "선생님, 오늘은 좀 봐주셔야 할 거 같습니다. 제가 여기 이렇게 앉아 있긴 하지만, 잠깐씩

졸기도 하고 약간 멍한 것처럼 보이기도 할 텐데요. 그건 제가 지루하거나 피곤해서가 아니라, 두통이 심해서 독한 진통제를 몇 알 복용했기 때문입니다."

그래서 그에게 출산 과정과 관련된 질문을 던졌다. "혹 겸자 분만으로 태어나시지 않았나요?"

"맞습니다." 그가 답했다.

우리는 같이 매트릭스 출생 리임프린팅 시간을 가졌다. 그는 유머 감각이 뛰어난 사람이었고, 그래서 자궁 속에 있는 그 자신의 에코에 대한 리임프린팅을 할 때 그 에코는 챙이 달린 미식축구 헬멧을 쓴 채 세상에 나오고 싶다고 했다. 그 어린 에코는 또 자궁 안에서 꼼짝달싹 못하게 되지 않게 손에 쥘 수 있는 뭔가를 달라고도 했다. 그래서 우리는 통로를 넓혀주고 또 그 아기 에코가 원하는 대로 마술 지팡이도 주었다.

그런 다음 나는 그 에코에게 지시했다. "준비가 되면 나와." 내 말이 끝나기 무섭게 그 애는 마치 워터 파크에서 미끄럼틀을 타듯 그대로 튀어나왔다. 그게 너무 재미있어 나는 이렇게 말했다. "돌아가서 한 번 더 해볼래?" 그는 헬멧을 벗고 마술 지팡이를 내려놓을 준비가 될 때까지 여러 차례 다시 태어났다. 그의 두통은 한 달간 사라졌는데(예전에는 그런 경우란 아주 드물었다), 이번에는 그 두통이 다시 돌아왔다. 우리가 미처 발견하지 못한 다른 측면이 있었는지도 모르겠다. 그러나 다시는 그와 매트릭스 출생 리임프린팅을 해볼 기회가 없어 그 이상은 더 알아볼 수가 없었다.

이런 일의 경우 모든 것이 단 한 차례의 매트릭스 출생 리임프린팅으로 해결되는 건 아니라는 걸 잊지 말라. 첫 번째 세션에서 발견되지 않는 양상들을 찾아내기 위해 더 깊은 탐구를 해야 할 경우도 종종 있기 때문이다.

두개천골 요법 – 겸자 분만 해독제

나는 겸자 분만이나 흡입 분만으로 아기를 낳은 부모들에게 늘 아이를 데리고 가서 두개천골Craniosacral 요법을 받아보라고 권한다. 이 두개천골 요법은 출산 후 최대한 빨리 받는 게 좋다. (사실 어떤 출산 방법으로 아기를 낳았든, 출산 후에는 대개 두개천골 요법을 받아보라고 권한다.)

이 두개천골 요법에서 전문가들은 뇌 안에서 순환하다가 척추를 타고 내려오는 뇌척수액의 순환에 대해 작업을 한다. 그들은 또 두개골 뼈들을 조정해 제 위치로 돌려놓는 일을 도와주기도 한다. 신생아의 두개골 뼈들은 출생 후 움직일 수 있는 판들처럼 연결 세포들에 의해 연결되어 있다가 6주 정도 후에 고정된다. 아기의 머리가 산도를 따라 보다 쉽게 빠져나오려면, 신생아의 두개골 뼈들이 보다 유연한 상태로 움직일 수 있어야 하는 것이다. 출생 후 최대한 빨리 두개천골 요법을 받으라는 것은 바로 이 때문이다. 겸자 분만이나 흡입 분만으로 태어난 아기들은 머리가 마치 공상과학영화에 나오는 화성인 같아 보인다. 그런 아기들의 머리는 확대되어 있는 것이다. 그리고 서서히 비교적 정상적인 형태로 되돌아가긴 하지만, 두개골 뼈들은 원래 있어야 할 자리로 돌아가게 도와줄 필요가 있다. 나는 그동안 두개천골 요법 이후에 아기들에게서 놀라운 일들이 일어나는 걸 목격해왔다. 모유 수유에 문제가 있던 아기들이 제대로 모유 수유를 하기 시작한다. 수면 패턴도 개선되고 배앓이 횟수도 줄어들며 대개 더 행복하고 더 안정된 모습을 보인다. 그 외에 알레르기와 각종 귓병이 줄어드는 이점도 있다.[88]

3부에서 우리는 서구에서 일어나는 일반적인 출생 관련 트라우마들에 대해 집중적으로 알아보았다. 나중에 15장에서 우리는 흔히 나타나진 않지만 관련된 사람들에게 출생 트라우마를 안겨주는 좀 더 특이한 경험들에 대해서도 살펴볼 것이다.

이제까지 우리는 아기들에게 분리와 고립을 일으키는 보다 일반적인 출생 트라우마들에 대해 살펴보았다. 4부에서는 매트릭스 출생 리임프린팅을 이용해 그런 트라우마들을 치유하는 방법을 배울 것이다.

HEAL YOUR BIRTH
HEAL YOUR LIFE

4부

매트릭스 출생 리임프린팅

12장

매트릭스 출생
리임프린팅

언제 어떤 식으로 태어나게 되었든, 당신의 출생 경험은 당신의 정서와 마음과 몸 그리고 영혼에 평생 영향을 주게 된다. - 이나 메이 가스킨

우리는 이제껏 서구의 출산 과정에서 생겨나는 흔한 출생 트라우마들에 대해 살펴보았다. 또 사람들이 아기의 의식에 대해 어떤 식으로 오해하고 있는지도 살펴보았고, 아기를 의식을 가진 존재로 받아들일 때 비로소 출생 트라우마들이 두고두고 악영향을 미치게 된다는 사실을 깨닫게 된다는 것도 알게 됐다.

그러니까 서구의 출산 방식에 어떤 문제가 있는가 하는 것에 지면의 대부분을 할애해온 것이다. 다음에 소개하는 매트릭스 출생 리임프린팅 기법을 통해, 우리는 예상 가능한 그 어떤 출생 트라우마(아기가 자궁 안에 있을 때와 태어날 때 생겨나는)도 다 고쳐 쓸 수 있다.

매트릭스 출생 리임프린팅에는 매트릭스 리임프린팅에서 쓰는 전통적인 기법들과 비슷한 기법들이 많다. 그러나 결정적으로 다른 점들도 있다. 다음 장에선 그런 부분에 대해 자세히 살펴볼 것이다.

당신은 매트릭스 출생 리임프린팅이 제대로 된 유대감 형성 과정을 거치게 해준다든가 분리 문제로 발생할 수 있는 문제들을 해결해주는 등, 이 책에서 강조해온 많은 문제들을 해결해줄 수 있다는 걸 알게 될 것이다. EFT와 매트릭스 리임프린팅의 태핑 기법들(1부 참조)에 대해서는 이미 어느 정도 익숙할 것이므로, 이 장에서는 곧바로 매트릭스 출산 리임프린팅 기법으로 들어가 당신이 직접 경험해볼 수 있게 할 것이다.

내가 보통 매트릭스 출생 리임프린팅을 할 때 곁에 누군가 같이 있는 걸 권한다는 데 주목할 필요가 있다. 물론 당신 혼자서 해도 되지만, 경험 많은 매트릭스 출생 리임프린팅 전문가 같은 사람이 곁에서 안내를 해주는 경우가 훨씬 더 효과가 있다.

다음 두 장은 그 내용이 주로 매트릭스 리임프린팅 전문가들을 대상으로 하고 있지만, 비전문가인 사람들이 읽어도 많은 도움이 될 것이다.

매트릭스 출생 리임프린팅 과정

세상에 나오기

매트릭스 출생 리임프린팅 과정은 아기가 이제 막 태어나려 할 때 시작된다. 만일 자궁 안에 출산과 관련된 문제들이 있다면, 먼저 그 문제들을 해결하는 게 중요하다. 당신 스스로 잔뜩 움츠린 채 자궁 안으로 들어가, 매트릭스 리임프린팅에서 에코를 태핑하듯 모든 임신 단계에 있는 태아를 태핑할 수 있다. 매트릭스 리임프린팅 때와 마찬가지로, 이 단계에서는 출산을 리임프린팅하기에 앞서 먼저 트라우마를 말끔히 제거하는 게 가장 중요하다는 점을 강조하고 싶다. 단순히 낡은 그림 위에 새로운 그림을 덧씌워 기억을 대체하라는 것이 아니다. 먼저 트라우마를 제거한 뒤 낡은 그림 대신 새로운 그림을 집어넣으라는 것이다. 이런 툴들이 낯설게 느껴진다면, EFT와 매트릭스 리임프린팅에 대해 다루었던 장들을 한 번 더 보기 바란다. 그리고 더 많은 걸 알고 싶다면, 칼 도슨과 사샤 알렌비가 쓴《매트릭스 리임프린팅 : EFT의 새로운 진화》이나 칼 도슨과 케이트 마릴랫이 쓴《매트릭스 리임프린팅2》를 읽어보라. 자격을 갖춘 EFT나 매트릭스 리임프린팅 또는 매트릭스 출생 리임프린팅 전문가가 되기 위한 트레이닝들에 알고 싶다면 내 홈페이지(www.magicalnewbeginnings.com)를 참조하라.

이제 막 태어나려 하는 에코와 함께 작업할 때, 제일 먼저 발견하게 될 사실들 중 하나는 그 에코가 아직 세상에 나올 준비가 되지 않았다는 것이다. 이는 세상은 위험한 곳이라는 부정적인 믿음과 연결되어 있는 경우가 많다. 그 믿음은 자궁 속의 삶에서 나온 믿음일 수 있다. 그런 믿음은 매트릭스 출생 리임프린팅 기법을 사용해 제거해줄 수 있다. 그러니까 태핑을 통해 아직 태어나지 않은 아기의 몸에서 두려움을 없앤 뒤 이제 안전하다고 안심시켜주는 것이다. 그러면 대개 '세상은 위험한 곳이야'라는 부정적인 믿음이 '이젠 정말 태어나고 싶어' 또는 '곧 태어나게 돼 정말 신나' 같은 긍정적인 믿음으로 변하게 된다. 매트릭스 출생 리임프린팅 과정을 더 진전시키기에 앞서 먼저 고객의 에코로 하여금 태어날 준비를 시키는 것이다.

분만 공간 세팅하기

일단 고객의 에코가 태어날 준비가 되면, 이젠 분만 공간을 세팅하게 된다.

어디서

먼저 아기가 어디서 태어나고 싶어 하는지 고려해봐야 한다. 아마 병원 아니면 집을 원할 것이다. 아주 드물게 물과 흙, 나무, 꽃, 새, 동물 등이 어우러져 있는 자연 속에서 태어나고 싶어 하는 경우도 있다. 아메리카 원주민들의 원뿔형 천막이나 피라미드 안에서 태어나고 싶다는 아기들도 많았다. 사람들은 실제 태어난 곳과 다른 데서 태어나고 싶어 하는 경우가 많다. 어쨌든 고객의 에코가 원하는 데라면 어디든 좋다.

누가

다음 고려 사항은 태어날 때 어떤 사람들이 있을 것이며 누가 엄마를 도와줄 것인가 하는 것이다. 아기들은 세상에 나오는 자신을 받아줄 사람을 선택할 수도 있다. 아기들이 주로 선택하는 사람은 아빠지만, 때론 엄마 자신이나 조산사, 천사(출산 장소에 자주 나타남) 또는 미래의 어른이 된 자신을 선택하기도 한다. 아기에게 누가 자신을 받아주면 믿음이 가겠냐고 물어볼 수도 있다. 장소를 세팅한 뒤에는 아기가 정말 태어날 준비가 됐는지 재차 확인해야 한다. 태어나는 것에 대한 기대감이 있어야 한다.

나는 고객에게 아주 자주 이런 질문을 던진다. "당신 어머니와 아기 시절의 당신(에코) 간의 관계는 어떤 거 같은가요?" 엄마와 아기 사이에는 사랑이 있어야 하므로, 두 사람 사이에 강하고 따뜻하면서도 건강한 관계가 있는지 확인해 보는 것이다. 만일 두 사람 사이에 사랑과 믿음이 없다면, 그런 게 있을 때까지 작업을 해야 한다. 당신이 고객한테 이런 질문들을 던질 수 있을 것이다. "아기 시절의 당신은 지금 기분이 어떤가요?" "엄마와의 관계는 좋은 편인가요?" "아기 시절의 당신(에코)는 태어날 준비가 됐나요?" "자신이 얼마나 안전하다고 느끼나요?" "세상에 나오는 것에 대해 엄마와 아기가 신이 나서 기대하고 있나요?" "혹 더 필요한 건 없나요?"

연관 맺기

일단 아기가 세상에 나오는 것에 대해 사랑과 믿음과 기대를 갖게 되면, 그 다음에는 고객으로 하여금 스스로 아기가 되는 걸 상상해보라고 하라. 이를 '연관association'이라 하는데, 매트릭스 출생 리임프린팅과 매트릭스 리임프린팅의 차이점이 바로 이것이다. 매트릭스 리임프린팅에서 고객은 늘 어린 시절의 자신 즉, 에코로부터 떨어져 거리를 유지한다. 그러나 매트릭스 출생 리임프린팅 경우는 그렇지 않다. 이는 고객이 리임프린팅 작업의 대상으로서, 직접 새로운 출산 경험 과정을 거쳐야 하기 때문이다.

이런 부분에 대해서는 칼 도슨과 사샤 알렌비가 자신들의 공저《매트릭스 리임프린팅 : EFT의 새로운 진화》에서 상세히 설명하고 있다. 처음 이 매트릭스 출산 리임프린팅 기법을 창안할 무렵, 나는 칼 도슨과 사샤 알렌비에게 이 기법에서는 고객이 새로 태어나기 위해 아기와 연관을 맺어야 한다고 말했다. 그에 대한 두 사람의 첫 반응은 '절대 불가'였다. 늘 에코와 거리를 유지함으로써 고객이 과거의 경험으로 인해 다시 또 트라우마를 겪지 않게 한다는 게 매트릭스 리임프린팅의 대전제였기 때문이다. 그러나 결국 사샤 알렌비는 일단 실험을 해보기로 했다. 이후 그녀는 몇 개월간 자원자들을 대상으로 매트릭스 출생 리임프린팅을 사용해보았다. 50퍼센트의 자원자들에게는 분리 방식을, 그리고 나머지 50퍼센트의 자원자들에게는 연관 방식을 사용했다. 그녀는 실험을 마친 뒤 내게 돌아와 이렇게 말했다. "당신이 옳았어요. 사람들이 여러 가지 육체적 변화를 겪으려면 자신의 에코와 연관을 맺어야 하더군요. 사실 그건 실험을 시작하자마자 바로 분명해졌어요." 칼 도슨 역시 직접 매트릭스 출생 리임프린팅 기법을 써본 뒤 우리 의견에 동의했다.

당신 입장에서는 고객이 트라우마를 겪고 있는 아기 시절의 자신과 연관을 맺는 걸 원치 않을 것이다. 그러나 고객이 긍정적인 감정을 겪고 있는 상태에서 자신의 에코와 연관을 맺는 경우는 사정이 전혀 다르다. 그 점은 매트릭스 리임프린팅을 할 때도 비슷하다. 매트릭스 리임프린팅 과정에서도 마지막에는 당신 몸속에 긍정적인 그림을 집어넣어 직접 그걸 느끼게 함으로써 자신의 에코와 연관을 맺기 때문이다.

일단 고객이 자신의 에코와 연관을 맺으면, 그들이 정말 태어날 준비가 됐는지 한 번 더 확인하도록 하라. 고객이 에코와 연관을 맺고 나면, 어린 에코가 고객에게 말하지 않은 뭔가 새로운 일이 일어나기도 한다. 이때 꼭 기억해두어야 할 점은 전문가인 당신은 질문의 주어를 바꿔 "당신의 에코는 지금 기분이 어떤가요?"가 아니라 "자궁 속에 있는 당신 기분이 어떤가요?"라고 해야 한다는 것.

다음과 같이 물어볼 수도 있다.

- 그 안에 있으니 기분이 어때요?
- 엄마와 연결된 느낌은 어떤가요?
- 이제 태어날 준비가 됐나요?
- 태어나기 전에 뭔가 더 필요한 게 있나요?

출산 과정 시작

다시 한 번 강조하지만, 에코와 제대로 연관이 맺어졌는지 확인하라. 시각적인 변화가 생기는 경우도 있을 것이다. 늘 그런 건 아니지만 종종 고객들은 깊은 최면 상태 같은 것에 빠진다. 그럴 때 고객에게 이런 식의 말을 해줄 수 있을 것이다.

"뭔가 부드러운 에너지 파도 같은 게 당신을 빛이 있는 아래쪽으로 내려보내는 듯한 느낌을 받게 될 겁니다. 그리고 빛이 있는 그 끝 쪽에 당신 아버지(또는 자신이 태어날 때 받아줄 사람으로 선택한 사람)가 있을 겁니다. 이제 내가 당신 스스로 이 과정을 헤쳐 나갈 공간을 만들어드릴 겁니다. 시간을 갖고 준비가 다 되면 나오세요. 이것은 당신의 출생 과정입니다. 그리고 나올 때 내게 알려주기만 하세요."

그런 다음 그들을 위한 공간을 마련해주고 조용히 앉아 지켜보면 된다. 고객을 놀라게 할 수도 있으니 태핑을 할 필요는 없다. 함께 있을 경우 당신은 가만히 고객의 손만 잡아주면 된다.

다시 이 세상에 태어나면 고객의 몸에서 징조가 나타나는 경우가 많다. 얼굴과 몸의 움직임이 달라지는 것이다. 태어나는 데 15분이 걸린 한 고객은 자궁 밖으로 나왔을 때 몸을 부르르 떨었다. 내가 괜찮냐고 묻자 그녀는 이렇게 답했다. "아, 예, 이제 막 두 다리가 나왔어요."

일단 아기가 밖으로 나오면

아기가 일단 산도를 빠져 나오면, 아기 받는 사람에게 부탁해 아기를 엄마 배 위에 올려 기어올라가 엄마 품에 안길 수 있게 해주도록 하라. 아니면 바로 엄마 품에 안기게 해도 좋다. 매트릭스 출생 리임프린팅 초창기에 나는 사람들에게 늘 아기를 엄마 배 위에 올려 엄마 가슴까지 기어올라갈 수 있게 해주라고 했다. (그 이유들에 대해서는 앞서 10장에서 설명했다.) 그러나 그 이후 나는 아기를 그냥 엄마 품에 안겨주어도 마찬가지 효과가 있다는 것을 알게 됐다. 가장 좋은 것은 각 매트릭스 출생 리임프린팅 때마다 상황에 따라 직관에 따르는 것이다.

엄마와의 유대감 형성

일단 아기가 엄마 품 안에 안기면, 6감(시각, 청각, 후각, 미각, 촉각, 직감)을 통해 엄마와 연결되게 하라고 말해주어라.

1. 시각: 엄마와 눈맞춤을 하게 하라. "엄마의 눈을 깊이 들여다보고, 엄마 또한 당신 눈을 깊이 들여다볼 수 있게 하라."

2. 청각: 고객에게 물어보라. "뭐가 들리나요?" 엄마나 아빠의 음성이 들릴 수도 있고, 엄마의 심장 뛰는 소리가 들릴 수도 있다. 만일 고객이 들리는 소리를 그대로 말하고 싶어 한다면 그렇게 하게 하되, 굳이 말하라고 강요하지는 말라. 가끔은 질문을 던지는 것만으로도 청각을 작동시키는 데 족하다.

3. 후각: 이렇게 물어보라. "어떤 냄새가 나나요?" 그게 엄마 냄새일 수도 있고 엄마의 젖이나 향수 냄새일 수도 있다. 때론 꽃향기나 텔컴 파우더(활석 가루에 붕산, 향료 등을 섞어 만든 가루. 주로 땀띠약으로 씀 - 역자 주) 냄새일 수도 있다.

4. 미각: 이렇게 물어보라. "어떤 맛이 나나요?" 엄마 젖이나 엄마 피부의 맛일 수도 있다.

5. 촉각: 이렇게 물어보라. "어떤 피부 촉각이 느껴지나요?" 또는 "엄마 품에 안겨 있는 촉감이 어떤가요?"

6. 여섯 번째 감각은 공감 및 정서, 직관 등과 관련된 감각이다. 고객

에게 이렇게 물어보라. "엄마 품에 안겨 있으니 정서적으로 어떤 느낌이 드나요?" 또는 "지금 어떤 정서적인 느낌 같은 게 있나요?" 고객은 아마 안전하다거나 평화롭다거나 사랑스럽다거나 연결되어 있다거나 믿음직하다거나 하는 느낌들을 말할 것이다. 부모들의 느낌이 어떤지를 물어보게 함으로써, 고객 자신의 느낌과 부모들의 감정이 어떻게 다른지 구분해보라고 하라.

고객들은 가끔 자신의 아버지와도 유대감을 형성하고 싶어 한다. 그런 경우 고객에게 아빠와 눈맞춤을 할 수 있는 기회를 주도록 하라.

영상 리임프린팅하기

영상을 리임프린팅하기에 앞서, 반드시 고객에게 더 필요한 게 없는지 물어보도록 하라. 예를 들어, 고객은 방 안에 영상을 더 긍정적으로 보이게 해줄 누군가 또는 무언가가 있기를 바랄 수도 있다.

이제 다음 단계에서는 고객과 에코가 원래 상태대로 분리되는 과정을 밟게 된다. 고객이 영상이 완벽하다고 느낄 경우, 이제 아기 시절의 자신에게서 물러나 밖에서 그 영상을 보게 하라. 그리고 영상을 보면서 어떤 느낌이 드는지를 얘기하게 하라. 대개는 평화와 사랑, 연결, 기쁨, 안전감 등의 느낌을 얘기할 것이다.

또한 고객에게 영상 안과 주변에 어떤 색이 있는지를 물어보라. 그런 다음 그 영상을 머리 꼭대기로 보내, 고객의 마음이 새로운 색과 느낌들에 재연결될 수 있게 하라.

다음에는 영상을 심장 안으로 넣으라고 해서, 몸 주변의 컬러 에너지를 모든 세포로 보내게 하라. 그리고 그 영상을 더 크고 밝게 만든 다음 심장을 통해 우주 안으로 내보내게 하라. (잠시 7장으로 되돌아가, 매트릭스 출생 리임프린팅에서 심장 및 '심장의 장'이 얼마나 중요한 역할을 하는지를 복습하도록 하라.) 그리고 고객으로 하여금 이미지를 둘러싼 색과 연결되게 하라. 매트릭스 출생 리임프린팅에서 가장 흔히 선택되는 색들은 다음과 같다.

- 분홍색(분리를 치유해주고, 조건 없는 사랑을 나타내며, 여성 에너지들의 균형을 잡아준다.)
- 파란색(신뢰와 믿음을 키워주고 우리의 목소리를 돌려준다. 또한 남성 에너지들의 균형을 잡아준다.)
- 금색(힘과 지혜와 지식을 준다.)
- 무지개 색(무지개 색은 흰 빛을 이루며, 모든 것에 균형을 가져다준다.)

고객에게 영상 리임프린팅을 끝내기에 앞서 먼저 심장 안에서 아기 시절의 에코와 재연결하고 또 그 에코에게 마지막으로 더 하고 싶은 말이 없나 물어보라고 하라.

전문가의 관점에서 본 매트릭스 출생 리임프린팅 기법 요약

1. 아기가 세상에 나올 준비가 됐는지 확인한다. 아기가 세상에 나오는 걸 기피하게 만들 문제나 트라우마는 전부 제거한다.
2. 분만 공간을 세팅한다. 누가 아기를 받을 것인가? 아기는 어디에서 태어나길 원하는가? 분만 공간의 환경은 어떤가? 어떤 색들을 집어넣을 것인가?
3. 일단 아기가 태어날 준비가 되면, 고객에게 아기 시절의 자신(에코)

과 연관을 맺게 한다.

4. 부드러운 에너지 파도가 아기 시절의 고객 자신을 산도를 통해 내려 보내게 한다.

5. 일단 아기가 밖으로 나오면, 그 아기를 엄마 배 위나 가슴 부분에 올려놔준다.

6. 유대감 형성 과정이 모든 감각을 통해 일어나게 한다. 그리고 대상 회를 자극하는 데는 눈맞춤이 필수라는 걸 잊지 않는다.

7. 영상을 리임프린팅한다. 고객으로 하여금 영상에서 분리되어 나와 밖에서 그 영상을 보게 한다. 그리고 영상 및 영상과 관련된 모든 것을 머리 꼭대기로 보내 몸속 세포 곳곳에 가게 한 뒤 다시 심장 안으로 보낸다. 그리고 심장 안에서 색깔들을 더 밝게 만들고, 심장을 통해 몸 주변의 에너지를 모든 세포로 보낸 뒤, 그 영상을 우주 안으로 내보낸다.

우리는 지금까지 매트릭스 출생 리임프린팅 기법의 기초를 익혔다. 이제 다음 장에서는 자궁 속에서의 기억들이 잠재의식에 묻힐 때 그 기억들을 찾아내는 방법에 대해 살펴보겠다.

13장
자궁 속 에코와
함께 일하기

삶을 정리하면서, 이제 내 자신으로 하여금 자유롭게 내 영혼의 부름에 답하게 하고 있다. – 웨인 다이어 박사

매트릭스 출생 리임프린팅을 하면서 가장 자주 받은 질문들 가운데 하나는 잠재의식 속의 기억이나 묻혀 버린 기억들은 어떻게 찾아내느냐 하는 것이다. 이 장에서 나는 의식적인 기억이 전혀 없는 상황에서도 자궁 속에 있던 아기 시절의 당신 자신과 연결할 수 있게 해줄 다양한 기법들을 소개할 것이다. 그 기법들 중 일부는 전통적인 매트릭스 리임프린팅 기법에서 쓰는 기법들로, 내가 매트릭스 출생 리임프린팅의 상황에 맞게 다듬은 것이다.

이 장 후반부에서는 자궁 속 시절의 당신 자신을 찾아낸 뒤 아기(에코)와 함께 이런저런 믿음을 바꾸고 트라우마를 제거하는 방법에 대해 좀 더 자세히 살펴볼 것이다.

자궁 속 기억은 어떻게 찾아내는가?

자궁 속 기억을 찾아내는 데는 다음과 같은 6가지 방법이 있다.

방법 1 - 에너지를 따라가기

이는 잠재의식 속의 기억을 찾아내는 가장 일반적인 방법으로, 전통적인 매트릭스 리임프린팅 기법에서 가져온 것이다. 이 방법에서는 에너지가 몸속 어디에 있는지를 찾아내 그 느낌을 따라 기억을 찾아간다. 예를 들어 당신이 태어나던 때를 생각할 때 심장에 슬픔이 느껴진다면, 태핑을 시작하면서 그 슬픔에 정신을 집중하는 것이다. 이를 통해 고객들은 대개 그 슬픔이 만들어진 자궁 속 태아 시절의 '기억'으로 돌아가게 된다.

태핑을 할 경우, 의식적으로는 잘 생각나지 않던 잠재의식이나 무의식 속의 기억들을 되살리는 데 도움이 되는 경우가 많다.

나는 이런 과정을 흔히 컴퓨터에 비유해 설명하곤 한다. 각 기억이 당신이 열어서 읽으려 하는 워드 문서나 엑셀 스프레드시트라고 상상해보라. 먼저 필요한 프로그램을 열어야 하는데, 프로그램은 대개 모니터 화면상의 프로그램 아이콘을 클릭해서 연다. 때론 단축 키나 파일 매니저를 사용하기도 하며, 파일 자체를 모니터 화면에 올려 쉽게 접근할 수 있게 하기도 한다. 일단 해당 프로그램을 찾아 열었다면, 그 다음에는 당신이 열어서 작업하고자 하는 문서를 나타내는 아이콘이나 폴더를 클릭한다. 마침내 문서가 열리는데, 그 문서 안에는 당신이 담고자 하는 모든 자세한 내용들이 담겨 있다. 이제 당신의 몸이 컴퓨터 모니터 화면이라고 상상해보라. 당신은 당신의 몸 안에 있는 어떤 느낌에 정신을 집중함으로써 먼저 해당 프로그램을 찾아내며, 그 다음엔 열고자 하는 파일을 찾아내 그 기억 안에 담겨 있는 정보에 접근한다. 만일 찾고자 하는 기억이 어디 있는지 의식으로 알지 못할 경우, 컴퓨터의 경우 파일 매니저를 사용해 해당 파일을 찾아내듯, 당신 몸에 태핑을 함으로써 원하는 기억을 찾아낼 수 있다. 이 방법이 효과가 없을 경우, 잠재의식 속의 기억에 접근하는 방법이 5가지 더 있다.

방법 2 – 타임라인을 따라 과거로 되돌아가기

또 다른 방법은 몸속에서 문제의 느낌을 찾아내고, 그런 다음 태핑을 하면서 기억이 만들어진 과거의 어떤 시점으로 되돌아가는 상상을 하는 것이다.

당신이 혼자 또는 고객과 함께 이런 기법들을 사용하는 경우라면, 신경-언어 프로그래밍NLP에서 나온 툴인 '타임라인(연대표) 요법' 같은 접근 방식을 이용하는 게 도움이 될 수도 있다. 몸속의 느낌에 초점을 맞추면서 몸 위로 떠올라 당신 삶의 타임라인을 내려다보는 것이다. 타임라인을 따라 과거로 돌아가다 보면, 찾고자 하는 기억이 떠오를 때까지 계속 당신 자신이 젊어지는 걸 보게 될 것이다. 이 기법은 과거의 기억들을 찾아내는 데 사용할 수도 있다.

당신이 이런 작업을 전문가 자격으로 고객을 상대로 하든 아니면 아마추어로서 그냥 혼자 하든, 현재 순간으로 되돌아오는 것이 중요하다. 예를 들어 처음 타임라인 위로 떠오를 때 현재의 순간에 '지금'이라고 써진 깃발을 꽂아두며, 그걸 찾아 현재의 순간으로 되돌아오는 게 가능하다.

당신이 만일 고객을 상대로 매트릭스 출생 리임프린팅을 하는 전문가라면, 고객에게 타임라인을 따라 되돌아오는 데 도움이 될 질문들을 던질 수도 있다. 고객에게 느낌에 집중하게 하면서 이런 식의 질문들을 던지는 것이다. "그 느낌이 스무 살 때의 느낌입니까?" 만일 몸속에 그 느낌이 그대로 있다면 그 느낌을 가지고 계속 작업하라. "열다섯 살 땐 어떤가요? 열 살 땐 어떻고요? 다섯 살 때에도 그 느낌이 있나요?"

특정 나이에 이르면, 고객은 이런 식으로 말하는 경우가 많을 것이다. "내 목이나 가슴에 아직도 그 느낌이 있는데, 지금은 그 느낌이 조금 달라요." 만일 이런 경우라면, 잘 메모해두었다가 다음 매트릭스 출생 리임프린팅 때 반영하는 게 가장 좋다. 자궁 속 아기 시절까지 가다보면 비슷한 문제를 갖고 있는 에코가 또 있을 수 있기 때문이다.

출산 시점에 가까워지면 이런 질문을 던질 수 있다. "그 느낌이 출생 후에도 있었나요? 출생 전에는요? 태생기 후기, 중기, 초기에는요? 막 어머니 태에 착상되었을 때는 어땠나요?"

그 느낌이 어디에서 사라지든, 당신은 대략 그 지점을 알 수 있다. 고객에게 그게 언제든 그 느낌이 사라지기 전 나이에 가 있다고 상상해보라고 하라. 예를 들어, 그 느낌이 임신 후기의 자궁 속에 있다면, 자궁 속에 있는 아기를 보라고 하는 것이다. 그런 다음 고객에게 이제 자궁 속으로 들어가 아기 시절의 자신을 태핑해 문제를 해결하라고 하라.

방법 3 - 한 에코에서 다른 에코로

매트릭스 리임프린팅에는 '에코 스트링ECHO string'이라는 것이 있다. 동일한 인생 주제를 가진 에코들이 여럿 존재하는 경우이다. 그러니까 트라우마를 안겨준 초창기의 어떤 일로 인해, 그 문제가 해결될 때까지 계속해서 그 주제와 관련된 많은 유사 경험들을 끌어들이거나 만들어내는 것이다. 에코 스트링은 우리와 고객이 잠재의식 속 기억들로 돌아가게 해주는 데 아주 큰 도움을 준다. 예를 들어 특정 주제와 관련된 기억을 갖고 있는 어떤 에코를 상대로 매트릭스 출생 리임프린팅을 한다고 가정해보라. 에코와 함께 있을 때 당신을 데리고 동일한 주제완 관련된 예전 기억으로 데려가 달라고 부탁할 수 있다. 그럴 경우 대개 에코는 당신을 데리고 그 이전의 어떤 기억으로 데려가준다. 그 기억이 당신이 의식 속에서 이미 알고 있는 기억인 경우도 많다. 물론 당신이 알지 못했거나 잊고 있던 기억인 경우도 있다.

방법 4 – 매트릭스 기억 기법

'느린 EFT Slow EFT'라고도 알려진 매트릭스 기억 기법은 당신이나 고객이 잠재의식 속 기억을 되살리는 데 도움을 줄 또 다른 방법이다.

예를 들어, 가슴 속에 어떤 분노가 있는데 그 분노가 어디서 오는 건지 잘 모르겠다고 하자. 그럴 때 두 눈을 감고 어떤 한 포인트를 천천히 태핑하는 걸로 시작해보라. 이를테면 한동안 머리 꼭대기를 태핑하면서 다음과 같은 상기어를 되풀이하는 것이다. "내 가슴 속의 이 모든 분노." 이 기법은 천천히 최면술을 걸 듯 하는 것이 중요하다. 약간의 격차를 두고 상기어를 반복해야 특정 주제에 대한 기억이 떠오를 공간이 생겨나기 때문이다. 아무 기억도 떠오르지 않는다면, 다음 포인트로 옮겨 어떤 기억이 떠오를 때까지 천천히 계속 태핑하라.

방법 5 – 출산 전, 출산 도중 또는 출산 후?

현재의 느낌에 초점을 맞춰 태핑을 하면서 고객(또는 당신 자신)에게 이런 질문을 던지는 방법도 있다. "이게 출생 전, 출생 도중 또는 출생 후 중 언제 일어났나요?" 만일 고객이 "잘 모르겠어요"라고 한다면, 그 고객의 마음속에 있을 가능성이 높다. 그럴 경우 고객에게 그들의 심장에 의식을 집중하라고 하거나 아니면 당신에게 답을 주기 위해 내적 안내를 받고 있는 곳으로 가라고 하라.

방법 6 – 당신 자신이 자궁 속에 있다고 상상하기

더러는 매트릭스 출생 리임프린팅에서 잠재의식 속 기억을 찾아내기 위해 고객에게 혹시 자궁 속에 있는 자신이 보이냐는 질문을 던지기만 해도 되는 경우가 있다. 고객에게 그냥 자궁 속에 있는 것처럼 느끼거나 상상해보라고 요청할 수도 있다. 고객은 뭔가를 보라거나 시각화해보라는 요청에 거부감을 보이는 경우가 많다. 뭔가를 본다고 하면 마음속에 TV 스크린 같은 게 켜지는 것을 기대할 수도 있는데, 실제로는 그보다는 훨씬 더 잘 안 보이는 경우가 많기 때문이다.

당신은 사람들에게 시각화하는 법을 가르쳐줄 수도 있다. 이를테면 고객에게 현관문을 상상해보라든가 아니면 어머니나 자식에 대해 설명해보라고 하는 것이다. 이런 것들과 관련해 마음속에 떠올린 영상이 에코나 기억의 시각화에 이르는 문을 활짝 열어주는 경우가 많다.

자궁 속 에코와 작업하는 법

그것이 자궁 속 시절이 됐든 아니면 출생 당시가 됐든 일단 아기 시절의 당신 자신 즉, 에코를 찾아내면, 매트릭스 리임프린팅에서 에코를 대하는 것과 동일한 방식으로 작업을 할 수 있다.

영상 속에 들어가 에코를 태핑하고, 느낌이 어떤지를 물어보라. 그 느낌이 어떤 건지 또 몸의 어디에 위치해 있는지 알아낸 뒤, 에코를 태핑해 그 느낌을 풀어 주어라.

예를 들면 이런 식이다.

손날 포인트 태핑: 가슴 속에 그 모든 분노가 있다 해도 너는 여전히 아주 소중한 아이란다.

머리 꼭대기: 이 모든 분노.

눈썹: 내 가슴 속의 이 분노.

눈가: 이 모든 분노.

눈 아래쪽: 이제 이것을 풀어줘도 안전하단다. 괜찮단다.

(이런 식으로 문제의 느낌이 사라질 때까지 계속 모든 포인트를 태핑하라.)

그 느낌은 누구의 것인가?

고객과 함께 작업을 할 때 우리는 자궁 속 에코에게 문제의 느낌이 누구의 것이냐고 묻는다. 가끔은 그 느낌이 에코의 것처럼 느껴질 때가 있지만, 실은 엄마, 아빠 또는 다른 사람에게서 가져온 것인 경우가 많다.

당신이 "그 느낌은 누구 것인가요?"라는 질문을 던지면, 고객은 그 느낌이 실은 다른 누군가의 것인데 어떻게 자신의 것으로 생각하게 됐는지를 알아보기 시작한다.

당신은 고객에게 그 느낌의 몇 퍼센트가 에코의 것이고 몇 퍼센트가 다른 누군가의 것이냐고 물어볼 수도 있다. 에코는 가끔 80퍼센트 정도는 다른 사람의 것이고 20퍼센트 정도가 자신의 것이라고 말할 것이다. 더 많은 퍼센티지의 느낌이 부모나 다른 사람으로부터 오는 것이라면, 부모나 다른 사람을 태핑하는 것을 상상하면서 동시에 에코로 하여금 그 느낌이 자신의 것이 아니라는 것을 깨닫게 해주면 된다.

에코에게 자신의 것이 아닌 그 느낌을 내보내도 괜찮겠냐고 물어볼 수도 있다. 대부분의 사람들은 괜찮다고 하지만, 가끔 약간의 저항에 부딫히기도 한다. 그런 경우는 대개 엄마나 아빠에게 조금이라도 도움을 주려면 그 느낌을 계속 갖고 있어야 한다고 믿고 있거나 아니면 그냥 그 느낌을 내보내는 게 두렵기 때문이다. (그러나 현재의 삶을 생각해보라. 만일 당신의 어머니나 아버지 또는 파트너가 분노나 두려움을 갖고 있는데 당신이 그런 느낌에 공감한다면, 당신 역시 같은 느낌을 갖고 있다는 게 과연 그들의 분노나 두려움을 누그러뜨리는 데 도움이 되는가? 물론 그 답은 No지만, 우리는 그런 느낌을 계속 갖고 있는 게 그들의 분노나 두려움을 누그러뜨리는 데 도움이 된다고 믿는 경우가 많다. 아니면 우리가 그런 느낌을 계속 갖고 있는 게 부모와의 유대감을 더 돈독히 하는 데 도움이 된다고 느끼거나, 그런 느낌을 계속 갖고 있는 게 우리의 의무라고 느끼기도 한다.)

에코에게 그런 에너지를 계속 갖고 있는 것이 엄마나 아빠한테 도움이 안 된다는 것을 설명해줄 경우, 에코는 이제 태핑을 통해 그런 느낌을 내보내는 것이 가능해진다. 아니면 그런 느낌이 자신의 것이 아니라는 걸 깨닫는 순간 그 느낌이 사라지기도 한다. 당신은 변화(느낌을 내보내는 것)를 방해하는 감정적 장애에 컬러 에너지를 보낼 수도 있다.

문제의 느낌 중 가장 많은 부분이 누구의 것이든, 먼저 그 사람을 태핑해야 한다. 만일 그게 엄마라면, 에코에게 당신이 이제 자궁을 떠나 엄마의 에코를 직접 태핑할 거라는 걸 알려주어도 좋다. 또한 부모를 태핑하는 동안, 주어진 상황에서 에코에게 도움을 주고 안전감을 느끼게 해줄 것들을 지원해줄 수도 있다.

분리하기와 연관 맺기

만일 자궁 속 에코와 함께 작업을 하는 동안 긍정적인 일이나 긍정적인 느낌이 생겨난다면, 그 순간에 연관 맺기를 하는 게 아주 중요하다.

연관 맺기는 고객으로 하여금 어떤 일을 마치 지금 일어나고 있는 듯 다시 겪게 하는 것이다. 연관 맺기를 제대로 이해하기 위해서는 무엇보다 먼저 다음 사항을 이해해야 할 필요가 있다. 잠재의식은 타임 프레임time frame 즉, 기간을 잘 인지하지 못하며, 그래서 고객이 어떤 긍정적인 느낌과 연관을 맺을 경우 잠재의식은 그 느낌을 마치 지금 생겨나는 느낌처럼 경험하게 된다.

누군가에게 연관을 맺을 때라고 얘기할 수 있는 좋은 예 중 하나는 당신이 어떤 엄마로 하여금 다시 출산 경험을 하게 해 그 경험을 긍정적인 경험으로 고쳐 쓰게 할 때이다. 실제로는 즐거운 출산 경험을 하지 못했더라도, 이번 출산은 황홀한 출산 경험이 될 수 있다. 영화 〈자연스러운 출산Organic Birth〉(이전 제목은 〈황홀한 출산Orgasmic Birth〉)을 보면, 많은 여성들이 분만 과정에서 오르가슴을 경험하는 걸 볼 수 있을 것이다.

그러나 우리는 출생은 그저 고통스러운 일일 뿐이라고 믿게 교육 받았다. 그래서 우리는 거의 자동적으로 출산을 고통과 연관 짓고 있으며, 또 계속해서 그런 믿음을 강화시키고 있다.

당신이 당신 자신의 출생을 다시 경험하려 할 때(또는 당신의 고객이 자신의 출생을 리임프린팅하려 할 때), 그때 역시 연관을 짓는 것이 중요하다.

분명히 하자면, 연관 맺기와 분리하기를 동시에 경험할 수도 있다. 태어나면서 동시에 그것을 목격할 수도 있는 것이다.

그러니 자궁 안에 있을 때 자궁 안에 있는 것이 어떤 느낌인지를 느껴라. 그러다 보면 연관된 긍정적인 느낌들도 떠올리게 된다.

분리를 경험할 수 있는 대표적인 경우는 에코가 부정적인 느낌을 경험할 때이다. 당신(또는 당신의 고객)이 괴로울 때 에코와 연관을 맺을 경우 부정적인 느낌을 경험하게 되는데, 꼭 그럴 필요는 없다. 4장에서 우리는 EFT와 매트릭스 리임프린팅의 가장 큰 차이에 대해 살펴본 바 있다. EFT의 경우 어떤 부정적인 느낌을 제거하기 위해 그 느낌을 몸에 불러와야 하지만, 매트릭스 리임프린팅의 경우 그 느낌을 재경험하지 않고도 그 느낌을 제거할 수 있다. 분리를 한다는 것은 그런 부정적인 느낌을 재경험하지 않으면서 그 느낌을 제거할 수 있다는 것이다. 그 덕분에 몸에 스트레스를 덜 주게 된다.

가끔 고객으로 하여금 아기 시절의 에코와 연관을 맺게 하다가 그 에코에게 뭔가 부정적인 일이 일어나는 경우가 있다. 예를 들어 에코가 산도에서 옴짝달싹 못하게 되거나 목에 탯줄이 감길 수도 있는 것이다. 그런 일들이 과거의 실제 출생 과정에서 일어났는데도 고객이 출생 리임프린팅을 하기 전까지 그걸 '기억' 못할 수도 있다. 만일 그런 일이 일어난다면 고객을 즉시 자신의 에코로부터 분리시키고, 태핑을 통해 그 문제를 해결하고 아기가 갖고 있는 부정적인 느낌을 제거해주어야 한다. 그런 다음 다시 고객이 에코와 연관을 맺고 계속 출산 과정을 진행하게 하는 것이다. 연관을 맺는 일이 처음부터 끝까지 완전히 즐거운 일이 될 수 있을 때까지 몇 번이고 이를 되풀이해도 좋다.

우리는 대개 에코가 긍정적인 느낌을 갖고 있을 때 연관을 맺는데, 그렇게 연관을 맺어야 그 긍정적인 느낌을 제대로 경험할 수 있기 때문이다. 긍정적인 느낌은 당신 몸속에서 평화, 사랑, 기쁨, 행복과 관련된 화학물질들을 분비시킨다. 그리고 그렇게 긍정적인 느낌들이 몸 안을 돌아다니면 당연히 얻는 것도 많다. (그런 긍정적인 느낌들을 경험할 때 DHEA 및 코르티솔 호르몬 분비가 더 활발해진다.)

우리는 에코를 찾아내고 자궁 속에서 그 에코와 함께 일하는 방법에 대해 알아보았다. 다음 장에서는 매트릭스 출생 리임프린팅 과정을 통해 각종 믿음을 고쳐 쓰는 방법에 대해 좀 더 깊이 살펴본다.

14장

믿음
고 쳐 쓰 기

대체 내가 무슨 생각을 하고 있는지 알아보기 위해, 내 잠재의식부터 의식까지 죄다 모니터링할 수 있는 베이비 모니터가 하나 있었으면 좋겠다. – 스티븐 라이트

믿음은 우리가 세상을 필터링하는 방식과 현실을 보는 방식을 결정한다. 앞서 4장에서 우리는 전통적인 매트릭스 리임프린팅 과정의 기본적인 개념들 중 하나를 살펴보았으며, 또 믿음을 고쳐 쓰는 것이 우리의 건강과 행복은 물론 세상을 보는 방식에까지 지대한 영향을 끼칠 수 있다는 것을 살펴보았다.

매트릭스 출생 리임프린팅 일을 해오면서 나는 많은 믿음들이 우리가 잉태될 때와 자궁 속에 있을 때, 그리고 또 태어날 때 형성된다는 걸 알게 되었다.

앞서도 얘기했듯, 우리가 갖고 있는 어떤 믿음들은 자궁 속에 있을 때 형성되는데, 그건 아기들이 자기 자신과 엄마를 구분하지 못하기 때문이다. 예를 들어, 아기들은 엄마가 임신 사실을 알고 충격에 휩싸일 때 그게 자기 자신의 잘못이 아니라는 걸 인식할 능력이 없다. 아기들은 또 자궁 안에서 일어나는 일들의 에너지를 자기 자신의 에너지로 받아들이고, 그때 느낀 느낌들을 평생 아주 중요하게 간직하는 경우가 많다.

그리고 아기들은 이런저런 부정적인 느낌들이 촉발되기 이전의 자신의 모습이 어땠는지에 대한 관점이 없기 때문에, 그런 부정적인 느낌들과 자신을 동일시하며 세상에 태어난다. 그런 부정적인 느낌들이 자기 자신이라고 생각하는 것이다. 그리고 이후 그들의 믿음 체계는 그렇게 부정적인 느낌들을 토대로 형성된다.

여기서 아주 중요한 사실 하나는 각종 믿음과 느낌들이 서로 뒤엉킨다는 것이다. 아기들은 모든 것을 느낀다. 그리고 그에 따라 반응한다. 그래서 매트릭스 출생 리임프린팅 기법의 상당 부분은 우리 자신의 정체성을 결정지어온 각종 믿음과 감정들을 초월해 자신을 볼 수 있게 해준다. 또한 매트릭스 출산 리임프린팅은 새로우면서도 도움이 되는 믿음들을 만드는 것을 도와준다. 그러니까 매사에 한계를 두어 삶을 왜소하게 만드는 그런 믿음이 아니라 우리의 잠재력을 맘껏 발휘하며 살 수 있게 해주는 그런 믿음들을 만들 수 있게 도와주는 것이다. 이런저런 한계에 갇혀 왜소한 삶을 살 때, 우리는 세상을 현재의 경험을 통해 돌파하기보다는 부정적인 에코의 관점에서 필터링하게 된다. 그래서 매트릭스 출산 리임프린팅은 여러 측면에서 우리로 하여금 우리의 믿음들이 만들어내는 각종 필터와 프로그램들을 초월해 삶을 경험하는 것을 가능하게 해준다.

이 장에서 이제 우리는 믿음들이 어떻게 만들어지며 어떻게 고쳐 써질 수 있는지, 또 트라우마를 안겨주는 일을 겪을 경우 어떤 식으로 아기의 에코들이 생겨나는지를 알아보도록 할 것이다.

인식의 힘

'끌어당김의 법칙'을 다룬 책들로 유명한 팸 그라우트Pam Grout는 자신의 저서 《소원을 이루는 마력 E²》에서 자신이 태어났을 때 자기 아버지가 무심코 던진 한 마디가 어떤 식으로 성인이 된 이후에까지 계속 그녀를 불안에 떨게 만들었는지를 잘 보여주고 있다.

1956년 2월 17일 내가 태어난 날, 아버지는 분홍색 아기 침대 안에 힘없이 누워 있는 나를 한번 쓱 쳐다보시고는 어머니한테 이렇게 못생긴 아기는 처음 본다는 폭탄선언을 하셨다. 너무도 당연한 얘기지만, 어머니는 엄청 마음이 상하셨다. 그리고 태어난 지 1분밖에 안된 인간인 내 경우, 이후 아름다움이 또는 아름다움의 결핍이 내 삶의 매순간을 결정짓는 중요한 요소가 되어버렸다.

내 삶을 송두리째 바꿔놓은 아빠의 그 선언은 로드킬 당한 쥐마냥 납작 내 얼굴에 붙어 있는 코 때문에 나온 것이었다. 엄마가 장장 18시간 동안 산고를 거듭하자, 담당 산부인과 의사는 집게처럼 생긴 차가운 금속 겸자를 쓰기로 결정했다. 그리고 그 겸자와 싸우는 와중에 내 코가 납작해진 것이다.

내 코는 점차 정상으로 돌아왔지만, 내 연약한 자아는 여전히 흉한 몰골을 하고 있었다. 나는 그야말로 필사적으로 아름다워지고 싶었다. 아버지에게는 내가 괜찮은 아이라는 걸 입증하고 싶었고, 어머니에게는 나로 인해 받은 마음의 상처에 대해 보상을 하고 싶었다.

나는 온갖 미용 잡지를 다 구해 보면서 생물학자가 세포를 연구하듯 모델들을 연구했다. 나는 음료 캔으로 머리를 말았고, 〈세븐틴〉 잡지 뒷면을 보고 초록색 안면 마스크와 여드름 제거 펌프를 주문했다. 용돈을 모아 머리 파마용 롤러

세트도 구입했다. 나는 또 침대 시트에 손을 부드럽게 만들어주는 바셀린이 묻을까봐 잘 때 양손에 장갑을 꼈다. 심지어 통신 판매회사 카탈로그에서 '흥미로운' 헤어스타일들을 오려내, 그걸 내 개인 '뷰티 북' 뒷면에 붙이기도 했다.

개인 뷰티 북에는 서로 다른 헤어스타일을 한 모델 50명의 사진은 물론 '아름다움'을 위한 내 목표들도 적혀 있었다. 허리를 12센티미터 정도 줄이기, 가슴 사이즈를 15센티미터 정도 늘리기, 머리카락을 기르기 등등. 뷰티 북에는 각 목표를 달성하기 위한 계획들이 적힌 페이지들도 있었다. 허리 사이즈를 줄이기 위해 매일 윗몸 일으키기를 50회씩 하고, 아침에 먹는 팬케이크 양을 두 개로 줄이고 밀키 웨이 바는 포기한다는 계획들이었다.

그러나 이 모든 노력들에도 불구하고, 나는 결코 아름다워지지 않았다. 내가 무슨 짓을 하든 절대 외모가 나아질 것 같지 않았다. 대체 어찌 해야 한단 말인가? 내 존재 자체가 못생긴 아기라는 아빠의 그 한 마디를 중심으로 돌아가고 있는데…. 그 말은 내 삶과 관련해 처음 들을 말로, 내 삶 자체가 온통 그 말을 중심으로 돌아가고 있었다. 그것을 거부한다는 것은 내가 알고 있는 모든 것, 그러니까 아빠와 엄마와 나 자신을 욕되게 하는 짓이 될 것 같았다.

상황은 점점 악화되어갔다. 우선 6학년이 되자 시력이 약해져 보기 흉한 뿔테 안경을 쓰지 않으면 안되었다. 9학년이 되어서야 기어이 아빠를 설득해 거금을 들여 콘택트렌즈를 구입했다. 그리고 얼굴을 더 아름답게 만들어주는 콘택트렌즈 덕에 여기저기 여드름이 나 마치 점선을 잇는 퍼즐 같던 내 얼굴이 조금은 살아났다. 아기를 돌봐주고 번 돈은 전부 여드름 치료약인 클리어라실과 아스트린젠트, 앤젤 페이스 메이크업 등을 사는 데 나갔다. 어느 해 여름에는 여드름이 초콜릿과 청량음료 때문에 생긴다는 말을 듣고, 그 좋아하는 코카콜라와 캔디바까지 끊었다.

그 정도로는 충분치 않다는 듯, 운 좋게도 겸자 분만을 피해 추하다는 말을 듣지 않은 내 여동생이 내 앞니들이 비뚤어졌다는 지적질을 해댔다. 그래서 나는 치아 교정기를 착용하기 위해 가족들을 상대로 다시 모금을 해야 했다.

서글픈 건 이 모든 일과 노력이 아무 소용도 없었다는 것이다. 그때까지만 해도 나는 내 자신에 대한 뿌리 깊은 생각들을 바꾸기 전엔 나는 여전히 '못생긴' 상태에 머물 수밖에 없다는 것을 알지 못했다. 운동을 하고 화장을 하고 머리카락을 말 수는 있었지만, 아빠의 말이 바이러스처럼 내 생각을 지배하는 한 나는 여전히 아빠가 본 '가장 못생긴 아기'일 수밖에 없었던 것이다. 물론 피부가 깨끗해지고 머리를 기르고 이빨도 고르게 되는 등 일시적인 발전들도 있었지만, 그래 봐야 얼마 안 가 다른 무슨 일인가가 일어나 예의 그 '못생긴 얼굴'이 재연되곤 했다.

잘 알겠지만, 내 몸은 내 생각이 내놓는 설계도를 따르는 것 외에 달리 선택권이 없었다.

내가 자기계발에 대한 책들을 발견한 것은 바로 그 무렵이었다. 그것은 필연적인 만남이었다. 자신이 그야말로 프랑켄슈타인을 닮았다고 생각하는 대학 신입생에게 필요한 건 자존감을 높여줄 수 있는 걸 찾는 것이었으니까.

나는 웨인 다이어Wayne Dyer 박사의 《행복한 이기주의자Your Erroneous Zones》를 시작으로 대화법과 관련된 바바라 월터스Babara Walters의 책들을 읽어나갔다. 나는 친구를 만들고 사람들에게 영향력을 발휘하는 법을 배웠고, 긍정적인 사고로 내 자신을 강하게 만드는 법과 사고하는 법과 부자가 되는 법도 배웠다. 그런 책들을 읽으면서 마침내 내가 내 자신에 대해 느끼는 방식에 변화가 나타나기 시작했다. 결국 내가 좋아하는 것들을 찾아내기 시작한 것이다.

심지어 내 외모와 관련해서도 좋은 점들을 찾아내기 시작했다. 일례로 나는 키가 컸다. 그러니까 먹고 싶은 걸 좀 먹더라도 그리 뚱뚱해지진 않을 수 있었던 것이다. 머리숱이 많은 것도 재산이었다. 게다가 내 가장 친한 친구의 어머니는 내 눈썹이 그야말로 환상적이라고 했다. 싫은 것들을 보는 대신 좋은 것들에 집중하기 시작한 것이다. 마법처럼 내 외모가 좋아지기 시작했다. 내 자신을 제약하는 생각들을 포기하자 내 자신의 아름다움이 보이기 시작한 것이다. 거울 속의 가엾은 작은 괴물을 향해 가시 돋친 말을 덜 하면 덜 할수록, 그 괴물은 점점 더 아름답게 변해갔다. 내 자신을 변화시키려는 노력을 덜 할수록 오히려 더 변화한 것이다.

기적처럼 시력도 정상으로 돌아왔다. 드디어 콜라병 밑바닥처럼 두터운 렌즈가 달린 안경과 콘택트렌즈를 벗어던질 수 있었다. 여드름투성이였던 피부도 깨끗해졌고 몇 달간 치아 교정기를 쓴 끝에 치아도 다른 식구들의 치아만큼이나 가지런해지기 시작했다. 이제 내 스스로 못생겼다고 느껴지는 건 아빠와 두 번째 부인을 방문할 때뿐이었다.

그 당시에는 미처 깨닫지 못했지만, 나는 아빠를 방문할 때마다 '나에 대한 아빠의 믿음'(순전히 나만의 착각이었지만)을 만족시키기 위해 내 '외모'를 변화시키고 있었던 것이다. 이제 나는 내가 태어날 때 아빠가 한 말은 아무 생각 없이 무심코 내뱉은 말이라는 것을 잘 안다. 악의는 전혀 없었던 것이다.

하지만 그때 나는 그것을 몰랐기 때문에 '못생긴 아기'라는 아빠의 말이 가슴에 와 박혔고, 스스로 그 말을 현실화시키고 점점 더 구체화시킨 것이다. 심지어 시력 문제만 해도 순전히 내 스스로 만들어낸 것이었다. 시력 문제는 유전적인 문제라고도 하는데, 우리 가족 5명 중에 안경을 쓰는 사람은 나밖에 없었다. 다른 식구들은 좌우 시력이 무려 2.0이었다. 마찬가지로 가족 중에 치아 교정기를 쓴 사람도 없었다. 모두 흠 잡을 데 없이 완벽한 치아를 갖고 있었던 것이다.[89]

팸의 경험에서 볼 수 있듯, 우리가 태어날 때 들은 말은 정말 심각한 문제가 된다. 다음 세션에서는 서구식 출산 방법들에 의해 어떻게 각종 믿음이 생겨날 수 있는지를 살펴보기로 하겠다. 이때 분만 속도를 높이기 위해 약물을 사용하는 것이 문제가 될 수 있다.

'나는 뭔가 부족해'라는 핵심 믿음의 근원 찾아내기:

출산 전 코치(Prenatal coach) 크리스털 디 도미지오

'나는 뭔가 부족해'라는 믿음은 내가 여러 해 동안 붙잡고 싸운 믿음이다. 나는 그런 믿음이 내 삶의 모든 분야에서 직접적으로 또는 간접적으로 나타난다고 느꼈다.

나는 내 자신의 한계를 규정하는 이 믿음의 뿌리를 찾기 위해 매트릭스 리임프린팅을 받아보기로 했다. 그 과정에서는 나는 그 믿음이 자궁에서 시작됐다는 강한 직감을 느꼈다. 그래서 나는 자궁 속 시절로 되돌아가 보았고, 거기서 엄마가 나를 낳는 동안 내 속에 '나는 뭔가 부족해'라는 믿음을 심어줄만한 일이 일어났다는 걸 알게 됐다.

내가 엄마 뱃속에서 세상으로 나오려 하고 있을 때, 의사가 엄마한테 내가 너무 늦게 나온다며 옥시토신 합성 물질을 투여해 분만 속도를 높이겠다고 했다.

나는 내가 기대만큼 효과적으로 세상에 나오질 못하고 있다는 메시지를 받았고, 그 때문에 내면에 '나는 뭔가 부족해'라는 믿음을 갖게 되었다. 그리고 그런 믿음이 평생 나를 지배하게 되었다.

매트릭스 출생 리임프린팅 기법을 통해 나는 엄마의 출산이 의학적인 개입 없이 자연의 섭리대로 진행되게 했다. 나는 태어날 준비를 할 시간을 가질 수 있었고, 엄마는 부드러우면서도 편안한 출산을 할 수 있었다. 모든 과정을 동료인 캐슬린이 옆에서 도와주었고, 나는 내 믿음들이 바뀌는 경이로운 경험을 했다. 매트릭스 출생 리임프린팅이 끝난 뒤 내 안의 믿음들은 더 이상 예전의 믿음들이 아니었다.

생존 임프린트

출생 트라우마 문제 전문가인 캐런 멜튼Karen Melton은 '생존 임프린트survival imprint'라는 용어를 만들어냈는데, 나는 역시 그 용어를 자주 사용하고 있다. 우리의 삶이 위협을 받게 될 경우 또는 우리가 투쟁 또는 도피의 상태에 놓여 우리 몸이 자극되면, 에코 또는 생존 임프린트가 생겨날 수 있다. 에코와 생존 임프린트는 근본적으로 같은 것이다. '에코'는 매트릭스 리임프린팅에서 쓰이는 특수한 용어이지만, 그 외 분야에서는 에코를 생존 임프린트라 부르기도 하는 것이다. 생존 임프린트는 우리가 두려움과 공포, 불안 등을 느낄 때 생겨날 수 있다. 외부 환경이 우리의 생존에 위협이 될 것 같을 때 경고의 의미로 생겨나는 것이다. 이는 일종의 잠재의식적인 학습으로 결국 이런저런 믿음들을 만들어내게 되는데, 우리가 그 순간 배운 것들을 훗날 우리 자신을 지키기 위해 저장해두기 때문이다.

알레르기들은 생존 임프린트에서 비롯된다. 예를 들어 우리가 오렌지를 먹고 뭔가 트라우마성 일을 경험할 경우, 잠재의식은 오렌지는 안전하지 않다는 정보를 저장하는 것이다. 나는 또 많은 알레르기들이 그 뿌리를 자궁 속이나 출생 시기에 두고 있다는 사실도 알게 됐다. 알레르기는 세상은 위험한 곳이라는 믿음에 의해 촉발될 수도 있는데, 그것은 우리 몸이 우리 환경 속에 있는 무해한 것들을 안전하지 않다고 평가해버리기 때문이다. 그 이유가 생물학적으로 정확히 밝혀진 건 아니지만, 알레르기는 엄마로부터 유전될 수도 있다. 에너지 차원에서 물려받는 것이다. 만일 어떤 알레르기가 유전된 것이라면, 이렇게 물어볼 수 있을 것이다. "이 알레르기는 누구의 것인가?" 그리고 만일 당신 자신의 알레르기가 아니라면, 의식이나 사랑을 통해 그걸 자연이나 원래 온 곳으로 되돌려 보낼 수 있다. (이는 매트릭스 출생 리임프린팅 기법은 아니며, 게리 더글러스가 창안한 '접근 의식Access Consciousness'이란 기법에서 빌려온 방법이다.)

2장에서 언급했듯, 나는 아직 체외수정IVF을 통해 태어난 사람과는 일을 해보지 못했다. 체외수정으로 아기를 낳은 임산부들과 일을 하거나 체외수정 중인 여성들을 돕는 일만 해봤을 뿐이다. 그러나 내가 보기에는 체외수정 과정 중에도 에코 또는 생존 임프린트가 생겨날 수 있는 것 같다. 체외수정이 도입된 초창기 시절에는 의사들이 얼마나 많은 난자가 착상될지 확신할 수 없었기 때문에, 엄마의 자궁 안에 생존 가능한 난자들을 과다할 정도로 많이 집어넣었다. 너무 많은 난자가 착상될 경우 의사들이 그중 일부를 버리면 되니까. 나는 버림받지 않은 난자들은 형제 난자들이 버려졌다는 사실을 의식할 거라고 믿는다. 그리고 영혼-의식 관점에서 보자면, 의식이 있는 이 난자들의 입장에서는 처음에는 많은 영혼에 둘러쌓여 있다가 그중 상당수가 죽임을 당하게 되는 것이다. 이를 통해 분명 생존 임프린트가 생겨나게 될 것이다. 물론 요즘에는 한 번에 생존 가능한 난자 한두 개만 자궁 안에 심어져 그럴 일은 없다. 시험관을 통해 수정되거나 난자 형태로 냉동된 아기들의 경우 어떤 믿음들이 만들어지는지를(혹시 믿음들이 만들어진다면) 알아본다면 정말 흥미로울 것이다.

자궁 내에서의 수술은 에코를 만들어낼 수 있다. 만일 아기에게 입천장이 갈려져 말을 제대로 못하게 되는 구개파열 증세가 있다면, 의사들은 자궁 내 수술을 할 것이다. 수술을 아기가 태어난 후에 하는 것보다는 자궁 안에 있을 때 하는 게 더 쉽기 때문이다. 특히 그 시기의 태아가 의식이 있다면, 이런 수술은 에코를 만들어낼 수 있다. 그리고 앞서도 설명했듯, 만일 엄마가 마취제 처방을 받는다면 그것 역시 아기에게 영향을 줄 수 있다. (마취제가 아기에게 미치는 영향에 대해서는 10장을 참조하라.)

가정 폭력 또한 에코를 만들어낼 수 있다. 특히 엄마가 그 폭력을 목격하거나 직접 경험할 때 더 그렇다. 또한 분노심과 적개심에 가득 차 남편을 때리는(이런 일은 생각보다 많다) 여성들의 경우에도 에코를 만들어낼 수 있다. 아기들은 엄마와 똑같은 감정을 경험하기 때문이다.

마찬가지로, 원치 않는 아기를 낳을 경우, 이 또한 에코를 만들어낼 수 있다. 특히 엄마가 낙태를 고려 중이거나 낙태가 실패한 경우 더 그렇다. 이런 일은 대개 엄마가 임신 사실을 알고 아이를 낳아야 하나 하는 문제로 고민을 하는 임신 초기에 일어난다. 이게 만일 당신의 얘기이거나 당신이 지금 임신 초기라면, 당신의 자궁 부위에 손을 얹고 아이에게 이렇게 말하라. "미안해. 이 엄마가 워낙 충격을 받았었어. 지금은 네가 있어 행복해. 걱정 마. 넌 안전해."

유산 때문이든 사산 때문이든 아니면 낙태 때문이든 자궁 안에서 한 아이가 사라지면, 이는 자궁 안에 에너지 임프린트를 남기고, 그 이후에 오는 아이는 그 임프린트를 받아들여 에코가 만들어질 수 있다.

생존 임프린트 또는 에코는 엄마에게 어떤 생명의 위협이 있을 때, 그러니까 예를 들어 엄마가 트라우마를 안겨주는 일이나 충격적인 일을 당하거나 목격할 때에도 만들어질 수 있다. 아기가 엄마의 트라우마나 충격을 자신의 것처럼 받아들일 수 있기 때문이다.

불안정한 엄마 또한 자궁 속 아기에게 생존 임프린트를 만들어줄 수 있다. 만일 엄마가 조울증이나 기타 비슷한 정신 질환을 앓고 있다면, 불확실한 감정 기복이 아기에게 임프린트를 만들어줄 수 있는 것이다

생존 임프린트는 수정 과정 그 자체에서 만들어지기도 한다. 아기는 난자가 나팔관을 따라 내려와 정자를 만나 수정되면서 생겨나는데, 그때 어딘가 착상될 곳을 찾아내야 한다. 내가 매트릭스 출생 리임프린팅 트레이닝 과정 중에 이 얘기를 할 때면, 많은 사람들이 안전한 곳을 찾아내지 못할 지도 모른다는 두려움에 휩싸이곤 한다. 그런 두려움은 훗날 안전하다고 느껴지는 장소를 찾기 위해 이 집 저 집 계속 옮겨 다니는 형태로 재연되기도 한다.

언젠가 나는 한 고객과 함께 자신이 수정되기 직전 시절로 되돌아가 아버지의 정자에서 나오는 에너지를 찾아낸 적이 있다. 그는 자기 아버지에 대해 잘 알지 못했지만, 그의 정자를 통해 전해진 외상 후 스트레스 장애PTSD 증세가 있다고 느꼈다. 함께 그 느낌을 제거하자, 삶에서 느끼는 그의 불안감이 현저히 줄어들었다.

만일 생존 임프린트에 대한 이 글을 읽으며 당신 안에서 어떤 두려움 같은 것이 생겨난다면, 다음에 소개하는 연습을 충실히 해보라. 그 두려움이 어디서 오는지 확인할 수 있을 것이다.

당신의 두려움들을 적기

다음에 소개하는 연습은 내가 이 책을 쓰기 전에 알게 된 것이다. 내가 만일 로렌스 블록Lawrence Block이 쓴《당신의 삶을 써라Write Your Life》[90]에

나오는 연습들을 직접 해보지 않았다면, 아마 이 책을 쓰지 못했을 지도 모른다. 나는 이 연습을 그 책에서 가져와 EFT 기법에 접목시켰다.

우리는 우리가 두려워하는 것의 실체를 제대로 알지 못하는 경우가 많다. 그리고 또 두려움에 관심을 집중할 경우 그 두려움이 더 강해져 사태가 악화될 거라고 믿는다. 그러나 사실은 그 정반대이다. 두려움을 직시하고 그것이 우리를 지배하는 걸 멈추지 않는 한, 우리는 아무것도 바꿀 수가 없다. 글을 쓰는 것은 우리의 잠재의식에 접근해 매사에 한계를 두는 우리의 믿음들을 찾아내는 좋은 방법이다.

다음에 소개하는 연습은 당신이 선택하는 어떤 주제에도 적용 가능하다. 여기에서 우리는 '태어나는 것과 관련된 두려움'을 주제로 연습을 할 것이며, 당신이 조만간 부모가 될 사람이라면 예를 들어 '낳는 것과 관련된 두려움'이나 '부모가 되는 것과 관련된 두려움'이라는 주제를 중심으로 연습해볼 수도 있을 것이다.

제일 먼저 기억해야 할 일은 당신 외에는 당신이 적은 것들을 읽게 될 사람이 없다는 것이다. 그러니 아주 솔직하게 거짓 없이 적어야 한다. 그리고 당신이 알고 있는 두려움들은 반드시 종이에 직접 적도록 하라. 컴퓨터를 이용해 타이핑하는 것보다는 손으로 직접 적는 것이 그 효과가 더 강력하다. 손으로 직접 적는 게 잠재의식에 보다 쉽게 접근할 수 있기 때문이다. 타이머를 2~5분 정도 설정해 놓고 연습하는 게 도움이 될 수 있는데, 그래야 가능한 빨리 적을 수 있다.

1. 심호흡을 하라. 그리고 잊지 말고 계속 호흡을 하라.
2. 적을 말을 결정한 뒤 적기 시작하라.
   태어나는 것과 관련된 나의 두려움은 _____이다.

3. 그 두려움을 적어라.

   태어나는 것과 관련된 나의 또 다른 두려움은 _____

   이다.

이 과정을 반복하면서 타이머 시간이 다 될 때까지 당신의 두려움들을 적어내려 가라. 만일 계속 생각이 떠오른다면, 자연스럽게 끝냈다고 느껴질 때까지 계속 적어라.

머릿속에서 생각이 흘러넘친다면 쉽게 두려움들을 적어 내려갈 수 있을 것이다. 가다가 막힐 경우, 생각이 다시 흘러넘칠 때까지 계속 밑줄을 제외한 문장의 앞부분을 적어라.

이 두려움 목록을 작성하면서 당신은 태어날 때 형성된 당신을 제약하는 믿음들을 찾아내게 될 것이다. 부모가 될 시점이나 아기를 낳을 시점에서 이 연습을 가게 된다면, 역시 당신을 제약하는 가장 일반적인 믿음들을 찾아내게 될 것이다. 그러면 앞서 배운 방법들 중 하나를 사용해 당신의 에코들이 형성된 믿음들과 언제 연관을 맺게 되었는지를 알아낼 수 있게 된다. 만일 당신 자신의 출생 경험을 다루는 거라면, 보다 쉽게 아기 시절의 그 당시 당신 자신을 상상해볼 수 있을 것이며, EFT와 매트릭스 리임프린팅을 이용해 해결할 수 있는 것이 있을 것이다.

다음에는 하나의 예로 태어나는 것과 관련된 내 자신의 두려움들을 적어보았다. 흥미로운 점은 내가 마치 그 시점에서 자궁 속에 있다 자연스레 출산 후의 시점으로 옮겨간 것처럼 두려움들을 술술 적어나갔다는 것. 나는 또 이 연습에서 내 자신의 핵심 믿음들이 쉽게 확인되는 것을 알 수 있었다.

- 태어나는 것과 관련된 내 두려움들 가운데 하나는 아무도 나를 반겨주는 사람이 없을 거라는 것이다.
- 태어나는 것과 관련된 또 다른 내 두려움은 내가 꼼짝달싹 못하게 될 거라는 것이다.
- 태어나는 것과 관련된 또 다른 내 두려움은 내가 제대로 해내지 못할 거라는 것이다.
- 태어나는 것과 관련된 또 다른 내 두려움은 모든 게 변할 거라는 것이다.
- 태어나는 것과 관련된 또 다른 내 두려움은 내가 죽을 거라는 것이다.
- 태어나는 것과 관련된 또 다른 내 두려움은 내가 일을 그르칠 거라는 것이다.
- 태어나는 것과 관련된 또 다른 내 두려움은 그들이 나를 좋아하지 않을 거라는 것이다.
- 태어나는 것과 관련된 또 다른 내 두려움은 안전하지 못하다는 것이다.
- 태어나는 것과 관련된 또 다른 내 두려움은 춥다는 것이다.
- 태어나는 것과 관련된 또 다른 내 두려움은 너무 시끄럽다는 것이다.
- 태어나는 것과 관련된 또 다른 내 두려움은 역겨운 냄새가 난다는 것이다.
- 태어나는 것과 관련된 또 다른 내 두려움은 내가 완전히 외톨이란 것이다.
- 태어나는 것과 관련된 또 다른 내 두려움은 낯설다는 것이다.

• 태어나는 것과 관련된 또 다른 내 두려움은 사랑받지 못한다는 것
  이다.

그 어떤 두려움이든 EFT나 매트릭스 리임프린팅을 이용해 태핑하는
것을 잊지 말라.

지금까지 믿음들이 어떻게 형성되며 각인(임프린트)들이 어떻게 만들
어지는지를 살펴보았다. 다음 장에서는 임신 또는 출산 중에 생길 수 있
는 문제들에 대해 살펴볼 것이다.

15장

특정 임신 문제들
다루기

출산은 이머전시(*emergency*, 비상사태)가 아니라 이머전스(*emergence*, 출현)일 뿐이다.
– 지닌 파르바티 베이커

임신 기간 중에는 온갖 감정이 고조된다. 엄마 입장에서는 온갖 감정이 출현하고, 그 결과 또 아기 입장에선 온갖 종류의 각인이 만들어진다. 이 장에서 우리는 임신 및 출산 결과로 생겨나는 문제들에 대해 살펴볼 것이다.

또 실제의 출산 속도가 우리 자신 및 세상에 대한 우리의 인식에 어떤 영향을 주는지에 대해서도 알아볼 것이다. 그리고 이 장 후반부에서는 빠른 출산과 늦은 출산이 아이와 아이가 세상에 나오는 방식에 어떤 영향을 주는지도 살펴볼 것이다.

임신 기간 중에 생길 수 있는 문제들

임신 중에는 우리 자신을 제약하는 많은 잠재의식적 믿음들이 고조되고 또 많은 두려움이 생겨난다. 많은 부모들이 내게 얘기해준 두려움들과 그 두려움 때문에 생겨날 수 있는 우리 자신을 제약하는 믿음들은 다음과 같다.

두려움	제약하는 믿음
내가 괜찮은 엄마가 될 수 있을까?	나는 뭔가 부족해./나는 제대로 못할 거야.
내가 그들을 충분히 사랑할 수 있을까?	나는 무능력해.
아기가 사고 등으로 내 곁을 떠나거나 살아남지/잘 자라지 못하면 어쩌지?	세상은 위험한 곳이야.
내가 아기를 실망시킬 거야.	나는 뭔가 부족해.
뭘 바라야 할지 모르겠다.	세상은 위험한 곳이야. 나는 안전하지 못해.
고통이 두렵고 감당 못할 거 같다.	나는 실패작이야./나는 뭔가 부족해.
아이 낳는 게 두렵다(다른 사람들의 부정적인 이야기들을 들어서).	나는 무력해./나는 희생자야. 나는 안전하지 못해.
책임에 대한 두려움 - 한 여성은 이런 말을 했다. "내 아기에게 어떻게 뭘 마시는 법을 가르쳐야 할까? 나는 실제 아기에게 숨 쉬는 법도 가르쳐야 한다고 느꼈다…. 그야말로 모든 걸 가르치는 게 내 의무인 거야…. 그 애가 벌써 35살이고 혼자 숨도 잘 쉰다."	나는 뭔가 부족해. 나는 무능해. 세상은 안전하지 못해.
병원에 있는 게 두렵고 모든 게 내 통제/안전지대 밖인 것 같다.	나는 안전하지 못해. 나는 통제가 안돼.
내 작은 아기를 어떻게 돌봐야 할지 모르겠다. (경험도 없고 괜찮은 사용자 설명서도 없고)	나는 뭔가 부족해. 나는 무능해.
산후 우울증에 대한 두려움.	나는 무력해.
나나 내 파트너에게 뭔 일인가가 일어날 것 같아 두렵다. 이런 무력감이 커졌다.	세상은 위험한 곳이야./나는 뭔가 부족해. 나는 안전하지 못해.
이 세상 위험들에 대한 두려움. 각종 뉴스, 전쟁, 다른 사람의 아이를 뺏어가는 사람들. 더 경계하고 방어적이 될 수밖에 없다.	세상은 위험한 데야. 나는 안전하지 못해.
아무도 날 도와주지 않을 거야.	내겐 아무도 없어.
임신을 하지 못할 거라는 두려움.	나는 뭔가 부족해./나는 제대로 못할 거야.
아기를 가질 자격이 없다는 두려움.	나는 뭔가 부족해.

이런 두려움들과 제약하는 믿음들 가운데 상당수는 어머니가 6살도 안됐던 때에 그 뿌리를 두고 있다. 대개 한 가지 두려움 뒤에 한 가지 믿음이 도사리고 있다. (다시 돌아가 4장과 13장을 보면, 당신 자신을 제약하는 믿음들과 두려움들을 알아내는 연습을 할 수 있을 것이다.)

엄마 입장에서는 임신 중에 주목을 받게 되는 문제들이 많다. 우선 의식적이든 무의식적이든 자신의 출생과 관련된 기억들이 있을 수 있다. 만일 자궁 속에 있는 동안 거기 갇혀 있다는 두려움들을 갖고 있었다면, 그 두려움들이 여러 방식으로 나타날 수 있다. 예들 들어 임신 때문에 뭔가에 갇혔다는 두려움을 느낄 수 있을 것이다.

임산부들은 아기를 낳는 꿈을 꾸는 경우가 많다. 그리고 그 꿈은 자기 자신이 어떻게 태어났는지를 보여주는 경우가 많다. 우리가 어떻게 태어났는가 하는 것과 우리가 직접 아기를 낳으면서 겪는 경험 사이에는 밀접한 관련이 있다.

임신 중에는 종종 과거에 당했던 성적 학대 기억들이 떠오르기도 한다. 성적 학대는 불임의 원인이 될 수 있고, 임신을 지연시키거나 임신을 해도 수치심, 죄책감, 뭔가 부족한 엄마가 될 거라는 느낌 등을 갖게 만든다. (성적 학대를 당한 경험은 남자의 정자 수에 영향을 주기도 한다.)

어떤 여성들은 성적 학대를 당한 기억들을 의도적으로 억제하려 하지만, 그 기억들이 임신 기간 중에 표면으로 튀어나오는 경우가 많다. 성적 학대를 당한 여성들의 경우, 자신 안에서 아기가 자라나고 있다는 사실에서 자기 의사와 관계없이 뭔가에 침범당해 통제 불능 상태가 됐다는 느낌을 받기도 한다. 또 지나치게 아기를 보호하려는 충동을 느끼거나 어떻게 하면 아기를 안전하게 지킬까 하는 불안감에 빠지기도 한다.

페니 심킨Penny Simkin과 필리스 클라우스Phyllis Klaus는 자신들의 공저

《생존자들이 아기를 낳을 때When Survivors Give Birth》에서 성적 학대가 임신한 여성들에게 미칠 수 있는 영향에 대해 이렇게 말하고 있다.

1980년대 중반에 출산한 여성들에 대한 연구를 하면서, 우리(필리스 클라우스는 정신요법 의사이자 카운슬러였고, 페니는 출산 교육가이자 카운슬러이자 출산 도우미였음)는 어릴 때 성적 학대를 받은 여성들은 임신 중에 특히 더 불안감을 느끼고 출산 및 육아 초기에 어려움이나 트라우마를 겪는 경우가 많다는 걸 알게 됐다. 성적 학대를 받은 여성들은 각종 신체검사라든지 몸에 메스를 대는 일 등에 거부감을 보이는 경우도 많다. 분만 과정의 예측 불가성, 산고에 대한 불안, 자신의 행동과 분만 과정 자체에 대한 통제 불능감 등이 특히 문제가 된다. 이런 여성들은 담당 의사나 산파, 간호사 등을 신뢰하는 데도 어려움이 있다. 좋은 부모가 될 능력이 없다며 자책을 하기도 한다.[91]

그러면서 페니 심킨과 필리스 클라우스는 이렇게 덧붙인다. "과거에 정신병력이 있거나 어린 시절 성적 트라우마가 있는 여성들은 출산 후에 외상후 스트레스 장애에 걸릴 위험성이 특히 더 높다."

두려움은 출산 과정을 둔화시키거나 중단시키기도 한다. 엄마 입장에서는 아기를 낳기 위한 더 안전한 곳을 찾으려는 생존 반응인 것이다. 그런데 병원에서는 선택의 여지가 없어, 의사들은 약물이나 의학적인 조치들을 취해 출산 기간을 단축시키며, 그로 인해 마음과 감정을 갈등 속에 몰아넣는다. 내가 알기로 그 과정에서 가장 큰 영향을 받는 사람들은 출산 전에 이미 큰 트라우마나 외상 후 스트레스 장애를 겪은 사람들이다. 출산으로 인해 트라우마를 안겨준 과거의 경험이 되살아나는 경우가 많기 때문이다. 우리는 외상 후 스트레스 장애를 주로 전쟁과 관련된 문제로 생각하지만, 사실 그 증세는 심각한 트라우마성 사건으로도 생겨날 수 있다.

학대를 받았던 여성들은 산후 기분 장애를 앓게 될 가능성도 더 높고, 아기와의 유대감 형성 및 모유 수유에도 어려움을 겪을 수 있다. 그런 여성들은 또 높은 수준의 불안감과 각종 수면 장애를 겪기도 하며, 아기와 단둘이 있는 걸 두려워하기도 한다. 가끔은 자신의 두려움을 아기를 향해 쏟아 붓기도 한다. 어떤 경우에는 스스로 자기 아기를 해치거나 괴롭힐지 모른다며 불안해하거나 자신이 나쁜 엄마가 될 거라며 두려워하기도 한다.

슬픔 또한 임신 기간과 분만 중에 느낄 수 있는 강한 감정이다. 그 슬픔은 사랑받지 못한다고 느끼는 데서 오는 것이거나, 또는 삶이 변화하고 있다는 사실에서 오는 것일 수도 있다.

만일 임신한 여성이 엄마를 잃었다면, 그로 인한 슬픔이 임신 기간 중에 더 깊어지기도 한다. 여성들은 대개 임신 기간 중에 엄마가 조금이라도 더 곁에 있어주길 바라기 때문이다. 그래서 만일 엄마가 죽었거나 곁에 없을 경우, 또는 두 사람 사이가 그리 좋지 않을 경우, 이 모든 문제들에 대한 슬픔이 더 깊어질 수도 있는 것이다.

아기 아빠도 자기 자신의 출생 경험으로 인해 트라우마를 겪을 수 있다. 따라서 이 장에서 언급되는 문제들을 해결하기 위해 매트릭스 출생 리임프린팅 기법을 사용할 때, 당신이 전문가 입장에서 아기 아빠를 위해서도 이 기법을 사용한다면 많은 도움이 될 것이다. 이상적인 관점에서 보자면, 출산 과정에 참여한 모든 사람을 상대로 각자의 출생 트라우마를 제거해주는 것이 가장 좋을 것이다.

엄마가 과거에 유산을 한 경우

여성들은 유산 등으로 아기를 잃을 경우 평생 큰 슬픔을 안고 살아가게 된다. 병원들이 아기를 잃고 난 뒤의 심리학적 후유증에 대해 신경을 쓰기 시작한 것은 극히 최근의 일이다.

조세핀 – 슬픔을 치유하다

조세핀Josephine은 1970년대에 유산과 사산을 경험했다. 세 번째 임신했을 때에는 아름답고 건강한 딸을 낳을 줄 알았다. 그러나 공교롭게도 그녀가 한창 산통을 겪고 있을 때 그녀의 아버지가 다른 병원에 입원해 사경을 헤매고 있었다. 그녀는 세 차례의 임신을 통해 정말 많은 슬픔을 겪었다. 우리는 세 번째 사산에서부터 작업을 시작했다. 나는 조심스레 그녀를 그 당시의 기억으로 이끌고 가 이렇게 물었다. "어디서 시작해야 할까요?" 그녀는 당시의 일을 설명하기 시작했다. 그녀의 아기는 태어나기 무섭게 병원 측에서 데려갔다. 그녀는 그 아기를 안아보지도 못했고 이름도 붙여주지 못했으며 심지어 얼굴도 보지 못했다. 그녀와 그녀의 남편은 아기에게 작별 인사도 못했고, 그래서 결말도 없는 결말을 본 느낌이었다. 그 당시의 병원들에서 이런 일은 아주 흔한 일이었다. 모든 걸 병원 측에서 처리해 아기의 장례식도 치러주지 못했고, 그래서 그녀는 아기의 몸은 어떻게 됐는지조차 알지 못했다. 나는 그녀에게 자신의 에코와 남편의 에코를 태핑해 그 당시 두 사람이 느꼈던 상실감을 전부 다 씻어내라고 했다. 우리는 매트릭스 출생 리임프린팅 기법을 사용해 그녀의 주변에 있던 의사와 간호사들을 상대로 교육을 했고, 조산사에게 부탁해 조세핀이 안아볼 수 있게 그녀에게 아기를 건네주게 했다. 그런 다음 조세핀에게 그녀가 상상할 수 있는 가장 아름답고 신성하고 행복한 장소를 만들어보라 했고, 그녀는 자신과 남편을 위해 자연 속에 그런 신성한 장소를 만들어냈다. 그녀는 아기에게 로빈Robin이란 이름도 지어주었고, 그런 뒤 그 몸을 그 신성한 장소의 땅 속에 묻어주었다. 그녀는 그런데도 아직 자신의 품 안에 안겨 있는 아기의 영혼을 볼 수 있었다. 그리고 흥미롭게도, 아기의 영혼이 자라기 시작하더니 5살 가량의 아이로 변했다. 아이는 주변을 뛰어다니기 시작했고, 그래서 그들은 아이와 함께 놀 수 있었다. 조세핀은 자신들이 찾아와 아들과 놀 수 있는 만남의 장소를 만들어낸 것이다. 이것이 우리가 리임프린팅한 영상으로, 이 영상은 그녀에게 커다란 마음의 평화를 가져다 주었다.

다음 회차 매트릭스 출생 리임프린팅에서는 유산 문제에 대해서도 비슷한 작업을 했다. 일단 우리는 조세핀이 유산을 경험한 집으로 돌아갔다. 그리고 아기를 잃은 슬픔과 유산을 둘러싼 모든 트라우마를 제거했다. 조세핀은 유산된 아기에게 사이먼Simon이란 이름을 지어준 뒤 그 아기를 신성한 장소로 데려갔다. 그리고 그 몸을 로빈 바로 옆 자리에 묻어주었다. 역시 아기의 영혼은 그녀의 품안에 그대로 안겨 있었다. 사이먼은 3살 가량 되는 아이로 자라나, 5살 난 자기 형과 놀기 시작했다. 그래서 이제 조세핀에게는 두 영혼 아이가 생겼고, 그 둘은 신성한 장소에서 놀고 있었다. 우리는 이 영상을 리임프린팅했다.

세 번째 매트릭스 출생 리임프린팅에서 우리는 조세핀의 딸의 출산 시기로 되돌아갔다. 나는 조세핀에게 이렇게 물었다. "당신이 만일 아버지가 임종 중이라는 사실을 알았더라면, 그 얘기를 직접 전해 듣고 아버지의 임종을 지키길 원했을까요?"

"예, 아빠의 임종 소식을 직접 전해 들었더라면 더 좋았을 거 같아요."

그래서 우리는 출산 과정을 잠시 중단시켰고, 조세핀은 부드럽게 자신의 에코에게 말했다. "아빠가 바로 옆 병원에서 위중한 상태라는데, 우리 아빠한테 가보자." 그녀는 병원을 찾아가 아버지 곁에 앉아 대화를 나누었고, 자신이 하고 싶었던 얘기를 다 했다. 그리고 아버지가 마지막 숨을 거둘 때 가슴에 꼭 안았다. 우리는 아버지의 몸을 데리고 신성한 장소로 와, 그의 육신을 두 손자가 묻힌 곳 바로 옆에 묻었다. 그때 그녀의 아버지는 영혼 형태로 딸의 곁에 서 있었다. 조세핀의 아버지와 두 사내아이들은 그녀와 남편과 함께 놀기 시작했고 다 함께 있는 즐거움을 만끽했다. 내가 조세핀에게 세 번째 딸은 어디서 낳고 싶냐고 물었을 때 그녀는 이렇게 말했다. "내 딸은 신성한 장소에서 낳고 싶어요." 우리는 신성한 장소를 아기를 낳을 수 있는 곳으로 바꾸었고, 그녀는 자신의 남편과 아버지와 두 아들이 지켜보는 데서 딸을 낳았다. 그녀는 마음을 편히 가질 수 있어 딸과 유대감도 제대로 형성할 수 있었다. 더욱이 그것도 즐겁게. 그녀는 이제 더 이상 두 아들에 대한 슬픔도 없었다. 결국 우리는 너무도 아름다운 이 영상을 리임프린팅했다.

세 차례의 매트릭스 출생 리임프린팅은 조세핀은 물론 그녀의 남편에게도 아주 강력한 영향을 주었다. 그녀는 매트릭스 출생 리임프린팅이 끝난 뒤 이렇게 말했다. "나와 조지는 우리 아이들을 잃고 정말 비탄에 빠졌었는데, 지금 그게 얼마나 달라졌는지 말로 다 설명하기 힘들 정도예요."

앞서 말한 대로, 유산을 하게 되면 자궁 속에 죽음이 각인될 수 있으며, 그 다음에 오는 아기가 그걸 그대로 물려받게 된다. 내 친한 친구 하나는 자신과 자신의 남동생 간의 차이를 곰곰이 생각하며 여러 해를 보냈다. 그녀는 늘 외향적이고 긍정적이었지만, 그녀의 남동생은 정반대여서 각종 중독에 시달리거나 자살 생각을 하는 등 자기파괴적인 성향을 보였다. 그러다 매트릭스 출생 리임프린팅을 공부하면서, 그녀는 문득 자기 어머니가 자신을 낳고 남동생을 낳기 전에 두 차례 유산을 했었다는 것이 기억났다. 그 외에도, 남동생이 태어난 직후에 아버지가 큰 사고를 당하는 등, 남동생에게 영향을 줄 수 있는 환경적·사회적 요인도 많았다. 그러나 그녀는 종종 자신이 엄마 자궁 안에 있을 때 즐거움이란 즐거움은 죄다 빨아들였다는 두려움을 갖고 있었고, 그러다가 유산이 그 다음에 오는 아이에게 영향을 줄 수 있다는 것을 알게 되었다. 그런 사실을 알고 난 뒤 그녀는 더 이상 자기 남동생의 정신 상태에 대해 어떤 책임감 같은 것을 갖지 않게 되었다.

벤 – 과거에 유산 경험이 있는 엄마의 비이성적인 두려움
테드 윌먼트의 글

내가 처음 매트릭스 출생 리임프린팅 기법을 사용한 사람들 중 하나가 뇌졸중에 대한 비이성적 두려움을 갖고 있던 21살 난 청년 벤Ben이었다. 벤은 심한 심계항진(불규칙하거나 빠른 심장박동이 느껴지는 증상 – 역자 주)과 가슴 두근거림 증상을 갖고 있었다. 받을 수 있는 검사와 촬영을 다 받아봤지만, 심장병 전문의들은 늘 이런 말을 했다. "심장은 더없이 건강하네요."

벤은 우울증 치료제인 프로작을 처방받았다. 그 전까지만 해도 그는 아주 건강했었다. 오랫동안 해오던 달리기를 중단했는데, 달리다 심장마비에 걸릴지도 모른다는 두려움 때문이었다.

나는 직감적으로 벤의 증상은 출생 문제로부터 비롯된 것 같다고 생각했다. 그래서 그에게 이 문제와 관련해 느껴지는 에너지에 집중해보라며 이렇게 말했다. "그런 느낌이 출생 전, 출생 도중, 출생 후 가운데 언제 들었나요?"

"출생 전이요." 그가 답했다.

벤은 자신의 출생 스토리를 잘 알고 있었다. 그는 어머니가 자신을 낳기 전에 유산 경험이 있었다는 사실도 알고 있었다.

우리가 그런 느낌이 처음 시작된 출생 전으로 돌아갔을 때, 그는 이런 말을 했다. "내가 태어나자마자 사람들이 내게 종부성사(위독한 사람에게 행하는 마지막 의식 – 역자 주)를 했어요."

"왜 그런 걸 한 걸까요?" 내가 물었다.

"글쎄요, 제 심장박동이 워낙 빨라 걱정되니까, 신부님을 모셔 종부성사를 하고 세례를 한 것 같아요."

그때까지만 해도 벤은 심장박동이 빨라 종부성사를 받은 것과 건강에 대한 자신의 불안감 사이에 어떤 관계가 있다는 걸 생각하지 못했다.

우리는 무엇보다 먼저 자궁 안에 있는 벤에게 집중했다. 그는 자궁 안은 어둡고 무섭다면서, 자신이 너무 일찍 조산되는 바람에 사람들이 자신에 대해 그렇게 걱정들을 많이 한다고 말했다. 기본적으로 그는 자신이 자궁 안에 있는 걸 싫어해 일찍 태어난 거라고 느꼈다. 그래서 우리는 자궁 속 색깔을 바꾸었고 또 그의 어머니의 에코를 태핑해 그녀를 진정시켰다. 그는 자궁 내 색깔이 사랑스럽고 건강한 빨간 색으로 바뀌었다고 말했다. 우리는 그를 두려움으로부터 끄집어내 진정시키는 등, 그의 출생을 리임프린팅했다.

벤은 그로부터 3주 후에 내게 전화해 이제 프로작을 끊었다고 말했다.

쌍둥이 중 하나가 자궁 안에서 죽을 경우

쌍둥이 중 하나가 자궁 안에서 죽으면, 뒤에 남은 다른 한 쌍둥이에게 훗날 정말 많은 문제가 생겨날 수 있다. 혼자 살아남은 것에 대한 죄책감, 홀로 남겨졌다는 두려움, 자살 충동 등. 다음 사례 연구는 그 많은 문제들 중 몇 가지를 보여준다.

로버트 - 쌍둥이 중 하나가 자궁 안에서 죽을 경우
샐리 앤 소울스비의 글

샐리 앤 소울스비 Sally Ann Soulsby는 고위 공무원으로 일하고 있는 자신의 고객 로버트Robert와 함께 매트릭스 출생 리임프린팅을 했다. 애초에 그는 어떻게 죽을 것인지 구체적인 계획까지 짜는 등 자살 충동을 심하게 느껴 그걸 치료하기 위해 왔었다. 그가 자살 계획을 실행에 옮기지 못한 이유는 단 하나였다. 그에겐 전처와의 사이에 낳은 두 아이가 있었는데, 그 아이들에게 상처를 줄 수 없었기 때문이다.

로버트는 자신이 기억하는 한 아주 오래 전부터 죽음에 대한 이상한 동경이 있었고, 그래서 아주 젊은 나이에 군대에 입대했다. 그리고 늘 작전 중에 죽는 상상을 했다. 매트릭스 출생 리임프린팅을 하기 몇 달 전에 그의 여자 친구가 갑자기 세상을 떴는데, 그는 자신이 좀 더 일찍 그녀를 병원에 데려가지 못한 것에 대해 죄책감을 느끼고 있었다. 우리는 그의 에코에 연결해 앰뷸런스를 불렀고 태핑을 통해 그의 가슴 속 두려움과 혼란을 제거했다. 그 에코는 죽음에 대해 큰 두려움을 갖고 있었는데, 갑자기 로버트가 그 에코와 교감을 나누기 시작했다. 그러면서 그는 의자에 앉은 채 눈에 띌 정도로 몸을 떨었다. 나는 서둘러 그를 현재의 순간으로 데려왔다. 이후 우리는 그가 차분해질 때까지 여러 차례 EFT 기법을 사용해 죽음에 대한 그의 두려움을 제거했다.

우리가 다시 과거의 기억으로 돌아가자마자 거의 바로 로버트는 자신과 쌍둥이 형제 폴Paul이 이제 막 태어나려 하는 엄마의 자궁 안으로 되돌아갔다. 그 시점에 로버트는 의식 속을 들어갔다 나왔다 하기 시작했다.

그는 자신의 쌍둥이 형제 폴이 출생 중에 죽었는데, 죽기 직전에 자신의 왼쪽 귀에 대고 말하는 걸 들을 수 있었다고 했다. 그는 폴을 위해 태핑을 해줄 수 있었는데, 알고 보니 놀랍게도 폴이라는 이름은 자신들의 출산을 도와준 의사의 이름을 그대로 딴 것이었다. 그는 폴에게 곧 일어날 일에 대비해 마음의 준비를 할 수 있게 해주었고 사랑한다는 말로 안심시켜주었다. 로버트의 에코는 쌍둥이 형제와 계속 연결되길 원했고, 그래서 그들은 필요할 때면 언제든 서로 커뮤니케이션하는 데 쓸 신호까지 만들었다. 그런 다음 우리는 성인이 된 로버트가 아기 폴을 받아 가슴에 안고 있는 출생 영상을 만들어냈다. 나는 잠시 자리를 비워 출산 후에 두 사람이 서로 유대감을 형성할 수 있는 시간을 갖게 해주었다.

로버트의 이전 믿음은 이런 것이었다. '쌍둥이 형제를 따라 죽고 싶어. 그가 없는 삶은 더 지속하고 싶지 않아.' 이제 그는 왜 그런 믿음이 평생 자신을 괴롭혔는지를 이해할 수 있었다. 그때까지는 자신이 갖고 있는 그런 믿음이 쌍둥이 형제의 죽음과 연관이 있다는 건 전혀 생각 못했던 것이다. 일단 쌍둥이 형제 폴과 연결이 되자, 더 이상 죽고 싶다는 믿음은 이제 더 이상 힘을 쓰지 못했다. 결국 그는 이전의 그 부정적인 믿음을 긍정적인 믿음으로 바꾸었다. '나는 이제 내가 늘 폴과 연결되어 있고 내가 우리 두 사람 모두를 위해 살 수 있다는 걸 잘 알기 때문에, 제대로 즐겁게 살 수 있어.'

우리는 새 영상을 리임프린팅한 뒤 로버트의 에코를 살펴보았다. 그의 마음 상태는 이제 완전히 달라져 있었다. 그는 마음이 편안하고 행복했으며, 아기 시절부터 앓아온 배앓이도 더 이상 하지 않게 되었다. 매트릭스 출생 리임프린팅이 끝난 뒤, 로버트는 큰 안도감과 감동을 느꼈다. 그리고 그날 이후 그를 괴롭혀온 자살 충동은 흔적도 없이 사라졌다. 그는 현재 매트릭스 안에서 자주 폴과 만나고 있다.

폴 - 체중 감소

나는 체중 감소 문제를 갖고 있던 스티브Steve와 함께 일해본 적이 있다. 그는 체중을 줄이려고 필사적인 노력을 기울였지만, 아무리 노력을 해도 그의 체중은 늘 그대로였다. 그는 주로 체중 문제 때문에 매트릭스 출생 리임프린팅을 두 차례 했지만, 아무 소용도 없는 듯했다. 한 번은 매트릭스 출생 리임프린팅 도중에 그가 이런 이야기를 했다. 한 최면술사를 찾아 갔었는데, 그가 자신을 자궁 안으로 데리고 들어갔다는 말을 했다. 그 자궁 안에는 바로 옆에 빈 공간이 있는 걸 알게 됐는데, 알고 보니 그게 자신의 쌍둥이 형제가 있었던 곳이었다.

우리는 매트릭스 출생 리임프린팅을 시작해, 자궁 안에 남겨진 쌍둥이 형제의 에너지를 없앤 뒤 그 쌍둥이 형제와의 재연결을 시도했다.

매트릭스 출생 리임프린팅이 끝났을 때 스티브는 내게 이런 말을 했다. "오, 맙소사! 이제야 깨닫게 된 건데, 나는 어머니에게 드릴 생일 카드를 살 때 늘 두 장을 사요. 어머니 선물을 살 때도 꼭 두 개를 사죠. 카드 두 장과 선물 두 개만 산 게 아니라, 매사에 늘 두 개씩 사요. 게다가 먹을 걸 살 때도 늘 두 개씩 삽니다. 껌을 사도 두 통을 사고, 생수를 사도 두 병을 사고, 초콜릿 바를 사도 두 개를 사고, 샌드위치를 사도 두 개를 사고…. 이제야 깨달은 건데, 그간 나는 물건을 살 때 늘 현재 여기 없는 내 쌍둥이 형제를 생각하고 먹는 것도 매번 2인분씩 먹은 거예요."

이 시점에서 그는 그간 자신의 식습관이 어땠는지를 알게 됐고, 그래서 곧바로 체중을 줄여나갈 수 있었다. 두 사람 몫의 음식을 먹을 필요가 전혀 없다는 걸 깨달은 것이다. 이제 그는 자기 몫의 음식만 먹으면 됐다.

여성들의 경우 임신 초기에 쌍둥이 중 하나를 잃고도 하혈만 좀 할 뿐 무슨 일이 일어났는지 모르는 경우가 많다. 그러다 나중에 아기한테 혹 무슨 문제가 없나 걱정되어 각종 촬영을 해보지만, 그래 봐야 모든 게 이상 없고 한 아기만 보일 뿐이다.[92]

자궁 속의 쌍둥이들

초음파 영상을 보면 자궁 안에서 쌍둥이들이 서로 어떤 상호 교류를 하는지 알 수 있다. 쌍둥이들이 반복해서 서로 때리고 차고 키스하고 함께 노는 걸 볼 수 있는 것이다. 두 아기는 초창기의 이 모든 경험을 함께 하기 때문에, 서로 간에 아주 강력한 유대감이 형성된다. 그리고 쌍둥이 중에 우세한 쌍둥이가 있을 수도 있는데, 그 쌍둥이는 나중에 살아가면서도 계속 한쪽 쌍둥이에 대해 우세를 유지하게 된다.

한 쌍둥이가 다른 쌍둥이를 도와 목숨을 위협하는 상황에서 벗어나 살아남을 수 있게 해줌으로써, 쌍둥이들의 의식과 서로 간의 유대감을 잘 보여준 이야기가 있다. 〈데일리 미러〉의 기사에 따르면, 임신 20주 된 임산부의 자궁 영상에서 의사들이 한 쌍둥이 키키Kiki의 심장에 문제가 있고 그래서 태반에서 액체가 새나오는 걸 발견했다. 의사들은 임산부에게 키키는 살아남지 못할 거라고 말했다. 그런데 그후 의사들은 영상을 보다가 깜짝 놀라지 않을 수 없었다. 뭔가 잘못됐다는 걸 감지한 또 다른 쌍둥이 니코Nico가 자신의 위치를 자궁 아래쪽으로 옮겨, 자신의 몸으로 계속 새는 태반 부위를 막아 키키의 목숨을 구하고 있는 게 아닌가. 두 쌍둥이는 30주 째 태어났는데, 둘 다 건강하고 예쁜 딸이었다.[93]

조산된 쌍둥이들

저자 그렉 브레이든Gregg Braden도 조산된 쌍둥이 이야기를 들려준다. 한 병원에서는 쌍둥이들이 조산되면 대개 서로 떨어뜨려 놓곤 했는데, 간호사가 보니 조산된 한 쌍둥이 아기가 저러다 죽는 게 아닌가 싶을 정도로 몸 상태가 아주 안 좋아 보였다. 그녀는 규칙을 깨고 그 쌍둥이들을 한 인큐베이터 안에 함께 두었다. 그러자 건강한 쌍둥이가 한 팔로 다른 쌍둥이를 끌어안았고, 그러자 놀랍게도 문제의 쌍둥이의 맥박, 호흡, 체온, 혈압 등 모든 활력 징후가 회복되기 시작했다.[94]

수정 이전의 문제들

만일 매트릭스 출생 리임프린팅을 하면서 수정되는 순간까지 되돌아갔는데도 여전히 문제가 있다면, 전생에서부터 가져온 어떤 문제들을 해결해야 하는 경우일 가능성이 있다. 내 경험상, 우리가 전생에서 어떤 문제들을 해결하지 못한 경우 그 문제들을 그대로 이 생으로 끌고 오는 경향이 있다. 매트릭스 출생 리임프린팅을 하면서 전생의 문제에까지 신경을 쓸 필요가 있는가 하는 것에 대해서는 여러 가지 관점들이 있다. 어떤 사람들은 전생은 고사하고 이 생에서 해결해야 할 문제들만으로도 머리가 터져나간다고 말한다. 그러나 나는 어떤 문제를 수 년간 아니 심지어 수십 년간 해결하려 애썼지만, 전생까지 돌아가본 뒤에야 비로소 문제의 근원을 찾고 해결책을 찾을 수 있었던 사람들을 봐왔다. 만일 전생의 문제가 이 생에서 영향을 준다면, 전생으로 돌아가 해결책을 찾는 수밖에 없는 것이다.

그러나 나는 자신의 전생 문제에 너무 많은 신경을 쓰느라 이 생에서의 문제까지 제대로 해결하지 못하는 사람들도 봤다. 그런데 이때 중요한 것은 전생의 문제들을 해결하려면, 이 생에서 그대로 재연되는 전생의 문제들부터 해결해야 한다는 것이다.

게다가 우리는 전생이라고 하면 무조건 과거의 일들을 생각하지만, 전생이 실은 우리의 영혼이 현재 살고 있는 또 다른 삶이라고 말하는 사람들도 있다. 그래서 현재의 삶을 변화시키면, 당신의 영혼이 살았거나 살게 될 다른 삶들은 물론 다른 차원의 삶에까지 영향을 줄 수 있다는 것이다. 이런 개념은 사실 서구인들의 사고방식에서 보면 엄청난 비약일 수도 있다. 그러나 매트릭스 출생 리임프린팅 작업이 우리의 과거와 현재, 미래에까지 영향을 준다는 걸 이해한다면, 개인 차원에서 이런 작업을 하는 게 얼마나 중요한 일인지도 이해할 수 있게 된다.

우리는 전통적인 매트릭스 출생 리임프린팅 기법을 통해 전생의 문제들까지 해결할 수 있다. 만일 에너지를 따라 전생의 '기억'으로 되돌아가고 싶다면, 그저 영상 속으로 들어가 다른 에코에게 하듯 전생 그 자체를 상대로 태핑을 하면 된다.

강간에 의한 임신

만일 어떤 아기가 강간에 의해 임신된다면, 십중팔구 엄마와 아이 모두에게 많은 문제들이 발생하게 된다. 그런 경우 우리는 엄마에게 일어난 일들은 물론 자궁 속 아기에게 전해진 감정들까지 리임프린팅할 수 있다. 다음에 소개하는 사례 연구는 매트릭스 출생 리임프린팅을 통해 어떻게 이런 문제를 해결할 수 있는지를 보여주는 좋은 예이다.

2011년 런던에서 개최된 헤이하우스 출판사의 'I Can Do It' 회의에서 칼 도슨은 압박 호흡 연습하는 것을 시범 보이고 있었다. 이 연습을 하다보면 호흡과 감정이 서로 연결되면서 숨겨진 트라우마가 표면으로 떠오르기도 한다. 그때 갑자기 한 여성 참석자가 소리쳤다. "제가 지금 정말 많은 문제를 안고 있거든요." 당시 나는 감정적인 문제를 돕기 위해 그 회의에 참석 중이었고, 그래서 그녀와 함께 작업을 하며 특히 강한 감정을 느꼈다. 내가 한참 그녀를 돕고 있는데 그녀가 내게 말했다. "미리 경고해 드려야 할 거 같은데요. 저는 이렇게 계속 압박호흡을 밀어붙이시면 종종 정신을 잃어요." 앞서 4장에서 'F'로 시작되는 5가지 트라우마, 즉 Fight(투쟁), Flight(도피), Freeze(동결), Fainting(기절), Fooling around(장난)에 대해 얘기한 적이 있지만, 내가 보기에는 그녀에겐 어떤 트라우마가 있는 게 분명했고, 그 때문에 'F'로 시작되는 5가지 트라우마 가운데 특히 '기절' 반응을 자주 보이는 듯했다.

그녀는 내게 이런 말도 했다. "이거 워낙 심각한 문제라, 당신이 이 문제를 해결해줄 수 있을지 모르겠어요."

나는 정말 심각한 트라우마 관련 문제들을 워낙 많이 다루어봤으니 걱정 말라고 했지만, 그녀는 이렇게 말했다. "다른 사람들도 이 문제는 해결하지 못했어요. 지난 60년 넘게 이 문제를 해결하려 애썼지만, 그 누구도 날 도와줄 수 없었다고요."

그녀를 진정시키고 믿음을 얻는 데는 시간이 좀 걸렸다. 그리곤 마침내 입을 연 그녀는 자신이 강간으로 임신됐다는 얘기를 털어놓았다. 그녀는 쌍둥이 중 하나였다. 그녀의 엄마는 그녀와 그녀의 쌍둥이 자매를 다 지우려 했다. 그녀의 쌍둥이 자매는 죽고 그녀는 살아남았다. 그녀는 그렇게 태어났고 엄마는 그녀를 방치하다시피 했다. 그녀는 1년 후 태어난 자기 여동생(공교롭게도 여동생 또한 회의에 참석했음)과 아주 친했다. 그녀는 늘 낙태당한 쌍둥이 자매의 영혼이 1년 후 여동생으로 재탄생한 것이라는 느낌을 갖고 살았다. (나는 이전에도 그녀와 그와 비슷한 느낌을 갖고 있는 고객들을 상대해본 적이 있었다.) 그런데 그녀의 여동생은 근친상간으로 태어났다. 여동생의 아빠가 엄마의 오빠였던 것이다.

매트릭스 출생 리임프린팅을 통해 우리는 낙태 후의 그녀의 에코에게 안전하다고 느끼게 해주었다. 우리는 그녀를 기억 속의 쌍둥이 자매와 재연결시켰고, 또 그녀에게 쌍둥이 자매가 훗날 되돌아와 그녀와 함께 지내게 될 거라고 얘기해주었다. 놀랄 일도 아니지만, 우리가 매트릭스 출생 리임프린팅 기법으로 그녀를 자기 쌍둥이 자매와 연결해주는 일을 하고 있을 때, 매트릭스 리임프린팅 프레젠테이션에서 그녀의 여동생이 실제로 나와 옆에 앉더니 이렇게 말했다. "제 언니와 이 일을 하시는 동안 제가 곁에 있어주고 싶어요." 우리는 그녀의 집안 전체를 상대로 트라우마를 제거하는 일도 했고, 아기 시절의 그녀 자신이 보다 안전하다는 느낌을 갖고 이 세상에 나오게 해주었다.

우리가 그녀의 출생을 리임프린팅할 때, 그녀는 자신이 정말 함께 있어 주었으면 하는 사람은 단 한 사람, 사이 바바(인도의 모든 성인 가운데 가장 추앙받는 인물로, 거의 구세주로 여겨짐 - 역자 주)라고 말했다. 그녀는 사이 바바가 누군지 아냐고 물었는데, 알고 보니 우리 모두 그와 관련이 있었다. 많은 사람들은 사이 바바를 인간 모습을 한 신이라고 말한다.

이제 유대감 형성 과정이 필요했는데, 나는 우리가 그녀 어머니의 문제들은 전혀 제거하지 못했다는 걸 잘 알고 있었고, 그녀 또한 자신이 자기 엄마 품에 안기는 걸 극구 거부했다. 시간 제약도 있었기 때문에, 우리는 결국 그녀가 자기 엄마와 유대감을 갖는 건 부적절하다는 결론을 내렸고, 대신 사이 바바와 유대감을 맺게 하기로 했다. 그녀는 자신을 다시 사이 바바의 품에 안기게 해달라고 했고, 결국 사이 바바와 눈맞춤을 하면서 그와 유대감을 맺었다. 그야말로 그동안 내가 목격한 유대감 형성 과정 중 가장 강력하고도 감동적인 과정이었다. 그녀는 자신이 신과 유대감을 맺고 있다고 생각했다. 자기 자신이 뛰어난 치료 전문가이기도 했던 그녀는 신과 유대감을 형성하기 위해 수없이 많은 치료법과 기법들을 사용해봤지만, 매트릭스 출생 리임프린팅 기법을 사용하고나서야 비로소 자신이 바라던 신과의 유대감을 느낄 수 있었다. 그녀는 자기 엄마와 연결해 유대감을 형성할 필요를 느끼질 않았다. 그녀에게 필요했던 건 신과의 유대감이고, 그녀에게 사이 바바는 인간의 형태를 한 신이었다.

이후 그녀는 그 회의에 되돌아왔고, 200명이나 되는 사람들 앞에 일어서서 자신이 어떻게 강간을 통해 임신됐고 또 엄마가 어떻게 자신을 낙태시키려 했는가 하는 것을 트라우마를 겪지 않고 덤덤히 얘기할 수 있었다. 그러면서 그녀는 신과 유대감을 맺은 기쁨을 토로해, 회의실 안에 있던 많은 사람들로 하여금 기쁨의 눈물을 흘리게 만들었다.

임신을 둘러싼 문제들 해결하기

아기를 낳기 전에 매트릭스 출생 리임프린팅을 통해 자궁 안에 있을지도 모를 문제들을 깨끗이 정리하는 게 바람직하다. 특히 당신이 만일 성적 학대 같은 심각한 문제들을 안고 있다면, 매트릭스 리임프린팅이나 매트릭스 출생 리임프린팅 전문가와 함께 그 문제들을 해결하라고 강력히 권하고 싶다.

앞서 10장에서 우리는 리 앤에 대한 매트릭스 출생 리임프린팅 과정을 살펴봤는데, 그것은 매트릭스 출생 리임프린팅을 통해 다음 아기가 태어나기 전에 엄마와 아기를 위해 과거의 트라우마를 제거한 좋은 예이다. 이걸 잊지 말라. 당신은 지금 출생 리임프린팅을 하기에 앞서 수정과 임신과 관련된 모든 트라우마를 제거하고 싶은 것이다. 그 경우 반드시 엄마와 아기 모두로부터 출생 트라우마를 제거해야 한다.

지금까지 우리는 자궁 속에서 또는 심지어 수정 전에 일어났을 지도 모를 트라우마성 문제들에 대해 살펴보았다. 다음 장에서는 출산 과정에서 어떤 다양한 문제들이 나타날 수 있는지를 살펴보겠다.

16장

특정 출산 문제들
다루기

한 여성의 삶에서 출산은 그 여성을 영원히 변화시킬 만큼 강력한 힘을 가진 경험이다. 혼자 이 강력한 문을 통과해야 하지만, 이걸 잊지 말라. 모든 세대의 여성들이 함께 걸어가줄 것이다…. 그녀는 절대 혼자가 아니다. – 수잔 암스

출산 그 자체가 많은 문제를 야기할 수 있고, 우린 또 그 모든 문제를 리임프린팅할 수 있다. 이 장에서 우리는 출산 속도, 부모가 바라는 것과 다른 성별을 가지고 태어난 아기, 거꾸로 선 아기와 매트릭스 출생 리임프린팅으로 그걸 바로잡는 방법 등, 출산 경험이 야기할 수 있는 문제들에 대해 살펴볼 것이다.

출산 속도

만일 엄마가 출산하는 데 시간을 오래 끌었다면, 그녀의 딸 역시 나중에 출산을 할 때 그렇게 될 가능성이 높다. 《도움 없는 출산Unassisted Childbirth》의 저자인 로라 셰인리Laura Shanley에 따르면, 그녀는 자신에게 트라우마를 안겨준 출생 경험이 있다는 걸 잘 알고 있었고, 그래서 그 출생 트라우마를 제거한 뒤 스스로 자연분만을 하는 방법을 배워야 했다고 한다. 그 이후 그녀는 다섯 차례나 집에서 자연분만을 했는데, 그때마다 그녀는 집에 혼자 있었거나 아니면 곁에 가족이 있었고, 자기 자신의 직관적인 출산 과정을 따랐다.

그녀가 두 번째 아이를 낳았을 때, 그녀의 남편과 아들은 다른 방에 있었다. 세 번째 아이를 낳을 때는 남편은 서재에 있었고 두 아들은 자고 있었다. 네 번째 아이를 낳을 때는 한 살 된 딸이 곁에 있었고, 다섯 번째 아이를 낳을 때는 남편은 거실에 있었고 다른 아이들은 자고 있었다.

아기는 때론 너무 늦게 태어나고 때론 너무 일찍 태어난다. 자신의 책 《처녀 출산 속임 Immaculate Deception》에서 수잔 암스 Suzanne Arms는 자신이 태어난 과정에서 있었던 일을 이렇게 적고 있다.

나는 1944년에 태어났다. 그때는 미국에서 병원 출산이 이제 막 일반적인 출산 형태로 자리 잡은 때였다. 병원에서 여성들은 대개 마취제를 맞아 의식이 없는 상태로 분만을 했고, 간호사가 자신의 아기를 데려올 때까지 깨어나지 못하는 경우도 많았다. 간호사들은 산부의 진통이 끝날 때 의사를 불러야 한다는 엄격한 룰이 있었고, 의사(당시 사실상 모든 의사가 남자였다)는 분만을 할 때 반드시 자리를 지켜야 했다. 간호사들이 직접 분만을 책임지는 건 허용되지 않았다. 또한 그 당시에는 의사가 오기 전까지 분만이 되지 않도록 하기 위해 임산부의 두 다리를 모으거나 묶기도 했고, 심지어 아기를 억지로 밀어넣는 과정에서 아기에게 영구적인 뇌 손상을 입히는 경우가 허다했다.

나는 예상보다 빨리 나왔고 그때 마침 의사는 하룻밤 휴가를 즐기는 중이어서 때 맞춰 돌아오질 못했다. 결국 엄마는 병원 방침에 따라 간호사와 둘이 있었다. (키가 작고 청각장애가 있던 러시아 출신의 외할머니의 경우, 1차 세계대전 때 간호사가 부족하다는 이유로 사실상 병원 병실 안에 갇혀 혼자 출산을 하셨다.) 마취제에 마취된 상태였지만, 엄마는 내가 태어날 때 의식이 있었다. 아직 의사가 도착하지 않은 상황에서 내 머리가 보이기 시작하자, 간호사는 엄마의 두 다리 사이에 생리대를 놓고 수축 작용으로 내가 밀려 나오려 할 때마다 내 머리를 눌러 밀어 넣었고, 그러다 마침내 의사가 도착해 나를 '분만시켰다.'

당시 미국 병원에선 출산 후 엄마와 아기를 떼어놓는 게 일반적이었다. 그리고 대부분의 엄마들은 의식이 없어 아기가 나오는 걸 보거나 느낄 수도 없었다. 엄마는 내가 태어난 지 3일 후 처음 나를 보았는데, 나를 가슴 위에 얹어 모유를 먹게 해보지도 않은 채 의사의 지시대로 내게 병에 담긴 유아용 유동식을 먹였다. 이것이 1944년의 현대적인 출산 과정이었다.[95]

내가 수잔 암스와 함께 매트릭스 출생 리임프린팅을 할 때, 우리는 자궁 속에 있는 아기 시절의 그녀 자신을 상대로 자궁 속에 갇힌 채 빠져나오지 못한 두려움과 분노를 없애는 데 많은 시간을 할애했다. 그리고 자신이 상황의 희생양이 됐다는 느낌과 곧 죽게 될 거라는 믿음을 모두 제거했다. 수잔 암스가 아기 시절의 자신이 출생 과정에서 두어 차례 죽을 것 같다는 느낌을 받았고 또 출생 과정 자체가 위협적인 상황이라고 믿은 것 같다고 털어놓은 것이다. 그녀는 출생 과정 자체가 평생 지워지지 않을 일종의 학대였다고 본 것이다. 그래서 우리는 매트릭스 출생 리임프린팅을 통해 트라우마를 제거하고 믿음들을 바꿈으로써 출산 경험 자체를 바꾸려 했고, 또한 그녀가 자연의 섭리에 따른 출생 경험을 하고 바로 엄마와의 유대감도 형성할 수 있게 했다.

그런데 수잔 암스는 자신의 출생 경험으로부터 선물도 받았다. 훗날 그녀가 자연분만을 위한 캠페인에서 중추적인 역할을 하게 됐을 뿐 아니라, 그녀가 쓴 책이 서구의 출생 시스템에 강력한 경종을 울린 것이다. 그녀는 자신에게 그렇게 어두운 출생 경험이 없었다면, 자연분만 캠페인에 그렇게 열정적으로 임할 수 없었을 거라는 걸 잘 알고 있다.

여기서 주목해야 할 것은 수잔 암스의 출생 트라우마뿐이 아니다. 그녀가 앞서 말했듯, 그녀의 엄마 역시 출생 트라우마를 겪은 것이다. 그뿐 아니라 수잔 암스는 자신의 딸을 출산하면서도 트라우마를 겪었다. 이처럼 어떤 출산 트라우마의 패턴이 한 집안의 전통처럼 되는 경우는 흔하다. 그리고 집안의 다른 트라우마 패턴과 마찬가지로, 그 트라우마가 제거되지 않을 경우 계속 반복해서 나타날 수 있다. 매트릭스 출생 리임프린팅을 통해 트라우마를 제거함으로써, 우리는 과거의 일을 중심으로 한 트라우마 패턴들을 깰 수 있으며, 그 결과 세대를 이어가는 트라우마를 치유할 수 있다.

다큐멘터리 영화 〈아기들이 원하는 것〉를 보면, 자신의 어머니가 도로 옆에서 자신을 출산했다는 한 남자와의 인터뷰가 나온다. 그의 아버지는 뭘 어찌 해야 하는지 몰라 완전히 패닉 상태에 빠져 있었고, 밖으로 나오려는 아기의 머리를 계속 밀어 넣으려 했다. 인터뷰에서 그 남자는 이렇게 말한다. "두 번째 때는 정말 나오기 싫었어요. 첫 번째 때는 나올 준비도 돼 있었고 나오고 싶기도 했지만, 두 번째 때는 나오는 게 너무 무서웠거든요. 사람들이 나를 원치 않았고 나를 거부했기 때문에, 자궁 안에서 그대로 죽고 싶었어요. 그때의 경험이 평생 내게 엄청난 영향을 주었습니다. 내 삶은 계속 버림받는 일의 연속이었는데, 평생 그랬던 거 같아요. 그 당시 받았던 버림받았다는 느낌이 두고두고 되풀이된 거죠."

영화 〈아기들이 원하는 것〉에는 자동차 뒷좌석에서 출산을 한 여성과의 인터뷰도 나오는데, 그녀는 질 수축을 통해 딸을 낳아야 하는데, 두 다리를 자동차 시트 양쪽에 걸쳐 놓고 최대한 몸을 긴장시켜 아기가 밖으로 나오는 걸 막으려 애썼다는 얘기를 털어놓는다. 이 두 가지 사례는 우리가 자연분만에 대해 갖고 있는 두려움과 무지를 잘 보여준다. 이런 경우, 출산은 반드시 병원에서 이루어져야 한다는 잘못된 믿음 때문에 아기가 강제로 자궁 안에 머물게 된다. 이제 우리는 그 잘못된 믿음을 버려야 한다.

순산

때론 계획대로 진행되는 순산이 일련의 독특한 문제들을 안겨주기도 한다. 별 어려움 없이 순산을 한 사람들은 살아가면서 매사를 쉽게 보는 경향이 있을 수도 있다. 그들은 주변 사람들이 살려고 발버둥치는 걸 보면서 자신도 그렇게 해야 한다고 생각한다. 때론 자신은 편한 삶을 살 가치도 없고 자격도 없다고 느끼기도 한다. 나중에 삶이 더 힘겨워지지 않을까 하는 두려움을 느끼기도 하고, 힘겨운 일이 생겨도 자신에겐 그걸 헤쳐나갈 방법도 없을 거라는 두려움을 느끼기도 한다. 당신이 만일 다른 사람들의 기분을 맞추려 애쓰는 사람이라면, 발버둥치며 살지 않는다면 제대로 사는 게 아니라는 다른 사람들의 믿음에 대해 마음에도 없는 공감을 표할 수도 있다. 결국 뭐든 쉽게 얻는 건 그만큼 성취감도 없는 것이다.[96]

기대와 다른 성별의 아기

아기들이 기대와 다른 '엉뚱한 성별'을 갖고 태어나는 경우가 많다. 부모가 아들을 기대했든가 아니면 아들일 거라는 말을 들었는데 나중에 알고 보니 딸인 경우이다. 칼 도슨은 종종 이런 이야기를 한다. 그와 임신한 아내가 정기적인 초음파 검사를 받다가 담당의로부터 아기가 틀림없이 아들일 거라는 말을 들었다. 틀림없느냐는 두 사람의 질문에 그 담당의는 정색을 하며 그렇다고 했다. 그러다 딸이 태어나자, 칼 도슨은 충격을 받아 이렇게 외쳤다. "오, 하나님! 내 아기가 기형이라니!" 자기 아들한테 뭔가 문제가 생긴 거라고 생각한 것인데, 바로 이것이 기대와 다른 성별의 아기를 갖게 된 경우이다. 그는 산파로부터 "축하해요! 딸이에요." 하는 말을 듣고 비로소 상황을 파악했고, 그래서 아주 기뻐했다. 칼 도슨에 따르면, 그는 최근에 이제 십대가 된 딸과 함께 매트릭스 출생 리임프린팅을 한 적이 있다고 했다. 딸이 현재 갖고 있는 느낌의 에너지를 따라 출생 당시로 되돌아가보고 알게 된 사실인데, 아기 시절의 자신이 밖으로 나와 아빠의 얼굴을 본 순간 실망의 빛이 보였고, 그래서 그때부터 그녀는 '나는 실망스런 존재구나' 하는 믿음을 갖게 되었다. 그녀는 자신이 뭔가를 잘못한 것 같다는 생각만 해도 쉽게 낙담하곤 한다. 매트릭스 출생 리임프린팅 중에 그들은 딸의 에코에게 "아빠는 아들을 예상했기 때문에 충격을 받은 것일 뿐, 실은 너를 아주 사랑하고 네가 딸이라는 사실에 너무 행복해 한단다"라고 설명해주었다. 그들은 아빠가 그 애가 딸로 이 세상에 오는 걸 기뻐하는 영상을 리임프린팅했다.

또 다른 경우, 그러니까 특히 부모들이 실제 나온 아기와 다른 성별의 아기를 원하는 경우, 아기는 자신이 뭔가 부족하다거나 아니면 자신이 부모들을 실망시켰다는 느낌을 갖게 될 수 있다. 그런 느낌은 성인이 된 뒤에도 한참 더 이어지는 경우가 많다.

한 친구와 나는 어떤 교육코스에 참석해서 서로 상담 실습을 하고 있었다. 우리는 주어진 목록에서 우리에게 감정적인 영향을 미치는 '제약하는 믿음' 하나를 골라보라는 요청을 받았다. 친구는 목록을 죽 훑어내려가면서 부정적인 영향을 주는 믿음을 찾지 못하고 있었는데, 그러다가 거기 적힌 믿음들 중 하나를 보고 웃음을 터뜨렸다. 나는 웃음 뒤에는 보다 깊은 감정이나 느낌이 감춰진 경우가 많다는 걸 잘 알고 있었고, 그래서 그녀를 웃게 만든 믿음을 골라보라고 했다. 그 믿음은 엉뚱하게도 '내 페니스는 충분히 크지 않다'였다. 그 믿음은 분명 남성 참석자가 고를 믿음이었고, 그래서 나는 대체 이 믿음이 그녀와 무슨 관계가 있을까 하는 호기심이 생겼다. 그녀는 이렇게 설명했다. "우리 아버지는 늘 아들을 원하셨어. 그래서 난 평생을 아버지가 원하는 아들이 되려고 애썼어."

그런데 흥미로운 사실은 그 친구는 놀랄 만큼 아름다웠다는 것이다. 그녀는 키도 크고 늘씬한데다 타고난 금발 미인이었다. 그러나 그녀는 늘 남자처럼 머리카락을 짧게 깎았고 옷도 남자처럼 입었다.

게다가 그녀는 여러 사업체를 운영하는 아주 성공한 사업가였다. 함께 좀 더 많은 얘기를 나누는 과정에서, 그녀는 자신이 자신의 사업은 물론 자신의 삶에서도 늘 남자들로부터 인정을 받으려 하고 있다는 것을 알게 됐다.

우리는 그녀에게 매트릭스 출생 리임프린팅 기법을 사용했다. 그 기법을 통해 우리는 그녀의 아버지가 딸을 낳은 사실을 처음 알게 된 출생 당시로 되돌아갔다. 그리고 아기 시절의 그녀에게 당시도 그렇고 앞으로도 그렇고 아빠가 그녀를 얼마나 사랑하는지를 알게 해주었다.

몇 개월 후 그녀를 다시 만났을 때, 그녀는 다시 머리를 기르고 있었고 헤어스타일도 좀 더 여성스럽게 변해 있었다. 그녀는 옷 입는 스타일도 달라졌다. 그리고 이게 가장 눈에 띄는 일이었지만, 자신의 아버지와 사업상의 남자 파트너들, 그리고 남자 친구들과의 인간관계 또한 급격히 변화하고 있었다.

헤더 – 뭔가에 갇힌 느낌

헤더Heather는 63세로, 살면서 늘 뭔가에 갇힌 듯한 느낌을 받았다. 그녀는 완전히 밑바닥까지 내려갔고, 스스로 올바른 결정을 내릴 수 있으리라 믿지 못했다. 결국 그녀는 집을 판 뒤 친정집에 들어가 엄마와 함께 살 수밖에 없었다. 그녀는 평생 인간관계 때문에 전전긍긍했다. 자신이 대체 어떤 사람인지도 모르는 듯했고 그 누구도 자기편이 없는 듯했다. 2년 전 사업이 망한 뒤, 그녀는 몸에서 에너지가 다 빠져나간 듯했고 어떻게 살아가야 할지 엄두도 나지 않았다. 우울증을 앓고 있었지만, 근래 들어 모든 걸 체념해 항우울증 약들까지 끊었다.

그녀가 매트릭스 출생 리임프린팅을 통해 자기 몸에 관심을 집중해보니, 그녀의 가슴 안에 검은색 에너지가 많았다. 처음에 우리는 그녀가 생후 2년 반쯤 되고 그녀의 여동생이 태어난 때, 그리고 그녀의 엄마가 온통 여동생한테만 신경을 쓰던 때로 되돌아갔다. 그녀는 엄마가 자신을 원치 않는다고 느꼈다.

그러나 본격적으로 매트릭스 출생 리임프린팅을 시작하면서, 우리는 곧 그녀가 먼 과거, 그러니까 그녀가 엄마의 자궁 안에 있던 임신 중기로 돌아갔다는 걸 알게 됐다. 나는 그녀에게 아기 시절의 자신을 사랑하느냐고, 또 뭔가 변화된 걸 느끼냐고 물었다. 그런 다음 우리는 그녀의 엄마에게 관심을 집중했는데, 그녀의 엄마는 아무도 자신을 사랑하지 않고, 자기편이 되어주지 않는다며 좌절과 분노를 느끼고 있었다. 그래서 그녀 엄마의 가슴을 보니 꽉 닫혀 있었다. 그녀가 자기 엄마에게 사랑을 받지 못한다고 느낀 것도 무리는 아니었다. 우리가 그녀의 엄마에게 필요한 게 뭐냐고 묻자, 그녀의 엄마는 분홍색 장미를 원했다. (앞서 언급한 적도 있지만, 분홍색은 분리를 치유해주고 사랑을 가져다준다.) 우리는 아기 시절의 그녀에게 엄마의 그런 행동은 너에 대한 감정에서 비롯된 건 절대 아니며, 엄마 자신이 사랑을 받아보지 못해 사랑을 줄지도 몰랐기 때문이라고 설명해주었다. 우리는 또 그녀의 어머니가 당시 작은 이모 때문에 기분이 상해 있었다는 것도 알게 됐는데, 그 이유는, 이모는 헤더가 아들이기를 바랐기 때문이었다. 이는 헤더가 전혀 생각지 못한 부분이었다. 우리는 헤더와 그녀의 어머니 모두를 상대로 자매에 대한 나쁜 감정을 제거했다.

그녀의 어머니가 아들을 원했던 또 다른 이유는 자기 아버지를 행복하게 해주기 위해서였다. 그 때문에 헤더는 다시 모든 게 자신에 대한 엄마의 개인적 감정에서 비롯된 게 아니란 걸 알게 됐다. 헤더의 엄마가 가슴을 열자 안도감을 느낀 아기 시절의 헤더 자신이 소리를 지르기 시작했다. 왜 소리를 질러야 한다고 느꼈느냐고 묻자, 그 에코는 순전히 자신에게 관심을 가져주고 귀 기울여주었으면 해서라고 했다. 아기 시절의 헤더가 소리를 지르는 동안, 나는 헤더에게 그녀의 엄마에게 어린 아기 헤더가 원하는 게 뭔지를 말해주라고 했다. 헤더가 필요로 하고 원하는 게 뭔지를 알게 된 엄마는 헤더와 연결돼 사랑을 줄 수 있었다. 그러자 아기 시절의 헤더 자신은 엄마가 자신을 사랑하고 원한다는 걸 알고 마음이 풀리고 안도감을 느끼게 되었다. 그녀의 엄마가 준 선물은 사랑을 표현하지 못하는 게 얼마나 슬픈 일인지를 알게 해주고 그래서 사랑하는 법을 찾아내게 해준 것이다.

처음에 헤더는 자기 엄마가 매트릭스 출생 리임프린팅이 끝난 뒤에도 늘 지금 같을 것인가 하는 것에 대해 확신이 없었다. 그러나 그녀는 이후 자신의 삶에서 일어난 일들에도 비슷한 문제들이 있었다는 걸 잘 알았고, 그래서 매트릭스 출생 리임프린팅 과정에서 그 문제들도 함께 해결했다.

우리는 여동생이 태어난 뒤 이제 네 살이 된 헤더 자신을 찾아갔다. 헤더의 아빠는 여전히 바빠 그녀에게 관심도 주지 않았고, 그 때문에 그녀는 아빠가 자신을 원치 않는다고 느끼게 되었다. 우리는 늘어난 식구들을 부양하기 위해 더 열심히 일해야 한다는 압박감과 의무감을 느끼고 있던 그녀의 아빠를 상대로 작업을 시작했다. 그리고 또 나는 헤더에게 네 살 난 자신에게 아빠가 왜 그녀에게 관심을 줄 여유가 없었는지를 알려주라고 했다. 아빠의 행동 역시 자신에 대한 개인적인 감정에서 비롯된 게 아니라는 것을 알게 된 어린 헤더는 자리에서 벌떡 일어나더니 깡충깡충 뛰어 정원으로 나갔다.

같은 문제로 우리는 여동생이 태어나던 순간 이웃집에 머물고 있던 두 살 반 시절의 헤더 자신을 찾아갔다. 헤더는 정원에서 혼자 그네를 타다 콘크리트 바닥에 떨어져 앞니들이 부러지는 사고를 당했는데, 마침 주변에 아무도 없었다. 그래서 자신은 혼자이며 아무한테도 사랑받지 못한다고 느꼈고, 그래서 아무도 도와주러 오지 않을 것이므로 스스로 자신을 돌봐야 한다는 결론을 마음속으로 내렸다. 우리는 그 에코를 태핑해 그네에서 떨어진 충격을 제거해주었고, 헤더는 어린 자신을 꼭 안아주었다. 우리는 그녀의 어머니도 그 영상 속에 끌어들였다.

우리가 모든 것이 잘됐나 살펴보니, 아기 시절의 헤더가 자신은 안전하며 사랑 받고 있다고 믿으며 자궁 안에서 잠들어 있었다. 우리는 청록색(아무도 귀 기울여주지 않는 답답함을 치유해주고 또 맘껏 말할 수 있게 해주는 믿음의 색임)을 사용해 이 영상을 리임프린팅했다.

헤더는 자기 감정을 표현하지 않으면서 살았는데, 첫째 그래선 안 된다고 들었기 때문이며, 둘째, 자신이 필요로 하는 걸 표현해도 아무도 들어주지 않는다고 믿었기 때문이다.

매트릭스 출생 리임프린팅이 끝난 뒤, 그녀의 우울증은 사라졌고 그녀는 엄마와 더 깊고 가깝고 새로운 유대감을 갖게 되었다.

목에 감긴 탯줄

3분의 1에 가까운 아기들이 목에 탯줄이 감긴 채 태어난다.[97] 출산 과정 중에는 자궁 맨 위쪽과 태반, 탯줄 등이 모두 밑쪽으로 움직인다. 자궁과 태반 그리고 그 태반에 딸린 탯줄이 움츠러들고 수축되면서 아기를 밑으로 내려 보내려 하기 때문이다. 그렇게 해서 아기의 머리가 질 안쪽까지 내려가면, 이제 불과 몇 센티미터만 더 내려가면 되게 된다.[98]

탯줄은 대개 느슨하고 유연한 상태를 유지해, 피와 산소가 여전히 그 탯줄을 통해 자유롭게 이동할 수 있다. 그러나 아기가 밖으로 나가려 하면서, 분만 마지막 순간 탯줄이 팽팽하게 늘어진 상태가 될 때가 있다. 바로 이때 탯줄을 통한 산소 공급이 일시 줄어들게 되고, 아기는 탯줄이 팽팽히 목에 감긴 듯한 느낌을 받게 된다. 만일 이 시점에서 탯줄이 끊어지지 않고 다시 느슨해진다면, 피와 산소가 다시 제대로 공급되면서 아기는 육체적으로 곧 회복되게 된다.[99]

아기는 자궁에서 밖으로 나올 때까지는 호흡을 해야 할 필요가 없으며, 일단 몸이 완전히 공기 중으로 빠져 나온 다음 처음으로 호흡을 하게 된다. 수중 분만이 아기에게 안전한 이유가 바로 이것이다. 공기 중으로 나오기 전까지는 호흡할 필요가 없기 때문이다.

그러나 탯줄이 너무 짧거나 팽팽해 산도를 제대로 빠져나오지 못할 경우, 아기는 덫에 걸린 듯한 느낌을 받을 수 있다. 게다가 목에 탯줄이 감길 경우 잠재의식 속에 질식에 대한 두려움이 생겨나게 된다. 그래서 훗날 공기가 충분치 않은 곳에 있을 때 종종 그 두려움이 되살아나기도 하는 것이다. 아니면 목이 꽉 끼는 옷을 입지 못하거나 밀폐된 곳에 있는 걸 두려워하게 되기도 한다. 또한 실제로 어떤 일이 일어나기도 전에 지레 걱정을 하는 경향을 보이기도 한다. 그 일이 삶을 위협하는 일로 느껴지기 때문이다. 이런 사람들은 또 심장과 머리가 따로 노는 듯한 느낌을 받기도 하고, 자신의 감정을 표현하는 데 어려움을 겪기도 한다.[100]

목에 탯줄이 감겨 덫에 걸린 기분이 들거나, 아니면 목에 감긴 탯줄이 너무 팽팽해 아래로 내려오지 못하게 될 경우, 훗날 성인이 된 뒤에도 종종 덫에 걸린 기분이 들거나 비좁은 공간 안에서 폐소공포증을 느끼기도 한다.

우울증과 불안 장애 - 포레스트 샘닉

나는 우울증 및 불안 장애 약인 클로노핀과 세라퀼을 복용해온 한 고객과 함께 매트릭스 출생 리임프린팅을 한 적이 있다. 그는 탯줄이 목에 감긴 채 태어났다. 우리가 그 기억을 리임프린팅할 때, 그는 영상 속에 천사를 불러들여 자기 목에 걸린 탯줄을 부드럽게 풀게 했다. 그 이후 그는 '내 삶은 숨 막힐 정도로 나를 짓누르고 있다'는 느낌에서 벗어날 수 있었다.

여담인데, 에코의 목에 탯줄이 감긴 걸 해결하는 매트릭스 출생 리임프린팅을 여러 차례 해오면서, 나는 고객에게 어떤 방식으로 탯줄 문제를 해결하고 싶은지를 묻는 것이 중요하다는 사실을 알게 됐다. 어떤 사람들은 앞서 본 사례 연구의 경우처럼 누군가 다른 사람이 도와주길 원한다. 그러나 또 어떤 사람들은 직접 목에 감긴 탯줄을 풀어냄으로써, 도움이 필요한 사람이 되기보다는 스스로 강한 사람이라는 느낌을 갖고 싶어 한다. 나는 매트릭스 출생 리임프린팅 과정을 시작하기에 앞서 가끔 고객의 에코에게 어떻게 하면 탯줄이 목에 감기지 않을 거라고 안심할 수 있겠냐고 묻는다. 어떤 사람들은 자기 손으로 직접 탯줄을 잡는 방법을 택하고, 또 어떤 사람들은 탯줄을 호스 릴에 감아 자신이 태어날 때 쉽게 풀리는 방법을 택한다. 가끔은 에코로 하여금 조금이라도 더 안전하다고 느끼게 해줄 방법을 찾는 것이 두려움에서 벗어나 안전하다는 느낌을 갖게 하는 데 반드시 필요하다.

미래 매트릭스 출생 리임프린팅

앞 장에서 나는 아기가 잉태될 때와 자궁 안에 있을 때 겪은 트라우마는 출생 전에 정리하는 게 좋다고 했었는데, 엄마가 겪었을 출산 트라우마의 경우 역시 마찬가지이다. 그 트라우마 속에는 엄마가 아기를 낳으면서 겪은 두려움도 포함된다. 미래 매트릭스 출생 리임프린팅 과정은 엄마의 두려움을 제거할 수 있는 이상적인 방법이다. 일단 두려움을 제거하고 나면, 엄마에게 아기를 잘 살펴봐 태어나기 전에 해결해줘야 할 문제가 없나 확인하라고 할 수 있다. 그렇게 되면 아기는 전생에서부터 가지고 왔을 지도 모를 문제와 자궁 안에서 겪었을 지도 모를 문제를 깨끗이 해결할 수 있게 된다. 이를 위해 엄마는 아기를 시각화할 수 있으며 매트릭스 리임프린팅 기법을 통해 에코와 함께 문제를 해결할 수 있다. 그리고 아기를 살펴보아 어떤 느낌을 갖고 있는지를 확인할 수 있다.

내가 임신한 여성들에게 사용하는 또 다른 기법은 자신의 몸과 자궁을 체크해보게 하는 것인데, 이 기법은 출산 예정일이 얼마 안 남았을 때 특히 권할 만하다. 엄마의 몸은 최대한 긴장을 풀고 편해야 한다. 어쩌면 허리 부분이 경직돼 있거나 인대들에 문제가 있을 수도 있는데, 아기가 밖으로 나오려면 인대들이 더 부드러워져 골반이 좀 더 잘 움직이고 벌어질 수 있어야 한다. 그러니 엄마로 하여금 자신의 몸을 잘 살펴 긴장된 부위들이 없나 확인하게 하고, 그런 부위들을 찾아내 긴장을 풀어줘야 한다. 예를 들면 엄마에게 엉덩이 쪽에 긴장돼 뻣뻣한 부위가 없나 물어볼 수 있다. 그런 다음 상상으로 그 부위에 불빛을 비춰, 그 뻣뻣함이 어떻게 생겼고 어떤 느낌이며 어떤 색인지, 혹시 어떤 모양은 없는지, 또 거기에 어떤 감정 같은 건 없는지 살펴보라 하라. 이 경우 은유적인 표현을 쓰는 게 아주 효과적이다. 그런 다음 EFT 태핑을 사용해 몸속에 있는 그 문제를 해결하도록 하라.

일단 몸의 긴장이 풀려 편해지고 출산할 준비가 되면, 다음 단계는 엄마로 하여금 아기에게 지금 당장 태어나는 게 아니라 좀 더 있다 태어나게 될 거라고 설명하게 하는 것이다.

그 다음에는 엄마에게 아기를 낳을 방을 세팅하라고 하라. 그녀가 좀 더 큰 힘을 내기 위해 필요한 것이 무엇인가? 필요한 모든 자원을 동원할 수 있게 해주어라.

그런 다음에 엄마를 인도해 출산을 하게 하고, 아기와 유대감을 형성하게 하고, 새로운 영상을 내보내게 하라.

분만 시작 그리고 뒤집힌 아기 바로잡기

당신은 미래 매트릭스 출산 리임프린팅을 사용해 분만을 촉진할 수 있고 아기가 뒤집힌 경우 바로잡을 수도 있다. 대개의 경우, 엄마가 두려움을 느끼면 아기가 제대로 나오지 못하거나 바른 자세를 취하지 못하게 된다.

만일 분만이 시작되지 않거나 아기가 뒤집혀 있다면, 그건 비상사태가 아니며 당신이 개입해 얼마든지 바로잡을 수 있다. 대개의 경우, 엄마와 아기 모두 제때 출산해야 한다는 압박감 같은 걸 느끼게 된다. 또한 엄마와 아기 모두 출산이 제대로 진행되지 않거나 자신들의 통제권을 벗어나게 되는 경우를 두려워할 수도 있다. 늘 안전이 문제다. 아기는 엄마의 두려움을 그대로 받아들이는데, 그런 경우 아기가 할 수 있는 일이라곤 엄마가 보다 안전하다고 느낄 때까지 자궁 안에 머무는 것뿐이다.

EFT 기법을 사용해 태핑으로 두려움을 제거하고 엄마로 하여금 그 두려움을 그대로 표현하고 느끼게 하며, 매트릭스 리임프린팅을 사용해 자궁 속에 있는 아기가 엄마에게서 받아들인 두려움을 제거해주어라.

에이미는 두려움에 사로잡혀 밤 10시에 내게 전화를 했다. 그녀는 의사들이 아기가 예정일을 넘긴데다 자세까지 거꾸로 되어 있다고 말했다고 했다. 그러면서 앞으로 이틀 동안 상황이 나아지지 않을 경우 아기를 유도한 뒤 제왕절개 수술을 하게 될 거라고 했다는 것이었다. 우리는 태핑을 통해 출산을 의사들 손에 맡겨야 한다는 그녀의 압박감과 두려움을 제거했다. 그리고 아기와 연결해 어떤 상태인지를 살펴보았다. 놀랄 일도 아니지만, 아기는 엄마가 느끼는 두려움을 그대로 느끼고 있어 밖으로 나오고 싶어 하지 않았다. 그녀는 그대로 가는 게 안전하지 못하다고 느꼈고, 그래서 우리는 태핑을 통해 그런 느낌들을 제거했다. 그러는 사이에 에이미는 자궁 속 아기가 위치를 바로잡는 걸 느꼈고, 새벽 두 시에 진통이 시작돼 자연분만을 했다.

미래 매트릭스 출산 리임프린팅을 진행하다 되면, 여러 차원에서 변화가 일어난다. 아주 기본적인 차원에서 보면, 그러니까 '모델링'이라고 알려진 기법과 신경-언어 프로그래밍 NLP 기법 측면에서 보면, 우리는 우리가 원하는 출산 방법대로 리허설을 하는 것이다. 그러면서 출산에 대한 우리의 기대와 관련해 뇌 속에서 새로운 신경 연결들이 만들어지게 되는 것이다. 결국 우리가 기대하는 출산 방식이 실제 출산에 지대한 영향을 미치게 된다는 얘기이다.

그런데 미래 매트릭스 출산 리임프린팅 과정은 단순한 마음과 몸의 연결을 훨씬 뛰어넘는 영향을 준다. 출산과 관련된 에너지 장에도 영향을 주게 되는 것이다. 각종 두려움과 과거의 경험들, 남들에게 들은 이야기들, 이전의 출산 트라우마 등으로 인해 생겨난 에너지는 전부 매트릭스 즉, 에너지 장에 저장된다. 그런데 우리는 늘 에너지 장을 중심으로 움직이기 때문에, 그것이 출산 자체에도 영향을 준다. 우리가 에너지 장 안에 긍정적인 새 영상을 리임프린팅할 경우, 그리고 특히 우리의 생각과 느낌과 감정들을 에너지 장에 집중할 경우, 그것은 긍정적인 출산 경험과 강력한 공명을 일으키게 된다. 칼 도슨에 따르면, 긍정적인 새 영상들은 부정적인 그림들에 비해 훨씬 더 강력한 공명을 일으킨다고 한다. 그 영상들을 교체할 때, 우리는 긍정적인 출산의 장에 집중하는 것이다. 그리고 막상 출산 과정이 시작될 경우, 우리가 집중하게 되는 것은 바로 그 그림이다. 그런 다음 그 정보를 우리 몸속에 집어넣게 되고, 그러면 또 우리 몸이 그에 맞춰 반응하게 되는 것이다.

이 장에서 우리는 출산으로 인해 생기는 문제들을 리임프린팅하는 방법을 살펴보았다. 다음 장에서는 아기가 태어난 뒤 언제, 어떻게 그 출산을 리임프린팅하게 되는지, 또 그게 실제 아이가 이 세상에 나오는 방식에 어떤 영향을 줄 수 있는지를 살펴볼 것이다.

17장

출산 후 엄마의
문제들 해결하기

용서한다는 것은 당신 자신에게 다시 행복해질 수 있는 자유를 주는 것이다.
– 스티븐 레인 테일러

매트릭스 출산 리임프린팅 기법을 통해 알게 된 가장 놀라운 사실 중 하나는, 아기가 태어난 뒤 엄마와 함께 출생 경험을 리임프린팅할 경우, 그것이 아이의 육체적·정신적 건강에 지대한 영향을 줄 수 있다는 것이다. 우리가 이 작업을 할 때, 모든 일은 한계가 있는 의식의 차원을 초월한 양자의 차원에서 일어난다. 출산을 중심으로 에너지 장이 형성되어 있으며, 그 에너지 장 안에 엄마의 마음자세와 믿음 등 출산과 관련된 모든 정보가 담겨 있는 것이다. 이런 것들이 제거되고 치유될 때, 엄마와 아이 간의 관계에도 변화가 올 수 있다. 다음 사례 연구들은 그걸 잘 보여주는 예들이다.

제이크 – 간질 증세 줄이기

나는 메기Meggie와 함께 당시 7살이던 그녀의 아들 제이크Jake가 없는 데서 그 아이에 대한 매트릭스 출생 리임프린팅을 했다.

제이크는 하루에 두세 차례 간질 발작을 했다. 이런 증상은 태어나면서 부터 계속 이어졌다. 나는 메기에게 제이크를 임신했을 때 무슨 일이 있었는지, 또 당시 무슨 큰 트라우마를 겪지 않았는지 얘기해 달라고 했다. 그녀는 이렇게 답했다. "그럼요. 저는 임신 6주째에 임신했다는 걸 알았어요. 남편한테 말했더니 뛸 듯이 기뻐하더군요. 그는 너무 좋아하는 거 같았고, 그래서 우린 아이를 낳기로 했죠. 2주 정도 우린 계속 임신 얘기만 했고 함께 너무 행복했는데, 그러던 어느 날 그가 퇴근 후 집에 오질 않았어요." 그녀는 한동안 그가 살았는지 죽었는지도 몰랐다. 그는 말 그대로 이 세상에서 감쪽같이 사라져버렸다. 그는 제이크가 태어나고 한 주가 지난 뒤에야 다시 모습을 드러냈다. 그는 아버지가 된다는 두려움 때문에 떠났던 것이다.

첫 번째 세션에서 우리는 메기가 남편의 실종으로 겪은 트라우마를 제거하는 작업을 했다. 우리는 매트릭스 출생 리임프린팅을 통해 임신 당시의 메기 자신을 찾아가, 남편의 생사를 모르는 데서 온 충격과 혼란, 슬픔을 처리했다. 우리는 자궁 속에 있는 아기 제이크에 대해서도 태핑을 했다. 그 애가 엄마에게서 그대로 받아들여 자신의 것으로 만든 충격과 트라우마를 제거해준 것이다. 우리는 메기의 남편에 대해서도 작업을 했다. 매기는 아주 직관력이 뛰어나 7살 시절의 남편 에코에 연결할 수 있었는데, 그는 그 나이에 벌써 자신은 나중에 아버지도 될 수 없고 아이도 책임질 수 없을 거라고 결론짓고 있었다. 메기는 이어서 매트릭스 출생 리임프린팅 기법을 사용해 남편과 얘기를 나눴고, 그래서 그가 왜 집을 떠났는지 이해하게 됐다. 남편은 그녀에게 자신이 왜 그런 행동을 했는지 설명해준 적이 없기 때문에, 그것만으로도 그녀에겐 아주 좋은 치유가 되었다. 남편은 자신의 행동이 7살 때 겪은 일과 연관이 있다는 사실조차 모르고 있었다. 우리는 메기와 그녀의 남편 그리고 7살 때의 남편 자신 모두의 영상을 리임프린팅했다.

매트릭스 출생 리임프린팅이 끝났을 때, 메기는 내게 방금 끝낸 매트릭스 출산 리임프린팅 얘기를 남편한테 해도 좋겠냐고 물었다. 나는 그녀가 원하는 대로 하라고 했다. 메기는 그 다음날 내게 전화해 이런 말을 했다. "아마 이건 짐작도 못하실 건데요. 남편이 퇴근 후 집에 왔는데, 내가 미처 매트릭스 출산 리임프린팅 얘기를 꺼내기도 전에 이런 말을 하는 거예요. '오늘 갑자기 감정이 격해져 화장실에서 울지 않을 수 없었어. 대체 갑자기 왜 그런 감정을 느꼈는지 모르겠지만, 지금은 기분이 너무 좋아.'"

그래서 메기가 물었다고 한다. "그게 몇 시쯤 있었던 일인데?"

알고 보니 우리가 한참 매트릭스 출산 리임프린팅을 하고 있을 때 있었던 일이었다. 사실 나는 이런 경우를 너무 많이 봐왔다. 어쨌든 그래서 메기가 남편한테 매트릭스 출생 리임프린팅에 대한 얘기를 해주었다고 한다.

메기의 첫 번째 매트릭스 출생 리임프린팅이 끝난 뒤 제이크가 발작을 일으키는 건 하루에 두세 번에서 일주일에 한 번으로 줄어들었다.

두 번째 매트릭스 출생 리임프린팅에서 우리는 많은 트라우마가 있었던 제이크의 출생 시기에 집중했다. 너무 강도 높은 의학적 개입이 있었고, 그래서 제이크는 태어날 때 숨도 쉬지 못했다. 거의 죽은 것이나 마찬가지였다. 그래서 여러 차례 수술을 받아야 했는데, 온몸에 주사를 꽂고 구멍이란 구멍에는 죄다 튜브를 삽입해야 하는 큰 수술이었다. 우리는 제이크의 출생 트라우마는 물론 수술로 인한 트라우마도 모두 제거했다.

또한 그 애의 출산 및 엄마와의 유대감 형성 과정을 리임프린팅했다. 그리고 리임프린팅 작업을 할 때마다 많은 천사들을 불러들여 그 애를 돕게 했다.

매트릭스 출생 리임프린팅이 끝난 뒤 전혀 예기치 못한 일이 일어났다. 그날 저녁에 제이크가 아주 심한 발작을 한 것이다. 메기의 말에 따르면, 그간 있었던 발작 중 가장 심한 발작이었다. 그녀는 발작 중에 제이크가 검은 액체를 뿜어올렸다고 했다. 그녀는 직감적으로 그게 그 애가 출산 때 주입된 모든 약물을 토해내는 거라는 걸 알았다. 그리고 그렇게 심한 발작을 했음에도 불구하고, 평소 같으면 바로 잠이 들었을 제이크가 그 날은 어찌 된 게 에너지가 넘쳐 흐르는 듯했다고 한다. 당시 제이크는 엄마를 쳐다보며 이렇게 말했다고 한다. "오, 고마워요, 엄마." 그녀가 깨끗이 씻어주자, 제이크는 바로 일어나 뛰어 놀았다고 한다.

두 번째 매트릭스 출생 리임프린팅이 끝난 뒤, 제이크는 꼬박 한 달간을 발작 없이 지냈다. 게다가 학교 성적도 올라가기 시작했다. 우수상과 공로상도 받았고, 다른 사람들을 도와주었다고 상도 받았으며, 읽기 및 쓰기 실력도 좋아지기 시작했다.

세 번째 매트릭스 출생 리임프린팅에서 우리는 제이크를 혼자 내보내는 것에 대한 메기의 두려움을 없애는 작업에 집중했다. 그녀는 아이를 혼자 내보내는 걸 두려워했다. 물론 아이가 발작을 일으킬까 걱정됐기 때문이다. 그녀는 자신은 사람들이 쳐다보는 걸 견디지 못할 것 같았다. 사람들이 있는 데서 제이크가 발작을 일으켜도 아무도 도와준 적이 없었다. 과거에 사람들이 있는 데서 제이크가 발작을 일으켰을 때의 기억을 하나 리임프린팅하면서, 나는 그녀에게 뒤로 물러서서 그녀 자신을 보고 또 다른 사람들이 자신을 어떻게 보고 있는지 말해보라 했다. 그녀는 그동안 아무도 도와주지 않은 이유가 다른 사람들 눈에는 그녀가 상황을 아주 잘 통제하고 있는 걸로 보였기 때문이라는 걸 알게 됐다. 그녀는 또 다른 사람들 또한 어린 남자애가 발작하는 걸 뻔히 보면서도 달리 도울 방법이 없다는 사실 때문에 나름대로 큰 충격과 트라우마를 겪고 있다는 것도 알게 됐다. 그녀에게 혹시 그동안 먼저 다가와 도움을 준 사람이 없었냐고 물었더니 그녀는 이렇게 답했다. "네, 발작을 끝냈을 때 다가와 아이를 자기 품에 안고 내 차가 있는 데까지 데려다준 남자가 있었어요." 리임프린팅을 하면서 우리는 그 남자에게 들어와 달라 했으며, 구경하고 있는 사람들에게 메기가 아주 자신감에 차 보이지만 실은 도움이 필요하다는 걸 설명해주었다.

세 번째 매트릭스 출생 리임프린팅을 끝낸 뒤 제이크는 발작 한 번 없이 4개월을 지냈다.

제이크는 두 살 때 가슴 안에 미주신경 차단기vns를 이식해 넣었다. 미주신경 차단기 요법은 펄스 발생기를 사용해 미주신경에 미세한 전기 자극을 보내 발작 강도 및 회수, 시간 등을 줄이는 요법이다.[101]

담당 의사들은 제이크가 갑자기 몇 개월간 발작 한 번 없이 지내자 의아해 하기 시작했다. 그리고 그 4개월간 메기는 제이크의 남동생을 임신했다. 그녀는 늘 두 번째 아기를 갖고 싶었지만, 제이크가 하루에도 여러 차례 발작을 일으키는 상황에서 또 다른 아이를 갖는 건 상상도 할 수 없었다고 했다. 그때까지만 해도 그녀의 삶에 제이크 외에 다른 아이가 들어설 공간은 없었던 것이다.

2014년 현재 제이크는 13살이 되었고, 평균적으로 3개월마다 한 차례씩만 발작을 일으키고 있었다.

클레어 – 분노 속의 임신과 자기 말대로 된 딸의 출산

나는 내 딸의 출산 문제를 해결하기 위해 샤론 킹과 함께 매트릭스 출산 리임프린팅 기법을 사용했다. 딸이 생후 2년 반 됐을 때였다. 나는 늘 그 애의 출산과 관련해 복잡한 감정들을 갖고 있었다. 기쁨과 슬픔이 뒤섞인 묘한 감정들이었다.

샤론 킹과 함께 일하면서 나는 우리가 곧바로 출산 문제부터 다룰 거라 생각했는데, 실제로는 그 이전, 내가 부모님 그리고 오빠와 함께 한 식당에 있을 때의 기억까지 되돌아갔다. 엄마는 내게 이런 말을 하고 있었다. "배 좀 그만 안고 다녀. 바보짓 좀 그만해. 넌 이제 겨우 임신 7주째야." 왜 그래야 하는지 묻자 엄마는 이렇게 답했다. "그러다 유산하면 어쩌려 그래? 얘야, 바보짓 좀 그만해. 아무도 임신 7주째 너처럼 그렇게 배를 끌어안고 다니진 않아." 나는 아기 생각을 하면 화가 났지만 그러면서도 보호하려 애쓴 기억이 난다. 엄마 얘기도 은근히 두려웠다. 샤론은 내게 그 두려움 가운데 어느 정도가 내 것이고 어느 정도가 엄마 것이냐고 물었다. 90퍼센트는 엄마 것이었다. 엄마는 30년 전에 유산을 하면서 아주 큰 트라우마를 겪었다. 나는 그날 내가 엄마의 두려움을 그대로 이어받았다는 걸 깨달았다. 나는 이후 7개월간 그 두려움을 떨쳐버리려 애썼지만, 그 두려움들은 진통이 시작되자마자 되살아났다. 우리는 매트릭스 출생 리임프린팅을 통해 그 두려움을 깨끗이 제거했다.

다음에 우리는 내가 딸을 임신한 순간으로 돌아갔다. 당시 내 파트너였던 렌Ren과 나는 그 애를 가졌을 때 둘 다 화가 난 상태였고 그래서 잠자리를 같이 하면서도 서로 눈도 마주치지 않았다. 샤론이 내게 물었다. "어느 정도가 홧김에였고 어느 정도가 열정 때문이었나요?" 그 질문에 나는 그 당시를 다시 돌아보곤 웃음을 터뜨렸다. 내 경우 90퍼센트는 홧김에였고 10퍼센트만 열정 때문이었던 것이다. 반면에 렌의 경우 10퍼센트가 홧김에였고 90퍼센트가 열정 때문이었다. 그러니 내가 우리 딸은 홧김에 생겨났다고 말할 때마다 그가 곤혹스러워 한 것도 무리는 아니었다. 그는 늘 이렇게 말하곤 했다. "난 화낸 기억이 없는데." 매트릭스 출생 리임프린팅을 통해 우리는 당시의 영상을 바꿔, 렌과 내가 서로를 쳐다보게 했고 화난 것도 거의 다 풀어지게 했다.

다음에 우리는 내 분만 과정을 리임프린팅했다. 당시 나는 침대 위에 기댄 채 쭈그려 앉아 있었고 렌은 최면 분만 설명서를 열심히 들여다보고 있었다. 진통이 점점 더 심해지자, 나는 곁에서 분만을 돕기로 한 그에게 이제 시작하라고 했다. 주도적으로 최면을 이용해 자연분만을 돕는 게 그가 할 일이었고, 나는 아무 신경 안 쓰고 그냥 하라는 대로 하면 되도록 되어 있었다. 나는 그가 어서 자기 일을 시작해주길 기다렸는데, 올려다보니 그는 패닉 상태에 빠져 뭘 어찌해야 모르는 것 같았다. 그걸 보는 순간 그야말로 심장이 벌렁거렸다.

"어디서부터 시작해야 좋을지 잘….."

나는 말을 잘랐다. "설명서를 두 번씩 읽은 거 아냐? 그런다고 했던 거 같은데?"

"아니, 두 번은 아니고….."

나는 다시 말을 잘랐다. "설명서 내용을 제대로 숙지하곤 있는 거야?"

"아니, 하지만….."

"나가! 있어 봐야 아무 도움 안 된다면, 나 혼자 하는 수밖에." 내가 소리쳤다.

나는 싸움 또는 도주 상태에 있었고 몸에선 아드레날린이 마구 뿜어져 나오고 있었다. 그 순간 아기가 나오려던 걸 멈췄다.

매트릭스 출생 리임프린팅을 하면서, 나는 렌을 얼어붙게 만들어 떠나기 직전 문에 서 있는 상태로 있게 했다. 내가 정신을 가다듬고 싸움 또는 도주 상태에서 벗어나는 데는 시간이 좀 걸렸다. 우리는 두려움을 덜어줄 색깔들을 불러들였다. 내가 원하던 대로는 아니지만, 그래도 아직은 모든 게 완벽한 편이라는 생각이 들었다. 매트릭스 출생 리임프린팅 과정 내내 샤론은 내 손가락 포인트들을 태핑하거나 손을 꼭 잡아 주었다. 나는 파트너 렌 역시 두려움에 빠져 있었다는 걸 깨닫기 시작했다. 혹 일이 잘못될까 두렵고, 내가 고통스러워하는 게 두렵고, 자신이 책임지고 아기를 이 세상에 나오게 해줘야 한다는 게 두려웠던 것이다. 나는 또 그가 방 밖으로

쫓겨날 때의 심정이 어땠을지도 알 것 같았다. 매트릭스 출생 리임프린팅 기법을 사용해, 나는 얼어붙었던 그를 풀어주어 문에서 발길을 멈추게 했다. 그리고 이렇게 말했다. "이제 진정됐어. 가지 마. 근데 내게 무슨 말을 하려 했었어?"

이 시점에서 샤론은 내 딸의 에코를 체크해보길 원했다. 딸의 에코는 아직 걱정에 쌓여 있었지만, 이제 기분이 좀 풀어지고 있었다. 우리는 아이에게 이런저런 색깔을 넣어주었지만, 태평까지 할 필요는 없었다. 아이는 나와 자기 아빠가 키스를 하고 서로 꼭 안기를 바랐다.

렌과 나는 침대를 수중 분만용 욕조로 바꿨는데, 이번에는 그 모든 일을 함께 했다. 그리고 현재의 '내 자신'이 조산사로 그 영상 속에 들어갔다. 샤론은 내가 아기를 낳기 시작할 때 안내자 역할을 해주었는데, 그러다가 그 이후엔 침묵을 지키며 모든 걸 혼자 경험할 기회를 주었다. 그건 정말 대단한 선물이었다. 나는 호흡을 하면서 몸속에서 파도가 굽이쳐 흘러내리는 듯한 느낌을 받았다. 자궁 속의 아기가 밑으로 내려가기 시작하는 걸 느낀 것이다.

매트릭스 출생 리임프린팅을 통해 딸을 다시 낳으면서, 나는 아이의 발이 먼저 나오고 있다는 걸 깨달았다. 그러나 나는 패닉 상태에 빠지는 게 아니라, 오히려 이렇게 긍정적인 생각을 했다. '내 딸다워. 발부터 나와야 바닥에 발을 딛고 달린다 이거지.' 그건 또 실제 그 애가 태어날 때 그랬던 것처럼 어깨가 빠지지 않아 고생하는 일은 없다는 뜻이기도 했다. 이번에는 조산사로 들어간 '현재의 내'가 물 아래서 그 애를 완벽히 받아내 그 당시의 나에게 건네주었고, 그녀는 즉시 아기에게 젖을 물렸다. 그 과정에서 나는 실제 아기가 젖꼭지를 빠는 듯한 기분이 들었다. 나는 딸의 눈을 들여다보았고 아이는 내 눈을 들여다보았다. 그때 나는 팔을 들어 올려 한 손으로 렌의 목을 끌어안았다. 그는 내 어깨에 입을 맞추며 "고마워"라고 했다. 그리고 나와 딸을 안고 있는 그의 두 팔과 힘을 느꼈다. 나는 큰 소리로 샤론에게 말했다. "나 이제 동시에 두 사람을 안을 수 있어요." 그건 분명 믿음의 변화였다. 그때까지만 해도 나는 늘 내 속에는 딸에 대한 공간밖에 없으며, 렌과 딸 두 사람 모두에게 내줄 만한 사랑과 인내와 시간은 없다고 느꼈던 것이다. 렌은 자기 딸의 두 눈을 들여다보면서 유대감을 형성했고, 그렇게 우리는 함께 평온한 시간을 보냈다. 침실 창문 밖으로 아침 해가 떠올랐고 모든 게 황금색과 분홍색, 오렌지색으로 빛났다. 이것이 우리가 리임프린팅한 이미지였다. 그리고 이것이 우리 딸의 새로운 출산이었다.

그날 밤 나는 렌이 우리 딸을 보살피고 있던 호텔로 돌아갔다. 우리는 더 이상 로맨틱한 사이가 아니었지만, 저녁 식탁에서 그는 자신을 쳐다보는 내 눈길이 계속 '격정적'이라고 했다.

방으로 돌아간 나는 잠자리에 들기 전에 종종 그랬듯 딸과 함께 목욕을 하기로 했다. 머리를 절반쯤 감았을 때 렌이 노크를 하더니 들어가도 되냐고 물었다. 우리는 여전히 아주 친밀한 사이였고, 그간 그가 내 벗은 몸을 천 번은 봤을 것이기 때문에, 나는 들어와도 괜찮다고 했다. 그는 안으로 들어오자, 우리 딸이 그에게 욕조 안으로 들어와 함께 목욕하자고 조르기 시작했다. "함께 해, 함께 해." 그 애는 계속 그랬다. 렌과 나는 욕조가 너무 좁은데다 아빠는 이미 샤워를 했고 어쩌구저쩌구 하면서 그 애를 설득했지만, 그 애는 말을 듣지 않았다. "난 괜찮아." 오, 이런! 내 입에서 그런 말이 나왔다!!!

"어, 좋아, 그렇다면…." 약간 당황한 어투로 그렇게 말하며 그가 욕조 안에 들어와 내 뒤에 앉았다. 나는 몸을 이리저리 꼼지락거려 봤지만 우리는 다 서로 몸이 맞닿아 있었다. 내가 몸을 젖혀 머리를 헹굴 공간이 없었기 때문에, 그가 컵에 물을 담아 내 머리카락을 헹궈줘야 했다. 나는 얼어붙은 듯 가만히 앉아 미소를 지었다. 알고 보니 우리는 수중 분만용 욕조 안에서와 똑같은 자세로 앉아 있었던 것이다.

그 다음날 아침 나는 일찍 일어나 방 다른 쪽에 있는 1인용 침대를 보았다. 렌 역시 잠이 깨 있었다. 완전히 잠이 깨지 않은 상태에서 그렇듯 아직 몽롱한 상태에서 나는 그에게 다가가며 말했다. "난 내가 어제 왜 당신을 그런 눈으로 봤는지 알아. 매트릭스 안에서 당신과 섹스를 했거든." 그는 화들짝 놀랐다. 그러나 곧 우리는 함께 소리내 웃었고, 나는 그에게 그게 무슨 말인지를 설명해주었다. 나는 이제 어떤 상태에서 딸을 임신했는가에 대한 생각이 바뀐 것이다. 홧김에가 아니라 열정을 느껴 임신을 했다고 말이다. 우리는 계속 웃으며 어린 딸이 깨지 않게 하려 애썼다.

"내가 그랬잖아. 난 우리가 그 애를 홧김에 가졌다고 생각한 적이 한 번도 없다고."

우리는 함께 딸 곁에 누워 그 애가 깨어나는 걸 지켜봤다. 그는 몸을 숙여 매트릭스 출생 리임프린팅 때 그랬던 것처럼 내 어깨에 입을 맞췄다. 나는 아무 말도 하지 않은 채 그냥 받아들였다.

> **베티나 - 2014년도 EFT 컨퍼런스에서의 매트릭스 출생 리임프 린팅 시연회**
>
> 저는 2014년 EFT 컨퍼런스에서 있었던 당신의 매트릭스 리임프린팅 시연회에 참석했었습니다. 저는 당신이 트라우마를 안겨준 출산 경험이 있는 사람은 손을 들어보라고 했을 때 손을 들지 않았습니다. 하지만 당신 이 유아들이 겪는 일들, 그러니까 바늘을 꽂고 찌르고 재촉하고 하는 일들 을 얘기할 때, 바로 내 출산 과정도 이상적인 것과는 거리가 멀었다는 걸 깨달았습니다. 나는 눈물을 흘리며 태핑을 시작했습니다. 한때는 너무 불 편해 방을 나갈까 하는 생각까지 했지만, 내면의 목소리가 그대로 있으라 고 했습니다. 나는 당신이 시연한 그대로 각 포인트를 태핑해 트라우마를 제거하면서 내 딸의 출산을 리임프린팅했습니다. 당신의 시연회가 끝나갈 무렵에는 모든 두려움이 사라졌고 평화로운 감정이 느껴졌습니다.
>
> 그날 늦게 17살 난 딸한테서 문자 메시지를 하나 받았습니다. 그 애는 당시 미국에 있어, 내가 EFT 컨퍼런스에 참석한 건 모르고 있었습니다. 사 실 나는 그 메시지를 받기 전에 3주 동안 그 애와 연락을 해보려 했었지만 소용이 없었습니다. 그 애는 메시지에 이렇게 썼더군요. "오늘 날 위해 뭘 했든 고마워 엄마. 그리고 우리 사이에 있었던 모든 일들에 대해 엄마를 용서하려고 해. 나 지금 난생 처음 진정한 기쁨이 느껴져. 그게 다 엄마 덕 이라는 거 잘 알아."
>
> 내가 이 메시지를 읽고 얼마나 놀랐을지 상상이나 되시나요?

이제까지 엄마의 문제들을 변화시키는 것이 아기가 이 세상에 태어나는 데 얼마나 큰 영향을 미치는지를 살펴보았다. 다음 장에서는 아빠의 문제들에 대해 살펴보겠다.

18장

아빠도 도움이
필요하다

아빠가 된다는 것은 남자가 겪을 수 있는 가장 도전적이고 중요한 경험이다. 그 경험이 만족스럽고 성공적이려면, 아빠가 자신감이 있어야 하고 안전하면서도 자신을 도와주는 사람들이 있다는 느낌을 받아야 한다. 그리고 우리 가정의 가능성을 극대화하기 위해, 우리는 '아빠 사랑'을 위한 적절한 교육적·육체적·정신적 지원을 해주어야 한다. – 패트릭 M. 하우저

아빠는 유대감으로 뭉쳐진 강한 가정을 만드는 데 아주 중요한 역할을 한다. 앞서 살펴본 대로, 엄마가 사랑 받고 있으며 인간관계에서 안전하다고 느낀다면, 그녀는 자신처럼 사랑 받고 있고 안전하다고 느끼는 평화로운 아기를 낳을 가능성이 높다. 그러나 만일 아빠가 무섭고 화를 잘 내고 비우호적이거나 학대하는 듯한 행동을 한다면, 아기는 엄마를 통해 그런 감정들을 그대로 받아들이게 된다.

아빠 되기

17장에 나온 메기와 제이크의 이야기에서 봤듯이, 메기의 파트너는 곧 아빠가 된다는 사실에 충격을 받게 된다. 아빠가 된다는 것과 관련된 그의 과거 믿음들이 되살아났는데, 그 결과가 도피 반응을 보일 정도로 강력했던 것이다.

파트너가 임신을 하게 될 경우, 아빠 또한 의식적으로든 무의식적으로든 자신이 태어날 때의 경험들과 어린 시절 양육될 때의 기억들을 떠올리게 된다. 특히 남자가 자기 아빠의 패턴을 반복하고 싶어 하지 않을 경우, 그런 경험과 기억들은 더 쉽게 표면으로 떠오르고 두려움이 생겨날 수 있다.

남자가 아빠가 되면서 느낄 수 있는 불안 요인들을 더 꼽자면 다음과 같다.

1. 한 가정을 부양해야 한다는 의무감.
2. 아기 때문에 잠을 제대로 못자고 그게 직장 일에 영향을 줄 거라는 우려. 가정을 꾸린지 얼마 되지 않은 가장 입장에서 이는 스트레스와 걱정의 요인이 될 수 있다.
3. 아내 또는 파트너와의 관계가 변할 거라는 우려.
4. 아기가 과연 건강할까 하는 걱정.
5. 출산 과정에서 아내나 아기를 잃을지 모른다는 불안.

그 외에 좋은 아빠가 되지 못할 거라거나 또는 좋은 아빠가 되는 방법을 모를 거라는 두려움이 생기기도 한다.

출산 과정

출산 과정에서는 주로 엄마와 아기에게 모든 관심이 집중되고 아빠는 아예 잊혀지는 경우가 많다. 그러나 아빠는 자기 아기의 출산 과정에서 아주 큰 영향을 받게 되며, 그것이 가정 전체에 영향을 미치는 경우도 많다.

출산 과정에서 아빠가 가질 수 있는 걱정들로는 다음과 같은 것들을 꼽을 수 있다.

1. 자신의 인식 밖에서 일어나는 일로 왠지 무력하고 통제 불능이라 느껴짐. 자신의 파트너가 진통하는 걸 지켜본 남자의 일반적인 반응은 상황을 바로잡고 싶다는 것인데, 그러기 위해 자신이 할 수 있는 게 아무도 없기 때문에 좌절감을 느끼게 된다.
2. 얼마나 오래 걸릴지 알 수 없어, 출산 과정이 불안한 상황으로 느껴진다.
3. 자신의 파트너가 내지르는 비명과 큰 소리들로 인한 충격 때문에, 속에 잠재된 원초적 두려움이 되살아나기도 한다.

아빠들의 분노는 가끔 출산 과정에서 자기 아기의 엄마에게 고통을 주는 걸로 보이는 다른 남자나 여자들로 향하기도 한다. 그리고 만일 그런 분노를 표출하지 못할 경우 그 분노가 그대로 내면으로 숨어들게 된다. 아빠들의 분노는 의료진에 의해 자신이 필요로 하는 정보와 지식이 제대로 주어지지 않을 때 표출되기도 한다.

아빠들은 또 모든 출산 과정에서 배제되는 느낌을 받으며, 환영받지 못하는 존재 같다는 느낌을 받기도 한다. 진행되고 있는 일에 대해 아무

것도 모르는데다, 어떤 게 정상적인 일인지 또는 앞으로 무슨 일이 일어나게 되는지 알 길이 없어 두려움을 느끼기도 한다. 그래서 출산 때 이해심 많고 능력 있는 조산사를 두어 엄마와 아빠를 안심시키는 게 보다 안전한 출산 환경 조성에 도움이 된다.

아빠는 출산 현장을 지켜야 하는가?

자연분만 교육자이자 《예비 아빠들을 위한 핸드북 The Fathers-To-Be Handbook》의 저자이며 〈예비 아빠들 Fathers-To-Be〉의 공동 설립자이기도 한 패트릭 하우저 Patrick Houser는 이렇게 말하고 있다. "연구 결과에 따르면, 파트너의 임신 기간 중에는 아빠 몸속의 호르몬 활동에 변화가 생기며, 특히 출산 현장을 지킬 경우 더 그렇다고 한다. 호르몬은 특정 세포 조직 또는 기관의 기능을 통제하는 일부 신경 세포들이나 내분비샘에서 분비되는 화학물질로, 기본적으로 한 세포에서 다른 세포로 신호를 전달하는 화학 메신저 역할을 한다. 어떤 면에서, 호르몬은 우리에게 무엇을 또 어떻게 하라고 알려준다. 프로락틴과 바소프레신 그리고 옥시토신은 출산 시기의 남자들의 경우 수치가 더 높아지는 호르몬들이다. 프로락틴 분비가 많아지면 유대감 형성과 애착심, 보살핌의 감정이 더 강해진다고 알려져 있다. 바소프레신 수치가 높아질 경우, 남자들이 짝을 찾아 밖으로 돌지 않고 집에 있으면서 가족을 지키려 한다. 바소프레신은 일부일처제 호르몬 즉, 헌신의 호르몬으로도 알려져 있다. 또한 아빠가 아이와 친밀하게 지내거나 특히 피부 접촉이 많을 경우 옥시토신 분비가 왕성해진다. 옥시토신 수치 증가는 아빠의 양육 본능을 촉발시키고 유지하는 데 핵심적인 역할을 하는 걸로 알려져 있다. 추가로, 아이와 친밀하게 지내는 남자의 경우 테스토스테론 수치가 줄어들게 되며, 그 결과보다 온화하고 편안해져 아이에게 해를 입힌다거나 이혼을 추구할 가능성이 줄어든다고 한다."[102]

이처럼 임신과 출산은 엄마와 아기의 호르몬계에만 영향을 주는 게 아니라 아빠의 호르몬계에도 영향을 준다. 자연은 건강하고 안전한 가정에 필요한 최상의 출발 기회를 준다. 우리가 해야 할 일은 단 하나, 가족들의 유대감 형성에 필요한 안전한 환경을 조성해주는 것이다.

매트릭스 출산 리임프린팅을 통해 아빠들의 문제를 해결할 경우, 우리는 그들을 도와 남자라면 묵묵히 헤쳐 나가야 한다고 교육받아온 두려움들을 극복할 수 있게 해줄 수 있다. 10장에서 봤던 리 앤의 사례가 기억나는가? 그 사례에서 우리는 리 앤을 도와 그녀에게 트라우마를 안겨준 제왕절개에 대한 기억을 바꿔주었고, 그런 다음 그녀에게 트라우마 없는 두 번째 출산 경험을 할 수 있게 해주었다. 이제 그녀의 남편 조엘Joel에 대한 매트릭스 출생 리임프린팅을 소개하고자 한다. 다음 글을 읽어보면, 그가 리 앤의 출산 트라우마를 어떤 관점에서 지켜봤는지, 또 그 트라우마를 제거한 것이 첫 딸의 출산과 관련된 트라우마를 제거하는 데 어떤 도움이 됐는지 잘 알 수 있다.

조엘 – 한 아빠의 경험, 트라우마를 안겨준 출산

두 번째 아기를 갖게 됐다는 걸 알았을 때, 조엘은 진심으로 기뻤고 그래서 리 앤과 함께 자축을 했다. 그러나 두 사람 마음 한 켠에는 여전히 또 다시 끔찍한 출산 경험을 하게 될지 모른다는 두려움이 있었다.

조엘은 내게 이렇게 말했다. "라일라의 출산 과정에서 저는 다시는 되찾지 못할 그 무언가를 잃었습니다. 물론 두 번째 아기의 경우는 달랐죠. 그어떤 아기든 출산이든 다 다른 법이니까요. 어쨌든 저는 첫 아기 때 잃어버린 걸 절대 되찾지 못할 것이고, 그래서 아주 화가 났습니다. 우리는 법적인 대응 가능성에 대한 얘기까지 했지만, 그러면서 또 한편으론 그런 걸로 아기를 가진 기쁨을 망치고 싶진 않았습니다. 이제 막 아기를 가진 상황에서 법적 대응을 하기 위해 변호사들을 만나 복잡한 절차를 밟고 하고 싶진 않았던 거죠. 슬프기도 하고 화가 나기도 하고. 어쨌든 감정이 참 복잡했습니다. 무엇보다도 당시 뭘 어떻게 달리 대처했어야 하는지를 몰랐다는 데서 오는 분노와 좌절감이 가장 컸죠."

우리는 EFT 기법을 사용해 매트릭스 출생 리임프린팅을 시작했고, 리앤을 도와줄 수 없었다는 데서 비롯된 그의 무력감과 분노, 슬픔 등의 감정을 제거했다. 그가 느끼고 있던 충격을 제거하는 데도 시간을 좀 써야 했다. 그의 감정들이 누그러든 뒤, 우리는 매트릭스 안에 있는 그의 기억 안으로 들어가 의사들이 리 앤의 양수를 터뜨려 유도 분만을 시작하면서 진통이 시작된 시점을 찾아갔다. 조엘은 대체 뭐가 어찌 돌아가는지 몰라 초조해 하고 당황스러워 하는 자기 자신을 볼 수 있었다. 그는 너무 초조해 목 뒤쪽이 다 뻣뻣해질 지경이었다. 그래서 우리는 그의 에코를 태평해 긴장감을 풀어주었고 또 아기는 아무 이상 없을 거니 안심하라고 토닥거렸다.

조엘은 자신의 에코가 리 앤의 긴장을 풀어주려고 이런저런 농담을 하는 걸 보고 웃음을 터뜨렸다. 그리곤 이렇게 말했다. "리 앤은 가끔 웃기도 하지만 가끔은 내게 주먹이라도 날리고 싶은 표정이에요. 하지만 워낙 강한 여자라, 순리에 따라 꿋꿋이 잘 버텨주고 있어요."

그런 뒤 우리는 진통이 시작된 지 18시간 정도 지난 시점으로 이동했다. 조엘은 점점 더 초조해지고 화를 내고 불안해하는 자기 자신을 볼 수 있었다. 의사들이 양수가 터진 뒤 24시간 이내에 아기가 나와야 한다고 말했기 때문이다. 그가 알기로는 24시간이 지나면 감염의 위험이 있는데다, 더 이상 확장도 제대로 되지 않는다고 했다. 째깍째깍. 초침은 계속 돌아갔다. 모든 게 불확실하다는 것 또한 그가 두려워하는 일이었다. 그는 앞으로 대체 뭐가 어떻게 되야 하는 건지 도통 아는 게 없었다. 그는 이렇게 말했다. "물론 아기 때문에 화가 나는 건 아니고요. 그저 기다리고 또 기다려야 한다는 게 정말 지치게 만드는 거예요. 육체적으로 지치고 정신적으로 진이 빠지고. 게다가 이건 뭐 내가 어떻게 할 수 있는 게 아니니, 무력감도 드는 거예요. 리 앤과 저는 제왕절개를 하는 건 원치 않았거든요." 우리는 조엘의 에코를 태핑했고, 나는 조엘에게 에코가 필요로 하는 게 뭐겠냐고 물었다. 그는 이렇게 답했다. "제가 조급하게 굴지 말고 강해지라고 말할게요. 특히 마음을 강하게 가지라고요."

조엘은 자신들이 자연분만에 대해 더 많은 걸 공부한데다 '제왕절개 후 질 분만' 경험이 많은 정말 뛰어난 산부인과 전문의와 출산도우미를 고용해, 두 번째 출산에 대해선 훨씬 더 만족한다는 말을 덧붙였다. 나는 그에게 자신이 갖고 있는 그 모든 지식을 에코, 즉 출산 당시의 자기 자신에게 알려주고, 또 건강하고 예쁜 딸을 갖게 될 거라는 사실도 알려주라고 했다.

그런 다음 우리는 제왕절개를 받는 순간으로 옮겨갈 수 있었다. 나는 조엘에게 혹 자신의 에코가 충격을 받지 않게 앞으로 일어날 일에 대해 미리 귀띔해줄 만한 게 없냐고 물었다. 그러자 그는 이런 말을 했다. "네, 제가 지금 그 당시로 돌아가 있다면, 이런 사실을 알고 있을 경우 정말 도움도 되고 마음의 준비도 될 거 같습니다. 곧 겪게 될 일들이 마치 아주 가파른 롤러코스터를 타는 것 같겠지만, 곧 괜찮아질 거라고요." 그는 리 앤도 안심시켜주고 싶어 했기에 그녀에게 이렇게 말했다. "난기류가 밀어닥쳐 비행기가 요동치겠지만, 우린 결국 안전하게 착륙할 거야." 그 말을 한 뒤, 그는 그녀가 좀 더 마음을 편히 갖는 걸 보았다.

이제 아기 라일라에게 관심을 돌려 상태가 어떤지를 살펴볼 때가 됐다. 조엘은 라일라 역시 두려워하고 있는 걸 느낄 수 있었고, 그래서 우리는 그 애를 상대로 태핑을 했다. 그때 조엘이 그 애에게 이런 말을 했다. "넌 이제 곧 아빠를 볼 거고, 우린 정말 재밌는 시간을 보낼 거야. 널 보고 싶어 죽겠어. 잠시만 더 있어. 네가 나오는 건 시간 문제고, 우린 널 집에 데려갈 거야." 그러자 라일라는 발길질을 하며 활발히 움직이면서, 세상에 나올 준비를 하기 시작했다.

이 영상은 워낙 강력하고 행복이 차고 넘쳤다. 이제 여기서 그만 중단하고 이 영상으로 리임프린팅을 해도 좋을 듯했고, 그래서 우리는 그렇게 했다. 조엘은 여전히 초조감을 느꼈지만, 그 초조감은 두려움에 뿌리를 둔 걱정보다는 짜릿한 흥분에 가까웠다.

그런 다음 우리는 의사들이 들어와 제왕절개를 해야 할 것 같다고 조언하는 순간을 찾아갔다. 조엘은 '폭탄 맞은' 기분이라고 했다. 나는 그에게 지금 그가 갖고 있는 모든 지식과 정보를 감안하건대, 의사들이 제왕절개에 동의해 달라고 하는 게 올바른 선택이라고 생각하냐고 물었다.

"50대 50인 거 같아요. 그 이유를 설명해보죠. 올바른 선택이었을 수도 있는데요. 그건 그 당시에 어떤 일이 있었든 상관없이, 지금 라일라는 아주 건강해서 밖에 나가 뛰어놀고 행복해 하고 소리도 질러대고 너무 잘 지내고 있으니까요. 올바른 선택이 아니었을 수도 있는데요. 난 지금 그때 좀 더 기다릴 수도 있었다는 걸 알거든요. 그때 의사들은 가봐야 할 콘서트가 있어 외출을 해 집에 가든가 했어야 했어요. 좀 더 기다릴 수도 있었던 거죠. 하지만 어쨌든 당시의 그런 선택에도 불구하고 괜찮아요. 지금 내 딸은 아주 건강하게 잘 지내니까요."

그때 내가 물었다. "그럼 당시 당신 두 사람은 할 수 있는 최선을 다한 건가요? 지금 갖고 있는 지식과 정보는 다 잊고요. 그 당시에 갖고 있던 모든 지식과 정보를 감안할 때, 그 당시의 조엘 당신은 최선을 다한 거 맞나요?"

조엘이 답했다. "그 당시로선 그렇습니다. 지금 알고 있는 것들을 몰랐을 때니, 그렇죠. 그 당시에 제 관심사는 그저 아기가 안전하고 건강했으면, 또 리 앤이 안전하고 건강했으면 하는 거였죠." 그래서 내가 다시 물었다. "그럼 당시 제왕절개를 받기로 한 건 옳은 결정이었나요?" 그는 그렇다고 했고, 당시로선 자신이 할 수 있는 최선을 다한 것이므로 자신을 용서하겠다고 했다.

우리는 의사들이 리 앤에 대한 제왕절개 수술 준비를 하면서 조엘에게 수술실 밖으로 나가달라고 요청하는 순간으로 되돌아갔다. 조엘이 말했다. "내가 기다리고 있는 게 보입니다. 우리가 원한 대로 진행되지 않아 슬퍼하고 있네요. 하지만 몇 분 있으면 라일라를 본다는 생각에 기쁘기도 합니다."

여기서 상기해야 할 것이 있다. 리 앤이 하반신을 마취시키시는 경막외 마취제를 맞았지만 별 효과가 없었고, 그래서 그녀는 라일라를 꺼내기 위해 의사들이 자신에게 행하는 모든 걸 느낄 수 있었다.

우리는 조엘의 에코를 상대로 태핑을 조금 해 슬픔과 실망감을 제거했고, 그런 다음 앞으로 진행될 출산 스토리에 대비할 수 있게 했다. 그래서 다시 수술실로 돌아왔을 때, 그의 에코는 내면적으로 어느 정도 평정심을 찾은 듯했다. 조엘은 자신이 수술실로 되돌아온 순간의 기억으로 들어갔을 때의 일을 이렇게 설명했다. 리 앤이 쉬지 않고 비명을 질러대는 가운데 혈압계만 뚫어져라 쳐다보면서, 그의 에코는 온갖 감정에 휘둘리고 있었다. 리 앤의 혈압은 너무 높았고, 그래서 저러다 리 앤이 죽는 게 아닌가 하는 생각이 들었다. "나는 그녀의 손을 꼭 잡고 있었어요. 그러다 고개를 파묻고 울기 시작했어요. 대체 뭐가 어떻게 돼가고 있는 건지 알 수 없었거든요. 간호사가 내 등을 어루만지며 이렇게 말했던 게 기억나요. '괜찮아질 거예요. 괜찮아질 거예요.' 나는 아무 말도 할 수 없었어요. 그야말로 쇼크 상태에 빠졌죠. 처음엔 리 앤에게 이런저런 말을 걸었지만, 고통이 너무 심해 그녀나 나나 집중을 할 수 없었고, 그래서 말은 하면서도 대체 뭔 말을 하고 있는지조차 알 수 없었어요. 내 평생 인간이, 그것도 내가 사랑하는 사람이 그렇게 심한 고통을 겪는 걸 본 적이 없었거든요."

우리는 조엘과 리 앤, 라일라 그리고 심지어 병원 측 사람들까지 태핑을 해 그들이 겪은 모든 충격을 제거했다. 조엘은 모든 사람들에게 힘을 주기 위해 오렌지색 에너지를 끌어들이기로 결정했다. 색 치료 전문가인 내가 알기로, 오렌지색은 트라우마를 치유해주는 색이며, 힘을 주는 색이기도 하다. 그런 다음 조엘은 이렇게 말을 이었다.

"리 앤은 스스로 선택을 했어요. 그녀는 완전히 마취되어 의식을 잃는 건 원치 않았어요. 적어도 라일라가 태어나 우는 소리를 직접 듣고 또 그 애가 이상 없다는 걸 직접 확인하고 싶었던 겁니다. 내가 알기에 리 앤에겐 선택할 기회가 있었는데, 더없이 힘든 길인 걸 뻔히 알면서도 그 길을 선택할 만큼 큰 힘과 용기가 있었던 거예요. 그런 점에서 정말 그녀를 존경해요. 그녀는 지금 정말 좋은 엄마인데요. 바로 그때 전 그녀가 좋은 엄마가 될 거라는 걸 알았어요. 지금 리 앤은 정말 굉장하고 저 또한 긍정적인 감정들로 꽉 차 있는데요. 그 당시의 일로 우리가 훨씬 더 강해졌다는 걸 생각하면, 그건 정말 이상하면서도 위대한 경험이었어요. 제가 지금에 와서 이런 식으로 생각하게 될 줄은 정말 몰랐지만, 지금 내 생각은 그래요. 그 모든 게 정말 가치 있는 일이었어요. 우리 딸의 소중함을 새삼 느낄 수 있는 좋은 기회였고, 특히 한 여성으로서, 아내로서, 엄마로서 또 한 인간으로서 제 아내를 제대로 볼 수 있는 좋은 기회였죠. 이거 아세요? 한 인간이 얼마나 많은 고통을 극복해낼 수 있는지?

선택의 여지가 있었는데, 아주 힘든 길을 택한 거예요. 당신이 그때 그 방에 같이 있었더라면, 그래서 내가 본 그 모든 것들을 보고 내가 들은 그 모든 비명 소리를 들었더라면 좋았을 텐데 말이죠. 심장박동 측정기를 들여다볼 때마다 그녀의 심장박동이 너무 빨라 뭔가 끔찍한 일이 일어날 거 같다는 생각이 들었는데, 그녀는 그 모든 걸 자신의 선택으로 여겨 헤쳐 나갔고 결국 잘 해냈습니다. 그녀는 끝내 건강한 모습을 보여줬고 라일라도 그랬습니다. 당연히 저는 훨씬 기분이 좋아졌죠.

저는 그때 이런 말을 했어야 하는데, 이런 걸 했어야 하는데, 또는 의사한테 뭔가 말을 했어야 하는데 못했다는 죄책감이 있었습니다. 그러나 잘 아시겠지만, 중요한 건 거의 다 그녀가 결정할 일들이었고, 저는 그저 옆에서 지원하고 제안하고 자리를 함께할 수 있었을 뿐입니다. 결국 모든 걸 해낸 건 그녀의 몸이었고, 저는 그 무엇보다 그걸 높이 평가해야 합니다. 내가 라일라의 아빠이긴 하지만, 그 모든 건 내가 아닌 리 앤의 몸이었고 그녀의 결정이었으니까요. 우리는 좀 더 기다렸다고 자연분만을 할 수도 있었지만, 그러지 않았습니다. 그녀는 완전히 잠들 수도 있었지만 그녀가 그걸 원치 않았습니다. 그리고 이후 2년 반 동안 저는 당시 적극적으로 나서지 않은 건 제 잘못이라는 느낌을 지울 수 없었습니다. 지금은 우리에게 선택의 여지가 있었다는 걸 알지만 그 당시엔 절대 그렇게 생각하지 않았고, 그래서 늘 제가 적극적으로 막았어야 하는데 억지로 그런 상황에 떠밀려 들어갔다고 생각했던 겁니다. 그러나 지금은 많이 다릅니다. 모든 게 잘 됐다고 생각되고, 그 당시의 일은 제 잘못이 아니라고 생각합니다. 그리고 지금은 준비가 돼 있습니다. 모든 게 제 잘못이 아니었다는 걸 잘 알기에, 전혀 다른 마음으로 그때로 되돌아갈 준비가 돼 있는 겁니다."

조엘의 매트릭스 출생 리임프린팅에서 우리는 출산 때 아빠들이 직면하게 되는 각종 두려움과 취약함은 해결할 수 있고 바꿀 수도 있다는 걸 알 수 있다. 우리가 출산 트라우마와 관련된 문제들을 다룰 때, 아빠들도 무시하지 말고 꼭 포함시킬 필요가 있는 것이다. 매트릭스 출생 리임프린팅이 끝난 뒤 조엘은 내게 이런 말을 했다. "제가 만일 미리 매트릭스 출생 리임프린팅을 통해 제 출산 경험을 인생 경험들에 잘 조화시킬 수 있었다면, 실제의 출산 과정에서 더 안전하다고 느꼈을 것이고 트라우마도 덜 받았을 겁니다."

결론

　우리는 전체론적 관점에서의 출산이라는 새로운 출산 패러다임에 대해 들어서고 있는데, 정서적이면서도 지혜로운 분만도 그 패러다임에 포함된다. 그러자면 우리는 출산을 기계적인 과정으로 보아온 서구식 출산 모델에서 벗어나야 할 뿐 아니라, 아기들이 다양한 감각적 느낌을 가진 감정적 존재라는 것도 제대로 이해할 수 있어야 한다.

　현재까지 서구 의학에서는 아기들의 감정을 무시한 채 온갖 개입을 해왔다. 아기들의 감정이 질병을 유발할 수도 있고 질병을 치유할 수도 있는데 말이다. 그러나 지난 몇 십 년간 우리는 정서적으로 보다 지혜로워지기 시작했고, 그 덕에 지금 서구식 의학 과정들이 서서히 재조명되고 있다. 그러나 그런 재조명 작업은 아직까지는 느릿느릿 진행 중이며, 서구식 의학 과정의 후유증을 제대로 인식하지 못한 탓에 병원 분만실에서는 아직도 트라우마를 안겨주는 각종 야만적인 관행들이 성행하고 있다. 출산 후유증은 아기들에게 영향을 줄 뿐 아니라, 성인이 된 뒤에도 계속 문제가 된다. 우리의 출산은 세상에 대한 첫 경험이기 때문에, 트라우마를 안겨주는 출산은 우리의 믿음 체계에도 영향을 주며, 우리의 뇌 속에 이 세상이 사랑이 아닌 위험으로 가득 찬 곳이라는 인식을 심어준다. 그리고 변화되기 전까지 우리는 계속 그런 믿음과 인식들로 제약을 받게 된다.

지난 몇 십 년간 우리의 정서적 지혜를 늘려주는 각종 새로운 기법들이 등장했다. 그중 하나가 '감정자유기법EFT'으로, 이 기법은 자기 치유가 가능한 기법이다. 이 기법을 사용하면 트라우마를 안겨준 일 주변에 형성된 에너지를 제거할 수 있다. 감정자유기법을 사용해 과거부터 이어져온 트라우마를 제거할 수도 있고, 그래서 현재에 더 큰 평화를 느끼게 될 수도 있다.

감정자유기법으로부터 더 발전된 툴이 나오게 되는데, 그것이 바로 '매트릭스 리임프린팅 기법'이다. 이 책에서 우리는 이 기법을 사용해 감정적인 트라우마를 제거하고 또 고쳐쓰기까지 할 수 있다는 걸 살펴보았다. 우리는 이 기법을 사용해 트라우마를 안겨준 일 주변에 잠재의식적으로 만들어놓는 그림을 변화시킬 수도 있는데, 이는 현재의 우리 인생 경험을 변화시킬 수 있는 가장 효과적인 단일 방법이다.

이 책에서 우리는 또 다른 강력한 도구 '매트릭스 출생(출산) 리임프린팅'도 소개했다. 우리가 현실과 관련해 갖고 있는 가장 큰 필터는 우리의 첫 인생 경험, 즉 출생 경험이라는 것을 깨닫게 된 필자가 만든 툴이다. 출생 트라우마가 우리 삶에 미치는 영향은 정말 지대하다는 것을 알고, 매트릭스 출생 리임프린팅 기법을 사용해 출생 트라우마가 만들어낸 에너지 장을 제거한 뒤 출생 이야기를 고쳐 쓰는 것이다. 그러니까 우리가 이 세상에 나오는 방식, 즉 우리의 출생이 극적으로 달라질 수 있는 것이다.

당신은 매트릭스 출생 리임프린팅을 통해 당신의 믿음들이 어떻게 생겨나게 됐는지 이해하고 배울 수 있지만, 때론 이후 인생 경험들과 관련해 해야 할 일들이 더 있을 수도 있다. 또한 출생 때 평생 지속될 믿음이 형성되고, 그로 인해 생겨나는 많은 트라우마성 문제들에 일정한 양상이 생겨날 수도 있다. 그러나 어쨌든 수정과 임신, 출산되는 경험을 거치면서 이 세상에 대해 배운 것들의 뿌리를 찾아올라가 그 출생 이야기를 고쳐 쓰는 것은 치유 과정에 반드시 필요한 부분이다.

심각한 트라우마가 있든 아니면 후유증이 덜한 트라우마가 있든, 우리가 이 책에서 살펴본 기법들을 통해 당신은 당신의 출생 이야기를 고쳐 쓸 수 있을 것이다. 이 기법들을 제대로 활용하기 위해 여기에 능통한 사람이나 전문가가 필요할 수도 있지만, 당신 자신이 배운 걸 활용해 출생 트라우마를 고쳐 쓰려 애쓴다면 혼자 힘으로 변화할 수도 있다. 부디 '당신의 출생을 치유해 당신의 삶을 치유함'으로써, 전혀 새로운 사람으로 거듭났다는 이야기를 들려줄 수 있길 바란다.

과거의 당신에게 해주고 싶은 조언

내 친구와 동료들에게 뒤늦게나마 임신 및 출산 과정에서 에코, 즉 과거의 자기 자신에게 어떤 조언을 해주고 싶은지 물어보았다.

내가 부모가 되기 전에 알았더라면 하는 한 가지는 이런 것이다. 죄책감이나 수치심 같은 거 없이 무엇보다 먼저 자기 자신과 자기 자신이 필요로 하는 것들을 챙겨야 한다. '순교자 같은 엄마'가 되는 건 에너지를 고갈시키고 건강을 해치는 지름길이다. 그리고 만일 '엄마 배'가 가라앉을 경우, 그 배는 자신과 함께 모든 가족을 끌고 들어간다. 도움을 청하는 것은 절대 실패의 징후가 아니다. - 앤디

그 시간을 즐겨라. 소중한 시간이다. 임신 중에 훗날 되돌아볼 마법 같은 순간들을 만들어라. 멋진 기억이 될 것이다. 그리고 자신감을 갖고 당신의 직감을 믿어라. - 롭 문, 멋진 세 딸의 아빠

더 많이 믿고 마음을 활짝 열고 내적 자아의 말에 귀 기울이고 내적 연결을 추구하고 자신을 더 잘 보살피고 조언을 하려 하는 사람들의 말을 듣지 말고 여유를 갖고 매순간을 즐겨라. 설사 피로에 찌든 순간이라 해도. - **파울라 로사리오**

나는 임신한 나 자신에게, 나는 완전히 다른 사람이며 자연분만을 할 수 있다고 말했다. 그리고 실제 그렇게 했다. - **레베카 톰슨**

부모로서의 본능이 당신 같을 수 없는 의료 전문가들이나 가족들의 잘못된 조언을 따르지 말고 당신 자신의 본능을 따르라. 그리고 생각이 같은 사람들을 알고 지내라. 그야말로 모든 게 달라진다. 임신 기간 중에는 아기와 연결될 수 있는 시간을 최대한 많이 갖고 큰 스트레스는 받지 말라. - **탠시 록**

시간을 내 당신의 아이들과 즐거운 시간을 보내라. - **토니 스튜어트**

출산은 당신과 당신 아내의 관계를 돈독하게 만들어준다. 다신 자신의 판단력을 믿고 당신 자신이 되라. - **스티브**

모든 게 완벽하다. 당신의 가장 큰 스승이 도착했다. 이제 거기 동참하라. - **존 슬리만**

그저 자신감을 갖고 행복하라. 그리고 쉬지 말고 페달을 밟으라. - **나딘 앳킨슨**

마음을 느긋하게 갖고 분만할 때 좀 더 많은 시간을 가져라. 그리고 조산사보다는 당신 자신의 몸을 믿어라. - 카라 와일드

뭘 어떻게 해야 하는지는 당신 몸이 잘 안다. 그저 순리를 따르고… 호흡을 하라. 그리고 당신 자신을 믿어라. - 재닛 스티븐

당신 자신의 감정들에 눈뜨는 것이 열쇠이다. 당신 두 사람은 천생연분이다. 당신의 아이들이 가장 위대한 스승들이 되어줄 것이다. - 슈 프렌드

육체적으로 고통스러울 것이다. 정신적으로도 고통스러울 것이다. 많이 고통스럽겠지만, 당신은 어쨌든 육체적으로 정신적으로 충분히 강한 사람이다. - 샤론 브라나흐

그들을 끌어안고 그들을 더 사랑하라. 그리고 다른 모든 걸 채워 넣어주어라. - 레슬리 폴리

당신에게 해줄 수 있는 가장 좋은 조언은 내내 당신 자신을 소중히 하고 당신 몸을 믿으라는 것이다. - 망고 탱고

아기에 대한 책들을 읽어 아이가 원하는 게 뭔지 알고, 의식 있는 부모가 되는 방법에 대해 배우고, 아기와 교감을 나눠 아기가 현재 당신이 해주고 있는 것보다 더 환영받는다는 느낌을 갖게 해주어라. 또한 아기에게 더 환영받는 자연분만을 택하고, 출산을 도와주고 아기에 대해 또

엄마가 되는 것에 대해 가르쳐줄 수 있는 많은 여자 친구들을 가까이하라. - 다샤나 지

두려움들을 떨쳐라. 두려움은 육체적 고통을 일으킨다. 이를 뒷받침하는 책들은 얼마든지 있다. 아기가 뱃속에서 자라는 걸 즐기고 또 한 인간을 이 세상에 나오게 해주는 마법 같은 당신의 몸을 즐겨라. - 앨리나 프랭크

과거의 당신 자신이 주는 가장 큰 메시지는 무엇보다 먼저 당신 자신의 말에 귀 기울이라는 것이다. - 나탈리아 이와니크지

잠을 푹 자고 휴식을 취하고 기쁨을 누려라. 그것들이 슬픔과 아픔을 완화시켜줄 것이다. 그리고 매 순간 당신에게 주어진 여건 안에서 최선을 다하라. 문제가 있다면, 샤론과 그녀의 팀이 매트릭스 안에서 모든 걸 해결할 수 있게 도와줄 것이다. - 헬렌 건힐

잊지 말라. 너무 늦어서 당신의 꿈들을 이룰 수 없는 경우란 절대 없다. - 샤론 킹

감사의 말

　모든 책에는 그 책이 세상에 나오는 데 기여한 사람들 모두의 노고가 담겨 있습니다. 여러분 모두에게 감사드립니다.

　《매트릭스 리임프린팅 3》는 여러 용기 있는 사람들과 함께한 경험을 통해 탄생했습니다. 그 사람들 중에는 각 분야 최고의 리더로서 내게 기법의 기초를 가르쳐준 전문가들도 있고, 나와 함께 자신의 과거 트라우마를 치유한 고객과 친구들도 있습니다. 또 내가 매트릭스 출생(출산) 리임프린팅 기법들을 개발하고 다듬는 데 도움을 준 사람들도 있습니다.

　제일 먼저 나의 멘토이자 가이드이며 스승이자 친구인 칼 도슨에게 무한한 감사의 말을 전하고 싶습니다. 그는 상상도 할 수 없을 만큼 철저히 내 삶을 변화시켰을 뿐 아니라, 자신이 만나는 모든 이들의 삶 또한 변화시키는 사람입니다. 나는 2007년 4월 첫째 주말에 스코틀랜드의 핀드혼에서 감정자유기법EFT을 배웠는데, 그것이 내 삶의 진로를 뒤바꿔 더없이 놀라운 여정을 시작하게 하리라고는 전혀 생각 못했습니다. 칼, 당신은 당시의 나를 보고 '자동차 헤드라이트에 놀라 멈춘 사슴' 같다고 했었는데, 내 무의식은 아마 그때 이미 뭔가 놀라운 일이 내 앞에 펼쳐지리라는 걸 알았던 모양이에요. 늘 내 말에 귀 기울여주고 이끌어주고 용기를 주어 두 날개를 활짝 편 채 세상 속으로 힘차게 날아갈 수 있게 해주는 당신에게 무한한 감사와 사랑을 전하고 싶어요.

테드 윌몬트에게도 감사의 말을 전하고 싶습니다. 테드, 당신은 내가 처음 이 분야에 발을 디뎠을 때 따뜻하게 나를 감싸주었고, 수백 가지도 넘는 질문에 일일이 대답해 주었으며, 내게 자신감을 주어 고객들과 함께 더 깊은 여정을 떠나고 나 자신의 치유 여정 또한 계속할 수 있게 해 주었어요.

사샤 알렌비, 내 친구이자 분만 파트너인 당신에게도 고마움 전하고 싶어요. 당신이 없었으면 이 책은 절대 세상 빛을 보지 못했을 거예요. 당신은 뛰어난 창의력으로 세상에서 가장 힘들게 느껴지는 일을 가장 즐겁고 쉬운 일로 만들어줬어요. 출간에 대해 함께 의논하고 당신의 '책 쓰기 12주 프로그램'을 들은 것이 이 책을 출간하는 데 결정적인 도움이 되었어요.

친애하는 편집자 로이스 로즈, 모든 책은 산파가 필요한데, 당신은 이 책을 멋지게 빚어주었고, 이 책과 내가 우리의 출산 여정을 안전하게 마무리할 수 있게 해줬어요.

헬렌 하트와 실버우드 북스의 모든 팀원들, 여러분은 이 책 출간에 대한 두려움을 말끔히 씻어주었고 내게 많은 도움과 사랑을 받고 있다는 느낌을 주었어요. 내 친구 리라 크로포드와 베라 말바스키, 여러분은 이 책의 교정교열을 훌륭하게 봐주었어요.

하트매스 연구소의 리안 다나, 당신의 끝없는 인내심과 지원 진심으로 감사드려요.

그간 함께해온 모든 고객들께도 정말 깊은 감사드리고 싶어요. 여러분들 덕에 많이 배우고 성장할 수 있었어요.

특히 매트릭스 출생(출산) 리임프린팅 기법을 개발하는 데 정말 큰 도움을 준 고객들 한 사람 한 사람에게 고마움을 전하고 싶어요.

캐롤라인, 당신이 아니었다면 나는 매트릭스 출생(출산) 리임프린팅을 절대 발견하지 못했을 거예요. 최초의 고객으로서 멋진 엄마가 되어준 것에 감사드려요. 당신은 두려움 없이 아기를 자연분만할 수 있는 또 다른 방법을 찾고 싶어 했었죠. 첫 번째 세션에서 당신은 두 남자아이를 낳으며 갖게 된 트라우마를 제거하는 경험을 했죠. 당신의 출산 경험은 내 매트릭스 출생(출산) 리임프린팅의 토대가 되었어요. 당신이 완전한 자연분만으로 또 다른 아기를 낳았다는 소식을 들어 너무 기뻐요.

조세핀과 조지, 소중한 두 아이를 잃은 데서 온 당신들의 트라우마를 제거하면서 내 마음속에선 다른 사람들을 도와 그런 비극적 상실감을 치유해주고 다른 사람들에게도 그 방법을 알려주고 싶다는 뜨거운 갈망이 솟구쳤어요.

매기와 제이크, 당신들을 통해 나는 처음으로 우리가 함께 노력하면 우리 아이들의 육체적 질병을 치유하는 데 도움을 줄 수 있다는 걸 깨달았어요. 이 얼마나 기분 좋은 일인가요!

미국에 있는 내 친구와 멘토들, 여러분에게도 무한한 감사의 말 전하고 싶습니다.

수잔 암즈, 당신은 아름답고 관대하고 마음이 활짝 열린 여성이에요. 당신은 따뜻하게 나를 감싸주었고 '의식 있는 양육 그룹'의 레베카 톰슨, 《평화를 위한 양육 Parenting for Peace》의 저자 마시 액스니스 박사 그리고 《미래의 아버지들을 위한 안내서》의 저자 패트릭 하우저 같은 다른 멋진 친구들에게 나를 소개시켜 주었죠. 소중한 지식을 나눠주고 지지와 우정을 보내준 여러분 모두에게 감사드립니다. 여러분 모두와 함께 일할 수 있어 정말 큰 영광입니다.

내 영혼의 자매인 수지 쉘머딘, 살면서 함께 서로 비슷한 길 걸어가고 있는 것에 깊은 고마움 느끼고 있어요. 당신의 끊임없는 지지와 사랑과 인정에 감사 드려요. 그런 것들은 내게 온 세상과 다름없어요.

내 다른 스승과 친구들에게도 감사를 전해요. '색깔 거울 시스템The Colour Mirrors system'의 창시자이자《탐구자가 찾아낸 것What the Seeker Found》의 저자인 멜리시 졸리, 당신의 심오한 지혜는 늘 나를 놀라게 해요. 당신은 내게 정말 많은 걸 가르쳐줬어요.

'마음의 평정' 명상의 창시자인 샌디 뉴비킹, 의식의 각성에 눈뜨는 법을 가르쳐주고 마침내 삶의 평화를 찾게 해준 점 감사드립니다.

《즉각 직관력을 발휘하는 법 배우기You Do Know: Learning to Act On Intuition Instantly》의 저자인 베키 월시, 적절한 시기에 내 삶에 나타나 이 책의 메시지들을 세상에 알리는 일에 지원을 아끼지 않은 점 감사드려요.

마지막으로 브렛 모런, 사미 토르페, 코라니, 마리아 매든, 멜 크라우트, 실라 캐슬에게 고마움을 전합니다. 여러분은 내가 이 책을 쓰면서 나 자신에게 이런저런 얘기를 할 수 있게 여유를 주었어요. 고마워요.

오, 그리고 잊을 뻔했네요. 내 아름다운 말 찰리, 언제든 나를 태운 채 숲속을 돌아다니며 내 생각에 귀 기울여주었고, 삶과 삼라만상에 대한 혜안을 갖게 해주었지요.

여러분 모두를 사랑해요.
샤론 킹

주석

1   Chait, Jennifer, 'Newborn eye medication drops', *Pregnancy & Baby*
    April 13, 2009, www.pregnancyandbaby.com/baby/articles/932745/
    newborn-eyemedication-drops Dekker, Rebecca, PhD, RN, APRN,
    'Erythromycin Eye Ointment Always Necessary for Newborns?',
    Evidence Based Birth, Nov 11, 2012, www.evidencebasedbirth.com/is-
    erythromycin-eye-ointment-always-necessaryfor-newborns/

2   Oxford University, 'Babies feel pain "like adults"', www.ox.ac.uk/
    news/2015-04-21-babies-feel-pain-adults

3   Emerson, William R, PhD, 'The Vulnerable Prenate' ?also published in
    the *Pre- and Perinatal Psychology* Journal, 10(3), Spring 1996, p.2 http://
    www.healyourearlyimprints.com/pdf/96_5%20Vuln%20Prenate_final.pdf

4   Emoto, Masaru, MD, www.masaru-emoto.net

5   Walsh, Becky, *You Do Know: Learning to Act on Intuition Instantly*, Hay
    House, London UK 2013, p.3

6   Chamberlain, David, from *The Mind of Your Newborn Baby* by David
    Chamberlain, published by North Atlantic Books, USA, copyright © 1998
    by David Chamberlain. Reprinted by permission of publisher, pp.146-7

7   New Kids-Center, 'Pressure Points to Induce Labor', http://www. newkidscenter.com/Pressure-Points-to-Induce-Labor.html

8   Staroversky, Ivan, 'Three Minds: Consciousness, Subconscious, and Unconscious', May 2013, www.staroversky.com/blog/three-mindsconscious-subcosncious-unconscious

9   Flook, Richard, *Why Am I Sick? How to Find out What's Really Wrong Using 244 Advanced Clearing Energetics*, Hay House, London UK, 2013, p.55

10 Lipton, Bruce, 'Are You Programmed at Birth?', www.healyourlife.com/areyou-programmed-at-birth

11 Dawson, Karl, and Marillat, Kate, *Transform Your Beliefs, Transform Your Life, EFT Tapping using Matrix Reimprinting*, Hay House, London, UK, 2014, pp.18-19

12 Lake, Ricki and Epstein, Abby, *The Business of Being Born* DVD, www.thebusinessofbeingborn.com

13 Dekker, Rebecca, 'The Evidence For Doulas', Evidence Based Birth, March 2013, www.evidencebasedbirth.com/the-evidence-for-doulas/

14 Davis, Elizabeth, and Pascali-Bonaro, Debra, *Orgasmic Birth: Your Guide to a Safe, Satisfying and Pleasurable Birth Experience*, Rodale Inc, USA, 2010, p.9

15 Crews, Claudine, CPM, LM, 'Clamping of the Umbilical Cord - Immediate or Delayed - Is this really an issue?', www.midwiferyservices.org/umbilical_cord_clamping.htm

16 National Vital Statistics System, 'Birth Data', www.cdc.gov/nchs/births.htm

17 National Institutes of Health & Texas Higher Education Coordinating Board, 'Fetal Lungs Protein Release Triggers Labor to Begin' Jan 03, 2008, www.drmomma.org/2008/01/fetal-lungs-protein-release-triggers.html

18 Wikipedia, 'Spatial visualization ability,' www.en.wikipedia.org/wiki/Spatial_visualization_ability

19 Chilton Pearce, Joseph, 'The Awakening of Intelligence', from the video series *Reaching Beyond - Magical Child*, 1994, pp. 9-10, www.ttfuture.org

20 Today Parents, 'Fetuses can learn nursery rhymes from mom's voice, study finds', July 23, 2014, www.today.com/parents/fetuses-can-learn-nurseryrhymes-moms-voice-study-finds-1D79962083

21 Austin, Diana, *'Neighbours theme learned in the womb'*, The Independent, Jan 1994, www.independent.co.uk/news/uk/neighbours-theme-learned-inthe-womb-1407223.html

22 Bumiller, Elisabeth, 'Was a Tyrant Prefigured by Baby Saddam?' The New York Times, May 2004, www.nytimes.com/2004/05/15/books/was-a-tyrantprefigured-by-baby-saddam.html

23 Bumiller, Elisabeth, 'Was a Tyrant Prefigured by Baby Saddam?' The New York Times, May 2004, www.nytimes.com/2004/05/15/books/was-a-tyrantprefigured-by-baby-saddam.html 245

24 Sonne, John, 'On Tyrants as Abortion Survivors', *Journal of Prenatal & Perinatal Psychology & Health* 19. 2 (Winter 2004): 149-167, p.7

25 Sonne, John, 'On Tyrants as Abortion Survivors', *Journal of Prenatal & Perinatal Psychology & Health* 19. 2 (Winter 2004): 149-167, p.2

26 Sonne, John, 'On Tyrants as Abortion Survivors', *Journal of Prenatal & Perinatal Psychology & Health* 19. 2 (Winter 2004): 149-167, p.3

27 *Touch The Future* newsletter, 'How Culture Shapes the Developing Brain and the Future of Humanity,' Spring 2002, p.2

28 Mendizza, Michael, 'Sensory Deprivation and the Developing Brain', p.4, www.ttfuture.org

29 Chilton Pearce, Joseph, 'The Awakening of Intelligence', from the video series Reaching Beyond - Magical Child, 1994, www.ttfuture.org

30 Prescott, James, PhD, and Mendizza, Michael, 'The Origins of Love and

Violence', Sensory Development and the Developing Brain, Research and Prevention DVD, www.ttfuture.org

31 Prescott, James, PhD, and Mendizza, Michael, 'The Origins of Love and Violence', Sensory Development and the Developing Brain, Research and Prevention DVD, www.ttfuture.org

32 'Rock A Bye Baby', *A Time Life* Documentary (1970) www.violence.de/tv/rockabye.html

33 RMTi 'The Importance of Integrating Primal Reflexes', www.rhythmicmovement.com/en/primitive-reflexes/the-importance-of-integrating-primitivereflexes

34 Institute of HeartMath, 'Science of The Heart: Exploring the Role of the Heart in Human Performance' http://www.heartmath.org/research/science-ofthe-heart/head-heart-interactions.html pp2

35 Institute of HeartMath, 'Science of The Heart: Exploring the Role of the Heart in Human Performance' http://www.heartmath.org/research/science-ofthe-heart/head-heart-interactions.html pp1

36 McCraty, Rollin PhD, Atkinson, Mike, and Bradley, Raymond Trevor, Institute of HeartMath, 'Electrophysiological Evidence of Intuition: Part 1 The Surprising Role of the Heart', pp 1 http://www.heartmath.org/research/researchpublications/electrophysiological-evidence-of-intuition-part-1-the-surprisingrole-of-the-heart.html246

37 McCraty, Rollin PhD, Atkinson, Mike, and Bradley, Raymond Trevor, Institute of HeartMath, 'Electrophysiological Evidence of Intuition: Part 2 A System-Wide Process?' pp 1 http://www.heartmath.org/research/research-publications/electrophysiological-evidence-of-intuition-part-2-a-system-wide-process.html

38 Chilton Pearce, Joseph, 'Pregnancy, Birth & Bonding', from the video series *Reaching Beyond - Magical Child*, 1984, p.2, www.ttfuture.org

39 Chilton Pearce, Joseph, 'Pregnancy, Birth & Bonding', from the video

series *Reaching Beyond - Magical Child*, 1984, p.3, www.ttfuture.org

40   Chilton Pearce, Joseph, 'The Conflict of Interest Between Biological and Cultural Imperatives', APPPAH Conference, October 03, 2003 p.8, www. ttfuture.org

41   Chilton Pearce, Joseph, 'The Conflict of Interest Between Biological and Cultural Imperatives' APPPAH Conference October 03, 2003 p.7, www. ttfuture.org

42   Chilton Pearce, Joseph, 'The Conflict of Interest Between Biological and Cultural Imperatives' APPPAH Conference October 03, 2003, p.9, www. ttfuture.org

43   HeartMath Institute, 'Science of the Heart: Exploring the Role of the Heart in Human Performance', pp 1 http://www.heartmath.org/research/science-ofthe-heart/head-heart-interactions.html

44   Richardson, Holly, 'Kangaroo Care: Why Does It Work?', *Midwifery Today* Issue 44, Winter 1997, www.midwiferytoday.com/articles/kangaroocare.asp

45   Mail Foreign Service, 'Miracle mum brings premature baby son back to life with two hours of loving cuddles after doctors pronounce him dead', Mail Online, Aug 27, 2010, www.dailymail.co.uk/health/article-1306283/Miraclepremature-baby-declared-dead-doctors-revived-mothers-touch.html

46   McAteer, Ollie, 'Mother's heart starts beating again after baby boy brings her back to life', *Metro News*, Thursday 28 May 2015, www.metro.co.uk/2015/05/28/mothers-heart-starts-beating-again-after-baby-boybrings-her-back-to-life-5218405/

47   Institute of HeartMath 'The Quick Coherence Technique for Adults', http://www.heartmath.org/free-services/tools-for-well-being/quick-coherence-adult.html

48   Institute of HeartMath 'The Science Behind the emWave? and Inner

Balance™Technologies', http://www.heartmath.com/science-behind-emwave/247

49 Institute of HeartMath, 'Pets: Making a Connection That's Healthy for Humans', Nov 11 pp 2 http://www.heartmath.org/free-services/articles-ofthe-heart/pets-making-a-connection.html

50 Hamilton, David R, PhD, *Why Kindness is Good for You*, Hay House, London, UK, 2010, pp.61-62

51 NICB, 'The Role of Prostaglandins in Labor and Delivery', 1995 Dec;22(4):973-84, www.ncbi.nlm.nih.gov/pubmed/8665768

52 Davis, Elizabeth, and Pascali-Bonaro, Debra, *Orgasmic Birth: Your Guide to a Safe, Satisfying and Pleasurable Birth Experience*, Rodale Inc, USA, 2010, pp.8-9

53 Klaus, Marshall H, MD, Kennell, John H, MD, and Klaus, Phyllis H, CSW, M.F.C.C. *Bonding: Building The Foundations of Secure Attachment and Independence*, Perseus Books, USA, 1995, p.55

54 Mizuno, K et al, 'Mother-infant skin-to-skin contact after delivery results in early recognition of own mother's milk odor', Acta Paediatr 2004; 93: 1640-5, www.ncbi.nlm.nih.gov/pubmed/15841774

55 Canadian Children's Rights Council, 'Circumcision of Males/Females', www.canadiancrc.com/Circumcision_Genital_Mutilation_Male-Female_Children.aspx

56 Goldman, Ronald, PhD, 'Circumcision Permanently Alters the Brain', Circumcision Resource Center, www.circumcision.org/brain.htm

57 Goldman, Ronald, PhD, 'Circumcision Permanently Alters the Brain', Circumcision Resource Center, www.circumcision.org/brain.htm

58 Goldman, Ronald, PhD, Circumcision Resource Center Boston Opening Statement Jan 28, 2014, www.beschneidungsforum.de/index.-php?page=Attachment&attachmentID=948&h=0130ede9dadf078e1bb45312dc6f070307de57ce

59 Goldman, Ronald, PhD, Circumcision: *The Hidden Trauma: How an American Cultural Practice Affects Infants and Ultimately Us All*, Vanguard Publications Boston, USA, 1997, p.120

60 Goldman Ronald, PhD, 'Circumcision is a trauma', Parliamentary Assembly of the Council of Europe (PACE) hearing on January 28, 2014, www.youtube.com/watch?v=Ec92eRrnWdY

61 Goldman, Ronald, PhD, Circumcision Resource Center Boston Opening Statement Jan 28, 2014, www.beschneidungsforum.de/index. page=Attach248 mentpage=Attachment&attachmentID=948&h=0130ede9 dadf078e1bb45312dc6f070307de57ce

62 hbciba's Channel, www.youtube.com/watch?v=F7DgceWbsSY&feature =youtu.be

63 Thirteenth European Symposium on Clinical Pharmacological Evaluation in Drug Control, Drugs in Pregnancy and Delivery, Schlangenbad, ICP/ DSE 105m01, December, 1984, www.aims.org.uk/effectDrugsOnBabies. htm

64 Lawrence Beech, Beverley, 'Does medication administered to a woman in labour affect the unborn child?', Second International Conference of Midwives in Budapest, Hungary, Oct 27, 2004, www.aims.org.uk/ effectDrugsOnBabies.htm

65 Yerby M, (1996), 'Managing pain in labour ?Part 3: pharmacological methods of pain relief', *Modern Midwife*, May, pp.22-25

66 Rajan L (1994), 'The impact of obstetric procedures and analgesia/ anaesthesia during labour and delivery on breastfeeding', *Midwifery*, Vol 10, No 2, pp.87-100

67 Weiner PC, Hogg MIJ and Rosen M (1977), 'Effects of naloxone on pethidineinduced neonatal depression, Part II Intramuscular naloxone', British Medical Journal, www.ncbi.nlm.nih.gov/pmc/articles/ PMC1631362/pp.228-231

68 Dr Righard & Midwife Alade published in *The Lancet*, 1990 Volume 336:1105-07 by Lennart Righard, MD & Margaret Alade, RN, BSC, MS

69 Emerson, William R, PhD, 'Birth Trauma: The Psychological Effects of Obstetrical Interventions', *Journal of Prenatal & Perinatal Psychology & Health* 13. 1 (Fall 1998): 11-44, p.6

70 Fernance, Robyn, *Being Born*, Inner Connections, Australia, 2006, p.69

71 Vinscon DC, Thomas R, Kiser T, 'Association between epidural analgesia during labor and fever', 1993 jun;36(6):617-22, www.ncbi.nlm.nih.gov/pubmed/8505604

72 Buckley, Sarah, 'Epidurals: real risks for and mother and baby', Birth International, Nov 1998, www.birthinternational.com/articles/birth/15-epidurals-real-risksfor-mother-and-baby

73 Fernance, Robyn, *Being Born*, Inner Connections, Australia, 2006, p.69

74 Emerson, William R, PhD, 'Birth Trauma: The Psychological Effects of Obstetrical Interventions', *Journal of Prenatal & Perinatal Psychology & Health* 13. 1 (Fall 1998): 11-44, p.8 249

75 Lawrence Beech, Beverley, 'Does medication administered to a woman in labour affect the unborn child?', Second International Conference of Midwives in Budapest, Hungary, Oct 27, 2004, www.aims.org.uk/effectDrugsOnBabies.htm

76 Kagan, Annie, *The Afterlife of Billy Fingers: How my Bad-boy Brother Proved to Me There's Life After Death*, Hampton Roads Publishing Company Inc, Charlottesville, USA, 2013, p.48

77 Emerson, William R, PhD, 'Birth Trauma: The Psychological Effects of Obstetrical Interventions', *Journal of Prenatal & Perinatal Psychology & Health* 13. 1 (Fall 1998): 11-44, P.6

78 Emerson, William R, PhD, 'Birth Trauma: The Psychological Effects of Obstetrical Interventions', *Journal of Prenatal & Perinatal Psychology & Health* 13. 1 (Fall 1998): 11-44, p.6

79 Emerson, William R, PhD, Birth Trauma: The Psychological Effects of Obstetrical Interventions, *Journal of Prenatal & Perinatal Psychology & Health* 13. 1 (Fall 1998): 11-44, p.6

80 Fernance, Robyn, *Being Born*, Inner Connection, Australia, 2006, p.107

81 Fernance, Robyn, *Being Born*, Inner Connection, Australia, 2006, p.34

82 Emerson, William R, PhD, Birth Trauma: The Psychological Effects of Obstetrical Interventions, *Journal of Prenatal & Perinatal Psychology & Health* 13. 1 (Fall 1998): 11-44, p.14

83 Emerson, William R, PhD, Birth Trauma: The Psychological Effects of Obstetrical Interventions, *Journal of Prenatal & Perinatal Psychology & Health* 13. 1 (Fall 1998): 11-44, p.14

84 Emerson, William R, PhD, Birth Trauma: The Psychological Effects of Obstetrical Interventions, *Journal of Prenatal & Perinatal Psychology & Health* 13. 1 (Fall 1998): 11-44, p.12

85 Emerson, William R, PhD, Birth Trauma: The Psychological Effects of Obstetrical Interventions, *Journal of Prenatal & Perinatal Psychology & Health* 13. 1 (Fall 1998): 11-44, p.12

86 Fernance, Robyn, *Being Born*, Inner Connection, Australia, 2006, p.92

87 Fernance, Robyn, *Being Born*, Inner Connection, Australia, 2006, p.92

88 Spencer, Kara Maia, Craniosacral Therapy in the Midwifery Model of Care, *Midwifery Today* Issue 87, Autumn 2008, www.midwiferytoday.com/articles/cranialsacral.asp 250

89 Grout, Pam, *E2 Nine Do-it-Yourself Energy Experiments that Prove Your Thoughts Create Your Reality*, Hay House, London, UK, 2013, pp.105-108

90 Block, Lawrence, *Write For Your Life*, HarperCollins e-books, USA, 2006, pp.77-80

91 Simkin, Penny, and Klaus, Phyllis, CSW, MFT, *When Survivors Give Birth: Understanding and Healing the Effects of Early Sexual Abuse on Childbearing Women*, Classic Day Publishing, Washington, USA, March

2004, Preface, p.1

92 Vanishing Twin Syndrome, *What to Expect*, www.whattoexpect.com/
pregnancy/pregnancy-health/complications/vanishing-twin-syndrome.
aspx

93 Smith Squire, Alison, 'Twin saved her sister's life in the womb after
mother was told losing both babies was "inevitable"', *Mail* Online Aug
15, 2011, www.dailymail.co.uk/health/article-2026031/Twin-saved-
sisters-life-wombmother-told-losing-babies-inevitable.html

94 Braden, Gregg, 'Twin Sisters Born Prematurely', Oct 5, 2010, www.
youtube.com/watch?v=jVBWdC1zeFM

95 Arms, Suzanne, *Immaculate Deception II*, Myth, Magic & Birth, Celestial
Arts, California, USA, 1994, p.1

96 Fernance, Robyn, *Being Born*, Inner Connection, Australia, 2006, p.76

97 Midwife Thinking, 'Nuchal Cords: the perfect scapegoat', July 2010,
www.midwifethinking.com/2010/07/29/nuchal-cords/

98 Winder, Kelly, '9 surprising facts about The Cord Around A Baby's
Neck', www.bellybelly.com.au/birth/surprising-facts-about-the-cord-
around-ababys-neck#.VNOZoUviMvE

99 'Nuchal Cords: the perfect scapegoat', July 2010, www.midwifethinking.
com/2010/07/29/nuchal-cords/

100 Fernance, Robyn, *Being Born*, Inner Connection, Australia, 2006, p.60

101 Epilepsy Society, 'Vagus Nerve Stimulation' www.epilepsysociety.org.uk/
vagus-nerve-

찾아보기

HEAL YOUR BIRTH
HEAL YOUR LIFE